DEUTSCHES INSTITUT FÜR WIRTSCHAFTSFORSCHUNG

BEITRÄGE ZUR STRUKTURFORSCHUNG   HEFT 96 · 1987

Jutta Kloas und Hartmut Kuhfeld

Verkehrsverhalten im Vergleich

Personenverkehr in der Bundesrepublik Deutschland
in den Jahren 1976 und 1982 nach Verkehrsarten,
Zwecken, Entfernungsstufen,
Gemeindetypen und Bevölkerungsgruppen

DUNCKER & HUMBLOT · BERLIN

Herausgeber: Deutsches Institut für Wirtschaftsforschung, Königin-Luise-Str. 5, D-1000 Berlin 33
Telefon (0 30) 82 99 10 — Telefax (0 30) 82 99 12 00
BTX-Systemnummer * 2 99 11 #
Schriftleitung: Dr. Horst Seidler
Verlag Duncker & Humblot GmbH, Dietrich-Schäfer-Weg 9, D-1000 Berlin 41. Alle Rechte vorbehalten.
Druck: 1987 bei ZIPPEL-Druck, Oranienburger Str. 170, D-1000 Berlin 26.
Printed in Germany.
ISBN 3-428-06220-5

Inhalt

Verzeichnis der Text-Übersichten

1. Ziel und Problemstellung

Die vorliegende Arbeit gibt einen detaillierten Überblick über Umfang und Struktur des Personenverkehrs in der Bundesrepublik Deutschland für die Jahre 1976 und 1982.

Es werden das Verkehrsaufkommen (Zahl der Wege) und die Verkehrsleistung (zurückgelegte Entfernungen) jeweils gegliedert nach

- Verkehrsarten,
- Zwecken,
- Nah- und Fernverkehr,
- Entfernungsstufen,
- Bevölkerungsgruppen und
- Gemeindetypen

nachgewiesen. In ihren Eckgrößen stimmen die ausgewiesenen Daten mit den vom DIW erarbeiteten globalen Zeitreiheninformationen zum Personenverkehr überein [1].

Da es die Datenquelle zum gesamten Personenverkehr nicht gibt - die amtliche Statistik erfaßt nur Informationen über den Verkehr mit öffentlichen Verkehrsmitteln, d.h. ca. 13 vH der Wege und 20 vH der Leistung - bestand die Aufgabe darin, sämtliche vorhandenen (Teil-) Informationen zu einem konsistenten Gesamtbild zu vereinigen.

Neben der amtlichen Statistik und Untersuchungen zu einzelnen Verkehrsträgern, Fahrtzwecken und Bevölkerungsgruppen wurden insbesondere die Ergebnisse der beiden bundesweiten kontinuierlichen Erhebungen zum Verkehrsverhalten (KONTIV 76 und KONTIV 82) herangezogen [2]. Beide Stichproben wurden um anlagebedingt nicht erfaßte bzw. untererfaßte Bereiche ergänzt.

Die Ergebnisse werden in absoluten Zahlen vorgelegt, um Weiterrechnungen und Verknüpfungen in jeder inhaltlichen Dimension zu ermöglichen.

Die ausgewiesenen Daten zeichnen sich durch Vergleichbarkeit mit vorhandenen verkehrlichen und soziodemographischen Informationen aus:

- Nachweis des Personenverkehrs der gesamten Bevölkerung und damit Einbettung in die globalen Zeitreihen des DIW.

- Vergleichbarkeit der Ergebnisse mit den amtlichen Statistiken zum Personenverkehr.

- Abstimmung der Ergebnisse mit sozioökonomischen Rahmendaten (z.B. Bevölkerung, Erwerbstätige, Arbeitstage).

- Abstimmung des motorisierten Individualverkehrs mit der Fahrleistungsrechnung des DIW.

Das Ziel der vorliegenden Arbeit ist die Präsentation von Daten, auf ausführliche inhaltliche Analysen der Verkehrsentwicklung wird verzichtet. Eine Zusammenfassung grober Tendenzen im Personenverkehr sowie ein Überblick über die Entwicklung verkehrlicher Rahmengrößen finden sich in Kapitel 4.

2. Auswahl und Definition der Untersuchungseinheiten

Die Auswahl der Untersuchungseinheiten ist orientiert an den Fragen "Wer bewegt sich wie oft, warum, womit und wie weit fort?"

Ausgangspunkt der Betrachtung sind die von Personen zurückgelegten Wege, wobei Mobilität in der Regel kein Selbstzweck ist, sondern sich aus den Aktivitäten von Personen ableitet. Das Maß der so definierten Mobilität ist die Zahl der Ortsveränderungen, die für die Ausführung von Aktivitäten notwendig sind. Die zurückgelegten Entfernungen haben Indikatorfunktion für den geleisteten Aufwand.

Zur Charakterisierung des Personenverkehrs wird daher die Zahl der Wege und Fahrten, differenziert nach ihrem Anlaß, dem sogenannten Zweck, und dem Verkehrsmittel, herangezogen.

Da Häufigkeit und Art der Aktivitäten von Personen entscheidend auch von der Lebenssituation und dem persönlichen Umfeld (z.B. Wohnstandort, Erwerbstätigkeit, Verkehrsangebot) beeinflußt werden, wird darüber hinaus eine Differenzierung des Personenverkehrs nach Bevölkerungsgruppen und Gemeindetypen vorgenommen.

Über den mit den Wegen verbundenen Aufwand gibt die Unterteilung des Personenverkehrs nach Entfernungsstufen Auskunft.

2.1 Wege

Ein Weg ist gekennzeichnet durch die Inanspruchnahme öffentlichen Verkehrsraums, einen Zweck (z.B. Arbeiten, Einkaufen) und das hauptsächlich benutzte Verkehrsmittel.

Nicht jede Ortsveränderung ist somit ein Weg. Zum Beispiel rechnet der Fußweg des Kindes zum Spielplatz um die Ecke als Weg, dagegen legt das Kind, das zu Fuß zum Buddelkasten in den Garten geht und dabei keine öffentliche Verkehrsfläche betritt, keinen Weg im Sinne dieser Definition zurück. Die Abgrenzung ist damit so gewählt, daß nur die Ortsveränderungen als Wege betrachtet werden, die grundsätzlich hinsichtlich der Wahl des Verkehrsmittels miteinander konkurrieren können.

Die Beschränkung auf das hauptsächlich benutzte Verkehrsmittel führt dazu, daß Wege, die Zubringerfunktion zu anderen Verkehrsmitteln haben - in erster Linie Wege zu Fuß - nicht erfaßt sind [3].

Zu jedem Weg sind in dieser Untersuchung folgende Merkmale ausgewertet worden: Das benutzte Verkehrsmittel, der Zweck des Weges und die Entfernung. Bezogen auf die Person, die den Weg unternommen hat, wurde unterschieden nach beruflicher Stellung, Verfügbarkeit über einen Pkw sowie nach dem Gemeindetyp des Wohnortes der Person.

2.2 Verkehrsarten

Die Wege werden je nach Art der Fortbewegung zunächst unterschieden in Wege zu Fuß oder mit dem Fahrrad (nichtmotorisierter Verkehr) und in Wege mit dem Auto oder mit öffentlichen Verkehrsmitteln (motorisierter Verkehr). Generell sind die Fahrten des diensthabenden Personals (Fahrer, Schaffner) in den ausgewiesenen Zahlen nicht enthalten.

Rund ein Drittel aller Wege wird zu Fuß unternommen. Wie bereits dargestellt, sind Fußwege mit Zubringerfunktion (z.B. zur Haltestelle) zu anderen Verkehrsmitteln nicht erfaßt.

In den letzten Jahren hat der Fahrradverkehr wieder zugenommen. Bezogen auf die Zahl der Fahrten, weist der Fahrradverkehr nahezu denselben Umfang wie der öffentliche Straßenpersonenverkehr auf.

Der Eisenbahnverkehr umfaßt den Schienenverkehr der Deutschen Bundesbahn (einschließlich S-Bahn) und den der Nichtbundeseigenen Eisenbahnen. Nicht enthalten sind Militärzüge, Heimfahrten von Bundeswehrangehörigen und Zivildienstleistenden, der S-Bahn-Verkehr der Deutschen Reichsbahn in Berlin (West).

Zum öffentlichen Straßenpersonenverkehr (ÖSPV) rechnen der Omnibus-, Straßenbahn- und U-Bahn-Verkehr der kommunalen und gemischtwirtschaftlichen Unternehmen sowie der Omnibusverkehr der privaten Unternehmen, der Deutschen Bundesbahn, der Nichtbundeseigenen Eisenbahnen und der Deutschen Bundespost einschließlich des Verkehrsaufkommens ausländischer Unternehmen im Verkehr mit der Bundesrepublik Deutschland.

Im Luftverkehr sind die beförderten Personen im gewerblichen Verkehr der elf deutschen internationalen Verkehrsflughäfen erfaßt; er setzt sich zusammen aus den Passagieren im Linien- und Charterverkehr.

Der Anteil des Luftverkehrs am gesamten Personenverkehrsaufkommen beträgt deutlich unter 1 vH [4]. Aufgrund des geringen Umfangs ist eine

tief gegliederte Darstellung des Luftverkehrs nicht sinnvoll; das Verkehrsaufkommen und die -leistung werden lediglich nach Zwecken ausgewiesen.

Zum Pkw-Verkehr (motorisierten Individualverkehr) rechnen auch Fahrten
mit motorisierten Zweirädern sowie, trotz seiner Sonderstellung als quasi
öffentlicher Verkehr, der Verkehr mit Taxis und Mietwagen. Der Pkw-
Verkehr wird nach Fahrer und Mitfahrer getrennt ausgewiesen.

2.3 Zwecke der Wege

In Abhängigkeit von den jeweiligen Aktivitäten werden die Wege nach
Zwecken eingeteilt. Jeder Weg ist gekennzeichnet durch Ausgangs- und
Zielpunkt (z.B. Wohnung - Arbeitsplatz). Kriterium für die Zuordnung des
Weges zu einem Zweck ist die Aktivität am Zielort (z.B. Einkaufen,
Arbeiten). Ist deren Ziel die eigene Wohnung, so ist die Aktivität am
Ausgangspunkt des Weges entscheidend für die Zuordnung.

Die Abgrenzung der Zwecke stimmt mit der in vorliegenden DIW-Arbeiten
zum Personenverkehr gewählten überein:

Der Berufsverkehr umfaßt alle Wege zwischen Wohnung und Arbeitsstätte,
bei denen Hin- und Rückweg innerhalb eines Zeitraumes von 24 Stunden
liegen, jedoch nicht die von der Arbeitsstätte ausgehenden beruflich
bedingten Wege innerhalb der Arbeitszeit. Fahrten von Wochenendpend-
lern werden dem Freizeitverkehr zugeordnet.

Im Ausbildungsverkehr sind alle Wege zwischen Wohnung und Ausbildungs-
ort zusammengefaßt, sofern Hin- und Rückwege innerhalb von 24 Stunden
stattfinden.

Die Wege von Eltern, die Kinder zur Schule bringen, werden ebenfalls dem
Ausbildungsverkehr zugerechnet.

Der Geschäfts- und Dienstreiseverkehr enthält alle beruflich bedingten
Wege außer dem oben definierten Berufsverkehr.

Als Einkaufsverkehr gelten alle Wege, deren Zweck der Einkauf von Gütern oder der Besuch von Ärzten, Behörden, Dienstleistungsbetrieben (ohne Freizeiteinrichtungen) u.ä. ist.

Im Freizeitverkehr sind alle übrigen Wege erfaßt, die nicht den oben definierten Fahrtzwecken zuzuordnen sind, also z.B. Wochenenderholungsfahrten, Verwandten- und Bekanntenbesuche, Besuch kultureller Veranstaltungen, Wege in Ausübung eines Hobbys.

Zum Urlaubsverkehr gehören alle Freizeitfahrten mit fünf und mehr Tagen Dauer. Dabei wird eine Urlaubsreise als zwei Fahrten (Hin- und Rückfahrt) gerechnet.

Mit einem Anteil von rund 0,2 vH an allen Wegen ist der Urlaubsverkehr der Fahrtzweck mit dem geringsten Aufkommen; eine tief gegliederte Darstellung ist daher nicht möglich. Ausgewiesen wird lediglich die Aufteilung des Urlaubsverkehrs nach Verkehrsarten.

2.4 Entfernung

Bei der Betrachtung der Verkehrsnachfrage sind neben der Zahl der Wege auch die in den einzelnen Verkehrsarten zurückgelegten Personenkilometer (Verkehrsleistung) von Bedeutung. In der Verkehrsleistung kommt die Inanspruchnahme öffentlichen Verkehrsraumes stärker zum Ausdruck.

Im Vergleich zu Wegzweck und benutztem Verkehrsmittel sind Entfernungsangaben von Befragten eher "unsichere" Informationen; unsicher insofern, als sie wahrscheinlich häufig nur geschätzt werden. Ohne großen zusätzlichen Aufwand ist eine Entfernungsangabe nur für Pkw-Benutzer und eventuell Radfahrer mit Hilfe des Kilometerzählers möglich. Differenzen zwischen der subjektiven Wahrnehmung der Länge des Weges und der tatsächlich zurückgelegten Entfernung führen zu Verzerrungen in den Ergebnissen (und zwar zu Unter- wie zu Überschätzungen), insbesondere bei Wegen zu Fuß und mit öffentlichen Verkehrsmitteln.

Für den Pkw-Verkehr und die öffentlichen Verkehrsmittel lagen Eckwerte vor, so daß die ausgewiesenen Personenkilometer mit bereits vorhandenen DIW-Ergebnissen vergleichbar sind [5].

Daß die Betrachtung der Verkehrsleistung nicht auf die motorisierten Verkehrsarten beschränkt bleiben darf, zeigt das Ergebnis, daß zu Fuß und mit dem Fahrrad jeweils mehr Kilometer zurückgelegt werden als mit der Eisenbahn im Nahverkehr.

Die Personenkilometer werden, getrennt nach Verkehrsmitteln und Weg-zwecken, in absoluter Höhe ausgewiesen. Weiterhin werden die Wege nach Entfernungsstufen aufgeschlüsselt. Da rund 98 vH aller Wege im Nahver-kehr (Entfernung bis zu 50 km) stattfinden, ist es sinnvoll, insbesondere die Verteilung der Wegelängen im Nahverkehr genauer zu untersuchen. Es werden zehn Entfernungsstufen gebildet. Der Fernverkehr wird in einer Gruppe zusammengefaßt.

2.5   Bevölkerungsgruppen

In mehreren Untersuchungen wurde nachgewiesen, daß das Verkehrsver-halten wesentlich von der Lebenssituation und der Verfügbarkeit über einen Pkw bestimmt wird.

In der hier vorgelegten Untersuchung wird die Bevölkerung der Bundesre-publik daher in folgende Gruppen unterteilt:

Kinder [6]
Schüler [7] und Studenten
Auszubildende
Arbeiter
Angestellte
Beamte
Selbständige und mithelfende Familienangehörige
Arbeitslose
Hausfrauen
Rentner,

die jeweils noch einmal nach drei Kategorien der Pkw-Verfügbarkeit unterschieden werden:

Person besitzt Pkw.

Person besitzt keinen eigenen Pkw, lebt jedoch in einem Haushalt mit Pkw.

Person lebt in einem Haushalt ohne Pkw.

Die Zuordnung von Personen zu diesen Gruppen basiert zunächst auf der Selbsteinschätzung der Befragten in KONTIV. Mit Ausnahme der beiden letzten Gruppen (Hausfrauen, Rentner) sind Vergleiche mit der amtlichen Statistik möglich. Da sich an einigen Stellen erhebliche Abweichungen der Gruppengrößen zwischen den Erhebungsdaten und der amtlichen Statistik ergaben, wurde, soweit möglich, eine Abstimmung auf die Informationen der amtlichen Statistik vorgenommen (vgl. 3). Tabelle 1.3 gibt einen Überblick über die Verteilung der Bevölkerung auf die o. a. 29 Gruppen.

Für die genannten Bevölkerungsgruppen wird je Person die Zahl der mit den einzelnen Verkehrsmitteln zurückgelegten Wege, differenziert nach Typ der Wohnortgemeinde und Zweck, ausgewiesen.

2.6 Gemeindetypen

Die Art und Anzahl von Aktivitäten in einer Gemeinde und die sich daraus ergebenden Wege, die eine Person unternimmt, werden nicht nur von der jeweiligen sozioökonomischen Situation und der Verfügbarkeit über einen Pkw bestimmt, sondern auch von den vorhandenen Infrastruktureinrichtungen und deren verkehrlicher Anbindung. So haben

- die Erreichbarkeit von Zielen wie Kino, Geschäfte, Arbeitsplatz, Schule,
- der Erholungswert,
- das Angebot öffentlicher Verkehrsmittel,

-	die Bedingungen der Benutzung von Pkw und Fahrrad,

-	die Möglichkeit, Wege als Fußgänger zurückzulegen,

entscheidenden Einfluß darauf, wie häufig Wege unternommen werden, welche Entfernungen zurückgelegt und welche Verkehrsmittel bevorzugt werden. Für die Verkehrsnachfrage von Bedeutung ist sowohl die innergemeindliche Infrastrukturausstattung als auch die Ausstattung des Umlandes. Während in städtischen Gemeinden, mit einem dichteren Angebot von z.B. Arbeitsplätzen, Schulen, Einkaufsmöglichkeiten und Freizeiteinrichtungen, viele Wege im Nahbereich stattfinden, sind Bewohner von ländlichen Gemeinden bei vielen Aktivitäten auf das Infrastrukturangebot des Umlandes angewiesen.

Da regional für die Bundesrepublik Deutschland personen- oder haushaltsbezogene Informationen über Infrastrukturangebote nicht zur Verfügung stehen, werden ersatzweise vorhandene Gemeindemerkmale zur Kategorisierung unterschiedlicher Infrastrukturausstattungen herangezogen.

Für den Mikrozensus und die Wohnungsstichprobe 1978 wurde von der Bundesforschungsanstalt für Landeskunde und Raumordnung (BfLR) eine siedlungsstrukturelle und funktionale Typisierung von Gemeinden entwickelt [8]. Die Kategorisierung bezieht sich auf die

-	großräumige siedlungsstrukturelle Lage,
-	zentralörtliche Funktion und
-	Einwohnerzahl der Gemeinde.

Die großräumige siedlungsstrukturelle Lage einer Gemeinde wird bestimmt durch den Typ der Raumordnungsregion, zu dem die Gemeinde gehört. In Abhängigkeit von der Einwohnerdichte und der Einwohnerzahl im größten Oberzentrum und im Verdichtungsraum werden die Raumordnungsregionen in hochverdichtete Regionen, Regionen mit Verdichtungsansätzen und ländliche Regionen unterschieden. Mit der ersten Stufe der Gemeindekategorisierung wird somit grob festgelegt, ob eine Gemeinde in einem zentral gelegenen, dichter besiedelten strukturstarken Gebiet oder

Übersicht 1:

Siedlungsstrukturelle Typisierung der Gemeinden

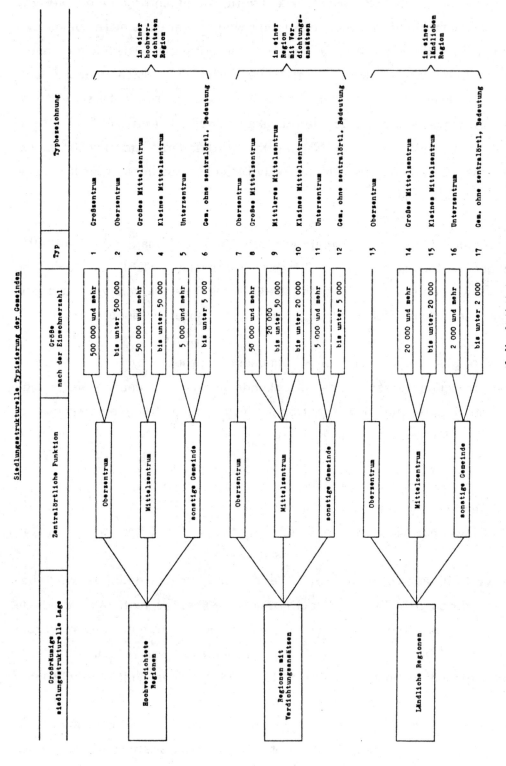

Quelle: Statistisches Bundesamt, 1% Wohnungsstichprobe 1978, Teil I.
Arbeitsunterlage, Wiesbaden 1983

in einem Bereich, der Verdichtungsansätze aufweist, liegt oder sich im dünner besiedelten und strukturschwächeren Bereich der Bundesrepublik befindet.

Das tägliche Leben der Menschen spielt sich jedoch zum großen Teil in viel kleineren räumlichen Dimensionen ab. Daher wird von der BfLR in Abhängigkeit von der vorhandenen oder geplanten Gemeindeinfrastruktur (z.B. Schulen, Krankenhäuser, Einkaufs- und Freizeiteinrichtungen, Autobahn-, Fernstraßen-, Eisenbahn- und Busanschluß) auf der zweiten Stufe nach dem Grad der Zentralität der Gemeinden, d.h. nach ihrer Funktion für die Einwohner und die Einwohner der Umgebung, unterschieden nach Oberzentren, Mittelzentren und Gemeinden ohne zentralörtliche Bedeutung. Auf der dritten Stufe wird zusätzlich noch nach acht Einwohnergrößenklassen unterteilt.

Rein rechnerisch ergeben sich damit 72 Gemeindekategorien, die durch Zusammenfassen von gering oder gar nicht besetzten Kategorien auf 17 Gemeindetypen reduziert werden (vgl. Übersicht 1).

Für die Differenzierung des Personenverkehrs 1976 und 1982 nach Gemeindetypen wurde zunächst diese Kategorisierung der BfLR übernommen. In der Übersicht 2 sind für diese 17 Gemeindekategorien die Verkehrsnachfrage und der Modal-Split entsprechend den Ergebnissen der KONTIV 82 ausgewiesen. Der Informationsgehalt dieser Darstellung ist in erster Linie in der Vergleichsmöglichkeit zwischen den verschiedenen Gemeindekategorien zu sehen, wobei berücksichtigt werden muß, daß die KONTIV-Erhebung nur repräsentativ für die deutsche Bevölkerung ab 10 Jahren ist.

Der tatsächliche Personenverkehr einer einzelnen Gemeinde ist aus diesen Informationen nicht ableitbar; jedoch kann die unter der entsprechenden Kategorie ausgewiesene durchschnittliche Wegezahl vergleichbarer Gemeinden einen ersten Anhaltspunkt bieten.

Verkehrsnachfrage, Bevölkerung und Modal-Split in den Gemeindetypen
nach KONTIV 82 [1]

| | Gemeinde-typ [2] | Wege je Tag in 1000 | Personen in 1000 | Wege je Person und Tag | Anteile der Verkehrsarten an den Wegen je Tag in vH | | | | | |
					Zu Fuß	Fahrrad	Pkw [3]	ÖSPV [4]	Eisen-bahn [5]	Insges.
Gemeinden in hochverdich-teten Regionen										
Großzentren	1	20 967	8 264	2,54	28	9	44	16	4	100
Oberzentren	2	8 450	3 221	2,62	28	9	49	13	1	100
Große Mittelzentren	3	8 487	3 163	2,68	25	14	52	8	1	100
Kleine Mittelzentren	4	13 275	4 937	2,69	28	12	52	5	3	100
Unterzentren	5	12 778	4 791	2,67	23	11	55	8	3	100
Gemeinden ohne zentralörtl. Bedeutung	6	2 904	1 158	2,51	29	9	50	6	6	100
Gemeinden in Regionen mit Verdichtungsansätzen										
Oberzentren	7	11 716	4 229	2,77	31	9	47	12	1	100
Große Mittelzentren	8	1 545	601	2,57	27	24	46	3	1	100
Mittlere Mittelzentren	9	3 808	1 398	2,72	26	12	54	7	1	100
Kleine Mittelzentren	10	2 846	1 066	2,67	27	21	47	4	1	100
Unterzentren	11	9 349	3 725	2,51	27	12	53	6	2	100
Gemeinden ohne zentralörtl. Bedeutung	12	8 752	3 672	2,38	26	11	52	8	3	100
Gemeinden in ländlichen Regionen										
Oberzentren	13	2 460	955	2,58	29	15	47	9	1	100
Große Mittelzentren	14	3 362	1 270	2,65	30	15	49	6	1	100
Kleine Mittelzentren	15	3 272	1 206	2,71	34	11	50	4	2	100
Unterzentren	16	6 110	2 472	2,47	26	14	51	7	2	100
Gemeinden ohne zentralörtl. Bedeutung	17	2 440	1 062	2,30	18	11	56	14	1	100
Insgesamt		122 521	47 190	2,60	27	11	50	9	2	100

1) Berechnungen des DIW anhand der KONTIV 82 einschließlich der Nordrhein-Westfalen-Zusatzbefragung. - 2) Kategorisierung der BfLR, vgl. Übersicht 1 und Kapitel 2.6. - 3) Pkw, Taxis, motorisierte Zweiräder. - 4) Öffentlicher Straßenpersonenverkehr: Bus, U-Bahn, Straßenbahn. - 5) Einschließlich S-Bahn.

Da eine weitere Aufsplitterung des Personenverkehrs über Gemeinde-typen und Verkehrsmittel bzw. Zwecke hinaus aufgrund der dann zu geringen Fallzahlen nicht möglich gewesen wäre, war es erforderlich, die 17 Gemeindekategorien der BfLR weiter zusammenzufassen. Dies geschah so, daß innerhalb jeder Gruppe vergleichsweise ähnliche Infrastruktur- und Verkehrsangebotsbedingungen vorherrschen.

Betrachtet man den Modal-Split der 17 Gemeindekategorien, so zeigt sich, daß - im Vergleich zur großräumigen siedlungsstrukturellen Lage und der Einwohnerzahl einer Gemeinde - der größte Einfluß auf das Verkehrsver-halten von der zentralörtlichen Funktion einer Gemeinde ausgeht.

In Groß- und Oberzentren mit gut ausgebautem Nahverkehrssystem weist der öffentliche Verkehr einen überdurchschnittlichen Anteil auf. Deutlich niedriger als der Durchschnitt ist dagegen der Fahrradverkehr in diesen Gemeinden. Vergleichsweise ungünstigere Radfahrerinfrastruktur und ge-fährliche Verkehrsdichte werden hierbei eine Rolle spielen [9].

Das geringere Angebot öffentlicher Verkehrsmittel in Mittelzentren spie-gelt sich in der deutlich unter dem Durchschnitt liegenden Nutzung von Bus und Bahn wider. In diesen Gebieten wird dafür erheblich mehr Fahrrad gefahren und auch der Pkw häufiger benutzt als in den Ballungsgebieten.

Personen, die in Unterzentren oder Gemeinden ohne zentralörtliche Bedeutung leben, sind in vielen ihrer Aktivitäten (Arbeit, Ausbildung, Einkauf, Freizeit) auf einen weiter entfernt liegenden größeren Ort angewiesen. Der für diese Gemeinden festzustellende über dem Durch-schnitt liegende Anteil des öffentlichen Verkehrs ist hier kaum auf das attraktive Angebot, sondern eher auf die Notwendigkeit, weite Strecken fahren zu müssen, zurückzuführen. In diesen Gebieten finden sich auch die vergleichsweise höchsten Anteile des Pkw-Verkehrs.

Anhand des "Kriteriums" zentralörtliche Funktion der BfLR-Kategorisie-rung wurden für die hier vorgestellten Analysedaten zum Personenverkehr folgende Zusammenfassungen vorgenommen:

Großzentrum   (BfLR - Typ 1)

Oberzentrum   (BfLR - Typ 2, 7, 13)

Mittelzentrum (BfLR - Typ 3, 4, 8, 9, 10, 14, 15)

Sonstige Gemeinde (BfLR - Typ 5, 6, 11, 12, 16, 17).

Einen Überblick über die Verteilung der gesamten Bevölkerung auf diese vier Gemeindetypen gibt Tabelle 1.3.

Der Personenverkehr dieser Gemeindetypen wird in den Tabellen 2.10 bis 2.29 differenziert nach Verkehrsarten, Zwecken und Entfernungsstufen, in den Tabellen 3.10 bis 3.29 differenziert nach Verkehrsarten, Zwecken und Bevölkerungsgruppen ausgewiesen.

Die nach Gemeindetypen gegliederten Daten stellen jeweils den Durchschnittswert des Personenverkehrs all der Gemeinden dar, die dem jeweiligen Typ zuzurechnen sind. Konkrete Angaben zur Verkehrssituation einer einzelnen Gemeinde sind hieraus nicht ableitbar.

Um dem an regionalen Fragen interessierten Anwender einen - wenigstens groben - Anhaltspunkt für die räumliche Verteilung der vier Gemeindetypen zu geben, wurde Übersicht 3 erarbeitet.

Für jede der 272 Kreisregionen der Bundesrepublik Deutschland ist dargestellt, welchen Gemeindetypen die Bevölkerung einer Kreisregion jeweils zuzurechnen ist.

Mit Hilfe der in den Tabellen enthaltenen Informationen über die Wege je Person nach Gemeindetypen sowie der Information darüber, aus welchen Gemeindetypen sich eine Kreisregion zusammensetzt, ist es möglich, zumindest eine grobe Einschätzung des Personenverkehrs einer Kreisregion zu bekommen.

Für auf Kreisebene bezogene Fragestellungen zum Personenverkehr sei außerdem auf die vorliegende Arbeit zur regionalen Struktur des Personenverkehrs in der Bundesrepublik Deutschland im Jahre 1980 verwiesen [10].

Übersicht 3: Bevölkerungsstruktur nach Kreisregionen

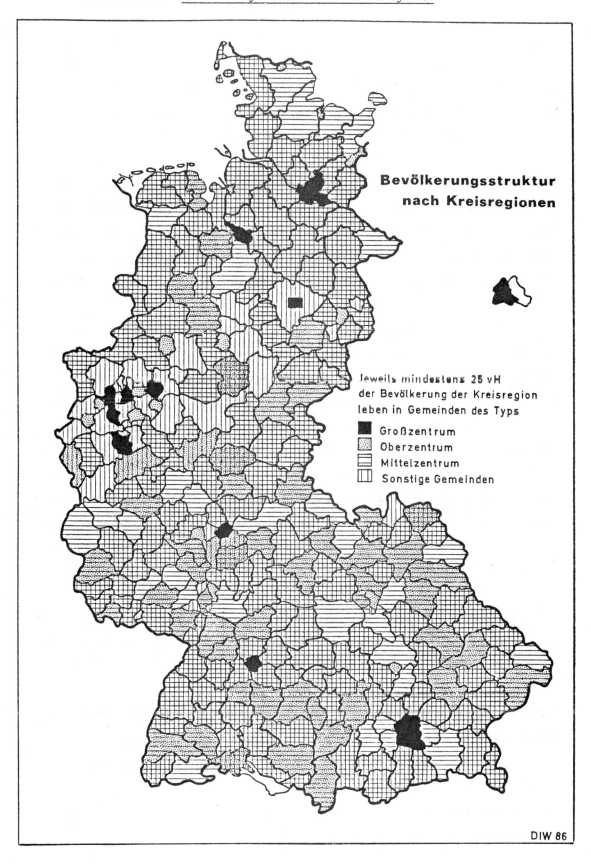

Bevölkerungsstruktur
nach Kreisregionen

jeweils mindestens 25 vH
der Bevölkerung der Kreisregion
leben in Gemeinden des Typs

■ Großzentrum
▦ Oberzentrum
▤ Mittelzentrum
▥ Sonstige Gemeinden

DIW 86

19

3. Datenbasis und Methode der Auswertung

3.1 Datenbasis

Die Eckdaten zum Personenverkehr der Bundesrepublik Deutschland (Verkehrsaufkommen und -leistung) für die Jahre 1976 und 1982 liegen, unterschieden nach Verkehrsarten und Zwecken, vor. Sie sind Bestandteile der vom DIW erarbeiteten globalen Zeitreihen [11].

Eine detaillierte Darstellung der Erarbeitung dieser Eckgrößen kann hier nicht gegeben werden, sie ist dem zitierten Heft der Schriftenreihe "Beiträge zur Strukturforschung" des DIW zu entnehmen. Da diese Daten jedoch den Rahmen für die weitere Differenzierung des Personenverkehrs bilden, sollen die wichtigsten Punkte im folgenden kurz umrissen werden.

Das Verkehrsaufkommen und die -leistung im Bereich des öffentlichen Verkehrs (ÖSPV, Eisenbahn, Flugzeug) sind mit den Daten der amtlichen Statistik vergleichbar [12]. Für den übrigen Verkehr zu Fuß, mit dem Fahrrad, dem Pkw oder motorisierten Zweirad - zusammen immerhin über 85 vH der Wege im Personenverkehr - sind entsprechende Statistiken nicht vorhanden.

Für den motorisierten Individualverkehr werden vom DIW mit Hilfe einer Modellrechnung, ausgehend vom Pkw-Bestand und dem Mineralölverbrauch, jährlich die Kraftfahrzeug-Fahrleistungen und, abgeleitet daraus, das Verkehrsaufkommen und die -leistung ermittelt [13].

Für den Fußgänger- und Fahrradverkehr fehlen derartige Anhaltspunkte. Informationen zu diesem Bereich können bisher nur auf der Basis von Stichprobenerhebungen gewonnen werden.

Für die Aufteilung nach Fahrtzwecken liefert die amtliche Statistik Informationen über die mit Zeitfahrausweisen unternommenen Wege im Berufs- und Ausbildungsverkehr. Anhaltspunkte für die Entwicklung des Berufs- und Ausbildungsverkehrs sind auch in den Mikrozensusergebnissen enthalten, ebenso Daten zum Urlaubsverkehr.

Wichtige Datenbasis für die Verkehrsaufteilung nach Zwecken und den nichtmotorisierten Verkehr waren die beiden KONTIV-Erhebungen.

Für anschließende Schätzungen, Konsistenz- und Plausibilitätsüberlegungen wurden sozioökonomische und demographische Rahmendaten (z.B. Bevölkerung, Schüler, Studenten, Erwerbstätige, Haushalte, Arbeits- und Unterrichtstage) herangezogen.

Die hier vorgestellte weitere Differenzierung dieser Eckdaten des Personenverkehrs nach Entfernungsstufen, Bevölkerungsgruppen und Gemeindetypen basiert auf den Ergebnissen der KONTIV-Erhebungen 1976 und 1982. Die dafür notwendigen Auswertungen setzten einen aufbereiteten, hochgerechneten, ergänzten und korrigierten Datenset voraus. Obwohl hier auf im Rahmen der Erstellung der Globalzahlen geleistete Vorarbeiten zurückgegriffen werden konnte, soll das methodische Vorgehen im folgenden noch einmal erläutert werden [14].

3.2 Aufbereitung, Hochrechnung und Auszählung der Datenbasis

Bei den KONTIV-Erhebungen handelt es sich um eine schriftliche, postalische Haushaltsbefragung. Einbezogen werden nur deutsche Haushalte; die Auswahl ist zufällig. Die Erhebungen sind vom Ziel her repräsentativ für das Verkehrsverhalten der deutschen Wohnbevölkerung im Alter ab 10 Jahren.

Bisher fanden zwei bundesweite KONTIV-Erhebungen statt, die erste Erhebung von Mitte 1975 bis Mitte 1977, die zweite Erhebung an allen Tagen des Jahres 1982.

Sämtliche Haushaltsmitglieder im Alter ab 10 Jahren wurden gebeten, alle Wege außer Haus eines bzw. mehrerer vorgegebener Stichtage in einen Fragebogen einzutragen. Für jeden Weg waren u.a. anzuge-ben: Beginn (Uhrzeit), benutzte(s) Verkehrsmittel, Zweck des Weges, Entfernung, Ende (Uhrzeit). Darüber hinaus wurde u.a. um die Angabe einiger soziodemographischer und -ökonomischer Merkmale zur Person und zum Haushalt (z.B. Alter, Berufstätigkeit, Stellung im Beruf, Fahrzeugbesitz, Wohn-situation) gebeten.

Beiden Befragungen lag ein vergleichbares Erhebungsdesign zugrunde; ein wesentlicher Unterschied besteht in der den Befragungshaushalten vorge-gebenen Zahl von Stichtagen: Während in der ersten KONTIV-Erhebung das Verhalten an zwei bzw. drei Stichtagen erfaßt werden sollte, wurde in der KONTIV 82 nur nach den Wegen an einem Stichtag gefragt. Damit sollten Verzerrungen der Ergebnisse durch Befragungsmüdigkeit am 2. bzw. 3. Stichtag vermieden werden.

Die Ergebnisse der KONTIV 82 wurden vom Erhebungsinstitut (Socialdata, München) in bezug auf soziodemographische Merkmale, über deren Vertei-lung in der Grundgesamtheit Informationen vorliegen (Haushaltsgrößen-klassen, Alter, Geschlecht), mit Hilfe von Gewichtungsfaktoren korrigiert. Weiterhin wurden der Außer-Haus-Anteil (Anteil der Befragungspersonen, die am Stichtag mindestens einen Weg unternommen haben) und die Wege pro mobile Person um Schätzungen des Verhaltens der Personen, die keine Angabe gemacht haben, korrigiert (Non-response-Gewichtung).

Um Vergleiche zwischen beiden KONTIV-Erhebungen zu ermöglichen, wurde der Datenbestand des Jahres 1976 vom Erhebungsinstitut nachträg-lich denselben Gewichtungsschritten unterzogen und eine Korrektur des Antwortverhaltens am 2. und 3. Stichtag vorgenommen.

Beide Datenbestände (KONTIV 76 und KONTIV 82) weisen einen annähernd gleichen Stichprobenumfang (ca. 20 000 Haushalte, ca. 53 000 Personen) auf.

Dem DIW standen die Ergebnisse der KONTIV 76 und der KONTIV 82 einschließlich der Gewichtungsfaktoren in Form von Wegedateien zur Auswertung zur Verfügung.

Jeder Datensatz einer Wegedatei enthält neben den Wegemerkmalen die Merkmale der Person, die den betreffenden Weg unternommen hat, und die Merkmale des Haushaltes, zu dem die Person gehört.

Es wurde zunächst die Codierung der Zwecke in der Abgrenzung des DIW vorgenommen. Die Wegedateien enthalten eine Charakterisierung der Wege nach acht Kategorien:

- Arbeitsweg
- Weg während der Arbeit
- Ausbildungsweg
- Weg während der Ausbildung
- Versorgung
- Wirtschaftsverkehr
- Freizeit
- Service.

Zusätzlich sind sieben Unterzwecke für Zwischenwege codiert. Während die überwiegende Zahl der KONTIV-Kategorien sich direkt den DIW-Zwecken

- Beruf
- Ausbildung
- Geschäfts- und Dienstreise
- Einkauf
- Freizeit

zuordnen ließ, war die Zuordnung der Wegecharakteristiken "Service" (definiert als "Bringen oder Holen von Personen") und "Weg während der Arbeit / Ausbildung" nicht unmittelbar möglich. Die Umcodierung der letztgenannten Wege, bei denen es sich überwiegend um Geschäftswege oder private Erledigungen während einer Arbeitspause handelt, wurde unter Berücksichtigung der zu Hin- und Rückweg vorliegenden Angaben vorgenommen. Servicewege (rund 2 vH aller Wege) wurden bei Auswertung der Angaben zum Wochentag und zur Haushaltsstruktur (schulpflichtige Kinder) den Zwecken Berufsverkehr, Freizeitverkehr oder Ausbildungsverkehr zugeordnet [15].

Für die Personen, die nicht selbst einen Pkw besitzen, wurde die Wegedatei 1982 um die Information erweitert, ob in dem Haushalt, dem die Person angehört, ein Pkw existiert oder nicht. In der Wegedatei 1976 war die Pkw-Verfügbarkeit unmittelbar enthalten.

Mit Hilfe der Gewichtungsfaktoren wurden beide Stichproben auf die Grundgesamtheit (deutsche Wohnbevölkerung ab 10 Jahren) hochgerechnet.

Das Ergebnis der anschließenden Auszählung der für 1976 rund 200 000 und für 1982 rund 135 000 Fälle umfassenden Wegedateien sind jeweils drei Dateien. Sie enthalten die Wege und die zurückgelegten Personenkilometer (jeweils für 7 Verkehrsmittel, 5 Zwecke, 29 Bevölkerungsgruppen und 4 Gemeindetypen) sowie die Wege nach Entfernungsstufen.

Rein rechnerisch ergibt sich z.B. bei rund 135 000 Fällen und einer Auszählung nach 7 x 5 x 29 x 4 Merkmalsausprägungen eine durchschnittliche Besetzung jeder Gruppe mit 33 Fällen.

Tatsächlich sind jedoch einige Gruppen (z.B. Pkw-Fahrten von Angestellten) sehr stark und andere Gruppen (z.B. Taxi-Fahrten von Hausfrauen) nur gering besetzt. Daher wurde versucht, die durch KONTIV verfügbaren Informationen möglichst vollständig auszuschöpfen. So sind unvollständig ausgefüllte Fälle nicht von vornherein aussortiert, sondern mit berücksichtigt worden, wenn die fehlenden Angaben (z.B. Entfernung) für die jeweilige Auszählung (z.B. Wege nach Zwecken und benutztem Verkehrsmittel) nicht notwendig waren. In den Ergebnisdateien dennoch nicht ausreichend besetzte Gruppen sind im allgemeinen in den Tabellen als Einzelwerte nicht ausgewiesen, sondern in Obergruppen enthalten; z.B. sind Taxi-Fahrten mit Pkw-Mitfahrern zusammengefaßt worden.

3.3 Ergänzung der Datenbasis

Will man zu Informationen über den gesamten Personenverkehr kommen, müssen die in den KONTIV-Erhebungen anlagebedingt untererfaßten bzw. nicht erfaßten Bereiche ergänzt werden.

Eine vollständige Erfassung des Geschäfts- und Dienstreiseverkehrs (im wesentlichen Wege von Taxifahrern, Boten, Vertretern, Reparaturdiensten etc.) ist im Rahmen einer Haushaltsbefragung nicht möglich. Die Untererfassung wurde auf der Grundlage der Ergebnisse anderer Studien [16] und der generellen Nachfrageentwicklung im motorisierten Individualverkehr ausgeglichen.

Der im Schwerpunkt auf wenige Monate im Jahr konzentrierte Urlaubsverkehr ist mit der Methode der Stichtagsbefragung nicht ausreichend zu erfassen. Die Daten wurden daher auf der Basis der Mikrozensus-Ergebnisse bestimmt.

Der Luftverkehr ist ein sehr kleines Aggregat, dessen Struktur mit der gewählten Stichprobe nicht aussagefähig abgebildet werden kann. Die Eckzahlen stimmen mit der amtlichen Statistik überein.

In den KONTIV-Erhebungen werden drei Personengruppen nicht berücksichtigt: Ausländer, Anstaltsbevölkerung und Kinder unter 10 Jahren. Ihre Wege einschließlich der zugehörigen Entfernungen mußten geschätzt und hinzugefügt werden.

Repräsentative Erhebungen zum Verkehrsverhalten der in der Bundesrepublik lebenden Ausländer liegen nicht vor [17]. Ihr Anteil an der Wohnbevölkerung betrug 1976 6,4 vH und 1982 7,6 vH. Die Ausländer, die schon seit geraumer Zeit in der Bundesrepublik leben (1982 waren rund 60 vH 8 Jahre und länger hier) und integriert sind, werden sich in ihrem Verkehrsverhalten nicht sehr von den Deutschen unterscheiden. Selbst etwas abweichende Wegehäufigkeiten und Verkehrsmittelnutzungsquoten würden bei dem vergleichsweise geringen Anteil dieser Bevölkerungsgruppe zu lediglich marginalen Korrekturen globaler Eckzahlen führen. Es erschien daher gerechtfertigt, auf die Ausländer die personenspezifischen Mobilitätskennziffern der deutschen Bevölkerung zu übertragen.

Über das Verkehrsverhalten der in Anstalten lebenden Bevölkerung liegen keine Untersuchungen vor. Da ihr Anteil an der Gesamtbevölkerung weniger als 2 vH beträgt, wurde auf eine gesonderte Berücksichtigung verzichtet.

Anhaltspunkte für das Verkehrsverhalten der Kinder unter 10 Jahren liegen für das Jahr 1975 vor [18]. Sie bestehen aus Ergebnissen eines Forschungsprojektes der Bundesanstalt für Straßenwesen über die Verkehrsbeteiligung von Kindern und Jugendlichen [19] und aus den Ergebnissen zweier regionaler Verkehrserhebungen [20].

Die Mobilität der Kinder wurde hierbei getrennt für die Gruppe der 6- bis 10jährigen (in der Regel schulpflichtigen) Kinder und der unter 6 Jahre alten Kinder bestimmt. Innerhalb jeder der beiden Altersgruppen wurde zunächst die gesamte Wegezahl nach Zwecken festgelegt. Anschließend wurde zunächst nach motorisiertem und nichtmotorisiertem Verkehr und dann nach den einzelnen Verkehrsarten differenziert.

Diese für 1975 ermittelten Mobilitätsraten wurden auf die Gruppe der Kinder unter 10 Jahren (differenziert nach zwei Altersklassen) des Jahres 1976 übertragen. Für 1982 wurden diese Mobilitätsraten um zwischenzeitliche Änderungen im Verkehrsverhalten modifiziert. Anhaltspunkte dafür wurden einer Auswertung der Wege der 10- bis 14jährigen Personen der KONTIV 76 und KONTIV 82 entnommen [21].

3.4 Überprüfung, Vergleich mit der amtlichen Statistik und Korrektur der Datenbasis

Die Ergebnisse der hochgerechneten und ergänzten KONTIV-Erhebungen wurden auf Plausibilität, d.h. auf in sich konsistente Resultate, und auf Verträglichkeit mit amtlichen statistischen Informationen geprüft. Da für die Erarbeitung der globalen Zeitreihen für den Personenverkehr kontinuierlich verfügbare Daten erforderlich sind, wurde in Zweifelsfällen nach wie vor der amtlichen Statistik der Vorrang gegeben. Unplausible oder von der amtlichen Statistik wesentlich abweichende Ergebnisse der KONTIV-Erhebungen können sich aus falschen Antworten der Personen ergeben, methodisch in der Anlage der Untersuchung oder der nachfolgenden Gewichtung begründet sein. Aber auch Verzerrungen der amtlichen Statistik sind denkbar.

a) Die vom Statistischen Bundesamt ausgewiesene Zahl der im öffent-lichen Straßenpersonenverkehr beförderten Personen wird in beiden KONTIV-Erhebungen niedriger ausgewiesen, 1976 um 9 vH und 1982 um knapp 20 vH.

Die amtliche Statistik liefert eine Zusammenfassung der monatlich bei den Verkehrsunternehmen erhobenen Betriebs- und Verkehrslei-stungen (beförderte Personen, Personenkilometer, Einnahmen, Wagenkilometer). Die Angaben beruhen zum Teil auf Schätzungen.

Die Benutzungshäufigkeit von Zeitkarten soll durch Verkehrszählun-gen in höchstens drei- bis fünfjährigen Abständen ermittelt werden. Falls aktuelle Zählungen oder Fortschreibungen nicht zur Verfügung stehen, sind die Beförderungsfälle anhand von festgelegten Höchst-werten für die Zahl der Wege je Gültigkeitstag und die Zahl der Gültigkeitstage je Zeitkartenkategorie (Woche, Monat, Jahr) zu schätzen. Hierbei ist die Einführung der 5-Tage-Arbeitswoche nahe-zu unbeachtet geblieben und dürfte so zu einer Überschätzung des Verkehrsaufkommens führen [22]. Dagegen wird die Mobilität von Schülern mit 2,3 Fahrten je Gültigkeitstag relativ niedrig angesetzt.

Die Abweichung zwischen den Ergebnissen der KONTIV und der amtlichen Statistik sind sicherlich nur zum Teil mit nicht berichte-ten Wegen zu erklären [23]. Der Unterschied von 20 vH im Jahre 1982 läßt darüber hinaus eine Überbewertung der Zeitkartennutzung vermuten.

b)   Der vom Statistischen Bundesamt ausgewiesene Eisenbahnverkehr wird in beiden KONTIV-Erhebungen übertroffen, 1976 um 4 vH, 1982 um rund 8 vH.

Auskunftpflichtig für die amtliche Statistik sind die Deutsche Bundesbahn und die Nichtbundeseigenen Eisenbahnen des öffentlichen Verkehrs. Die Überschätzung durch die KONTIV-Erhebungen ist nicht erklärlich, zumal die Bundesbahn bei der Umrechnung der Zeitkarten auf beförderte Personen noch die 6-Tage-Arbeitswoche unterstellt, die ausgewiesenen Werte also eher an der Obergrenze liegen dürften.

c)   Erheblich niedrigere Werte als die Bundesbahn liefern die KONTIV-Ergebnisse für den S-Bahn-Verkehr: um 24 vH für 1976 und um 20 vH für 1982.

Interessanterweise finden sich ähnliche Tendenzen in der Untersuchung von Wermuth / Maerschalk: Die S-Bahn war das öffentliche Verkehrsmittel mit dem größten Anteil nicht berichteter Fahrten (non-reported trips); die Eisenbahn war die einzige Verkehrsart, in der keine non-reported trips festgestellt wurden.

d)   Ausgehend vom Mineralölverbrauch und dem Pkw-Bestand, werden vom DIW mit Hilfe einer Modellrechnung jährlich die Kraftfahrzeug-Fahrleistungen ermittelt und, abgeleitet davon, das Verkehrsaufkommen und die Verkehrsleistung im motorisierten Individualverkehr bestimmt. Ein Vergleich dieser Ergebnisse mit den empirisch gewonnenen Daten zeigt in bezug auf das Verkehrsaufkommen eine Abweichung der KONTIV von - 11 vH für 1976 und von - 4 vH für 1982. Unter Berücksichtigung der anlagebedingten Untererfassung im Geschäfts- und Dienstreiseverkehr und der Verschiedenartigkeit der Datenquellen (Modellrechnung bzw. empirische Erhebung) sind diese Abweichungen als relativ niedrig anzusehen.

e)   Die aus den KONTIV-Erhebungen resultierende Zahl von Pkw-Besitzern (1976 17,7 Mill., 1982 21,9 Mill.) ist plausibel:

Vom Kraftfahrt-Bundesamt wird jährlich (jeweils zum Stichtag 1. Juli) der Bestand an Personen- und Kombinationskraftwagen ausgewiesen. Er stellt die Obergrenze für den Vergleich mit dem Pkw-Bestand aus KONTIV dar, da hierin auch die gewerblichen Fahrzeuge enthalten sind. Reduziert um die Zahl der gewerblich angemeldeten Pkw und Kombi, ergibt sich die Untergrenze, da ein Teil dieser Fahrzeuge auch zu privater Nutzung zur Verfügung steht. Es zeigt sich, daß die Ergebnisse aus KONTIV in beiden Jahren innerhalb dieser Grenzen liegen:

	1976	1982
Bestand an Personen- und Kombinationskraftwagen, einschl. gewerblicher Fahrzeuge [1] (in Mill.)	18,9	24,1
Bestand an Personen- und Kombinationskraftwagen ohne gewerbliche Fahrzeuge [1] (in Mill.)	15,3	19,9
Pkw-Besitzer aus KONTIV (Mill.)	17,7	21,9

1) Stand 1. Juli, einschl. vorübergehend abgemeldeter Fahrzeuge.

f) Enorme Abweichungen zwischen amtlicher Statistik und KONTIV 76 ergaben sich in bezug auf die Bevölkerungsgruppe der Schüler ab 10 Jahren und Studenten. Während die KONTIV 76 (nach Hochrechnung auf die Grundgesamtheit der Stichprobe) 11,441 Mill. Schüler und Studenten ausweist, sind laut amtlicher Statistik nur 7,776 Mill. Personen dieser Gruppe zuzurechnen. Es liegt somit eine Überschätzung dieser Bevölkerungsgruppe um knapp 50 vH vor, die nur durch einen Fehler bei der Hochrechnung zu erklären ist und vom DIW korrigiert wurde. Für die KONTIV 82 wurde eine Überschätzung von "nur" 1,2 Mill. bzw. 15 vH festgestellt.

Diese Überrepräsentanz der Schüler und Studenten führt zur Überschätzung des Ausbildungsverkehrs.

g) In bezug auf die Gruppe der <u>Erwerbstätigen</u> weist die amtliche Statistik generell mehr "Arbeiter" als "Angestellte" aus, in beiden KONTIV-Erhebungen ergibt sich ein umgekehrtes Verhältnis. Es liegt die Vermutung nahe, daß von etlichen befragten Personen der als höher bewertete Status "Angestellte(r)" angegeben wurde, obwohl dies nicht zutraf.

In beiden KONTIV-Befragungen ist die Zahl der Personen, die sich als "arbeitslos" eingestuft haben, deutlich niedriger (1976 um 23 vH, 1982 um 35 vH), als die amtliche Statistik nachweist. Ein erheblicher Teil der Befragten mochte sich offenbar nicht zu der als negativ empfundenen tatsächlichen Situation bekennen.

Die Dateien mit den hochgerechneten und ergänzten KONTIV-Ergebnissen für 1976 und 1982 wurden folgenden Korrekturen unterzogen:

- Korrektur der Repräsentativität der Bevölkerungsgruppen, d.h. Abstimmung der Bevölkerungsstruktur auf die Informationen der amtlichen Statistik.

- Abstimmung des Aufkommens und der Leistung im ÖSPV auf die amtlichen Eckzahlen.

- Abstimmung des Aufkommens und der Leistung im Eisenbahnverkehr (getrennt nach S-Bahn und Eisenbahn) auf die amtlichen Eckzahlen.

- Abstimmung des Aufkommens und der Leistung im motorisierten Individualverkehr auf die aus der DIW-Fahrleistungsrechnung resultierenden Eckzahlen.

Als Ergebnis der bisher beschriebenen Arbeitsschritte standen für 1976 und 1982 Personenverkehrsdateien zur Verfügung, deren Eckzahlen des motorisierten Verkehrs mit der amtlichen Statistik übereinstimmen. Zu prüfen und gegebenenfalls zu korrigieren waren nun die in diesen Daten enthaltenen Zweckstrukturen. Zu untersuchen waren

- die Zweckstruktur innerhalb jeder Verkehrsart und deren Veränderung zwischen 1976 und 1982,

- die globale Zweckstruktur und deren Veränderung von 1976 bis 1982.

Deutliche Abweichungen zwischen KONTIV und amtlicher Statistik zeigten sich z.B. in bezug auf die Entwicklung des Berufsverkehrs mit der Eisenbahn und des Ausbildungsverkehrs im ÖSPV. Während nach KONTIV der Berufsverkehr mit der Bahn abnimmt, weist die amtliche Statistik eine Zunahme aus. Gleiches gilt für den Ausbildungsverkehr im ÖSPV.

Auch bei der Festlegung der Zweckstrukturen wurde, ebenso wie bei der Bestimmung der Aufkommenswerte in den Verkehrsarten, soweit wie möglich der amtlichen Statistik Vorrang gegeben.

Die globale Zweckstruktur wurde mit Hilfe gesamtwirtschaftlicher Nachfrageschätzungen und Plausibilitätsbetrachtungen geprüft.

Die hier dargestellten Korrekturen können so lange nicht voll befriedigen, wie die Ursachen der Abweichungen von erfragten Werten und Kontrollgrößen nicht bekannt sind und damit die Anpassungen nur punktuell möglich waren.

Die vorliegenden Tabellen zum Personenverkehr in der Bundesrepublik sollen ein möglichst genaues statistisches Abbild des Verkehrsgeschehens auf Straßen und Schienen zu zwei Zeitpunkten sein. Man wird jedoch stets nur ein vergröberndes Bild, nie eine photographisch exakte Aufnahme gewinnen können.

4. Entwicklung des Personenverkehrs von 1976 bis 1982

Die Entwicklung des Personenverkehrs ist vor dem Hintergrund folgender genereller Rahmenbedingungen zu sehen (vgl. auch Übersicht 4):

- Einwohnerzahl nahezu konstant, Verschiebung der Altersstruktur in Richtung älterer Personen.

- Deutlicher Rückgang der Zahl der Schüler und Studenten, erhebliche Zunahme des Anteils älterer Schüler.

- Zunahme der Pkw-fahrfähigen Bevölkerung (18- bis unter 75-Jährige) um rund 4 vH.

- Zunahme der Zahl der Haushalte bei sinkender durchschnittlicher Haushaltsgröße.

- Zahl der Erwerbstätigen nahezu konstant, Zunahme der Zahl der Arbeitslosen um rund 73 vH.

- Zunahme von Freizeit als Ergebnis der geringer gewordenen Zahl von Arbeitstagen.

- Attraktivitätsverlust der Verdichtungsgebiete als Wohnstandort, d.h. Abnahme der Bevölkerung in Groß- und Oberzentren, Bevölkerungszunahme in Mittelzentren und insbesondere in sonstigen Gemeinden.

- Ungebrochener Wachstumstrend im Pkw-Bestand.

- Zunahme des gesamten Straßennetzes um 4 vH mit Schwerpunkt bei den Bundesautobahnen (+ 25 vH, d.h. 1 571 km mehr).

- Weiterer Ausbau von Stadtschnellbahnnetzen (Zunahme der Betriebsstreckenlänge um 20 auf 381 km).

- Rückgang der Betriebsstreckenlänge von Kraftomnibussen um 13 vH bei gleichzeitiger Erweiterung des Fuhrparks.

Übersicht 4 :

Sozio-ökonomische Leitdaten

		1976	1977	1978	1979	1980	1981	1982
Wohnbevölkerung	Mill.	61,5	61,4	61,3	61,4	61,6	61,7	61,6
Privathaushalte	Mill.	23,5	23,6	23,7	24,0	24,3	24,5	24,7
Erwerbstätige	Mill.	25,5	25,5	25,6	26,0	26,3	26,0	25,6
Schüler u. Studierende	Mill.	11,6	11,4	11,3	11,1	10,9	10,7	10,4
davon:								
Fortbildungsschüler	Mill.	2,7	2,8	2,9	3,0	3,2	3,4	3,7
	vH	23,0	24,0	25,4	27,3	29,5	32,2	35,6
Arbeitstage		216	213	211	209	209	209	210
Urlaubstage		25	25	26	27	28	29	30
Unterrichtstage		217	217	216	215	214	213	212
Pkw-Bestand	Mill.	18,9	20,0	21,2	22,5	23,2	23,7	24,1
davon gewerbl. Pkw	Mill.	3,6	3,7	3,8	4,0	4,1	4,1	4,2

Quellen: Statistisches Bundesamt, Institut für Arbeitsmarkt- und Berufs-
forschung, Berechnungen des DIW.

Die Entwicklung des Personenverkehrs insgesamt weist von 1976 bis 1982 keine gravierenden Veränderungen auf. Personenverkehr ist nach wie vor fast ausschließlich Nahverkehr, d.h. 98 vH der Wege finden im Entfernungsbereich bis zu 50 km statt. Das Mobilitätsniveau bleibt mit 2,65 bzw. 2,64 Wegen je Person und Tag nahezu konstant. Die durchschnittlich je Weg zurückgelegte Entfernung hat um einen Kilometer auf 10,5 km zugenommen.

Der von 1976 bis 1982 um mehr als ein Viertel gestiegene Pkw-Bestand war nur mit einer Zunahme der Pkw-Fahrten um 4 vH verbunden. Im gleichen Zeitraum erhöhte sich aber die Zahl der mit dem Fahrrad zurückgelegten Wege um fast 18 vH. Die Zahl der mit den Eisenbahnen beförderten Personen wuchs um nahezu ein Zehntel. Im öffentlichen Straßenpersonenverkehr (ÖSPV) wurden im Jahre 1982 ebenso viele Personen befördert wie im Jahre 1976. Die Zahl der Wege im Fußgängerverkehr verringerte sich um knapp 12 vH. Es entfallen aber noch immer rund 30 vH aller Wege auf Fußgänger. Erheblich größer ist - mit fast der Hälfte - der Anteil des Pkw-Verkehrs. Gemessen an der Personenverkehrsleistung, weist der Pkw-Verkehr sogar einen Anteil von rund drei Vierteln auf. Trotz abnehmender Zuwachsraten in den vergangenen Jahren wird die Entwicklung im gesamten Personenverkehr nach wie vor vom motorisierten Individualverkehr geprägt.

Generell am häufigsten unterwegs sind Erwerbstätige und Schüler / Studenten, d.h. Personen, die regelmäßige räumlich und zeitlich festgelegte Aktivitäten außer Haus haben. Der global festgestellte leichte Rückgang der Wege insgesamt je Person spiegelt sich mehr oder weniger stark in fast allen Bevölkerungsgruppen wider.

Eine Ausnahme bilden die Rentner, für die ein deutlicher Mobilitätsanstieg zu beobachten ist. Sie sind weniger zu Fuß oder als Pkw-Mitfahrer unterwegs, unternehmen aber dafür um so häufiger Fahrten mit dem eigenen Pkw, einem öffentlichen Verkehrsmittel oder dem Fahrrad. Es treten immer mehr solche Erwerbstätigen-Jahrgänge in das Rentenalter ein, für die räumliche Mobilität zur Selbstverständlichkeit gehört. Während des Berufslebens erworbene Verhaltensweisen werden auch im Rentenalter nach Möglichkeit beibehalten.

Die zweite Ausnahme sind die Schüler und Studenten, deren Wegehäufigkeit im Zeitverlauf ebenfalls gestiegen ist. Dies ist in erster Linie der demographische Effekt des größeren Anteils von Studenten und älteren Schülern, deren naturgemäß größere Mobilität sich entsprechend auf das Ergebnis für die Gesamtgruppe auswirkt.

1976 war jeder dritte Weg ein Fußweg. Bei nahezu unveränderter Gesamtmobilität der Bevölkerung ist der Fußgängerverkehr bis 1982 weiter deutlich zurückgegangen. Diese Entwicklung ist u.a. das Ergebnis der parallel zur wachsenden Ausstattung von Haushalten mit Pkw zunehmenden räumlichen Trennung zwischen Wohnort, Schule, Arbeitsplatz, Einkaufs- und Erholungsmöglichkeit, die häufiger die Überwindung größerer Entfernungen und damit die Benutzung eines Verkehrsmittels erforderlich macht. Von dem Rückgang der Fußwege sind alle Zwecke, insbesondere jedoch der Ausbildungsverkehr, betroffen.

Hier läßt sich die Entwicklung in erster Linie dadurch erklären, daß die Zahl der Schüler und Studenten von 1976 bis 1982 um gut eine Million abnahm und auch die Altersstruktur sich deutlich veränderte. Der Anteil der unter 10jährigen Schüler, die die Schule am ehesten in einer Nähe haben, die zu Fuß oder mit dem Fahrrad erreichbar ist, nahm in diesem Zeitraum von 24 vH auf 18 vH ab. Dagegen stieg der Anteil der Fortbildungsschüler (Schüler ab 15 Jahre, Studenten), die wegen der größeren Entfernung zur Ausbildungsstätte verstärkt auf die Nutzung eines Verkehrsmittels angewiesen sind, von 23 vH auf 36 vH. Von 1976 bis 1982 fand daher sowohl ein deutlicher Rückgang des Ausbildungsverkehrs insgesamt als auch eine Verschiebung des Modal-Split zu Lasten des nichtmotorisierten Verkehrs statt, d.h. einer Abnahme des Fußgänger- und Fahrradanteils stand eine verstärkte Nutzung öffentlicher Verkehrsmittel und des Pkw gegenüber.

Fußwege sind zu vier Fünfteln dem Einkaufs- und Freizeitverkehr zuzurechnen und im Durchschnitt einen Kilometer lang. Gut die Hälfte aller

Fußwege wird von Hausfrauen, Rentnern und Kindern gemacht, d.h. von Personen, die seltener oder gar nicht über einen Pkw verfügen. Für diese Bevölkerungsgruppen haben Wege zu Fuß auch nach wie vor die größte Bedeutung im Rahmen ihrer Gesamtmobilität. So findet die Verkehrsbeteiligung von Kindern (bis zu zehn Jahren) zu über 60 vH in Form von Fußwegen statt. Trotz des deutlich gestiegenen Anteils von Pkw-Besitzerinnen unter den Hausfrauen - auf 14 vH im Jahre 1982 - beträgt der Anteil der Fußwege im Durchschnitt über 40 vH. Rentner machen sogar jeden zweiten Weg zu Fuß. Jeder vierte von ihnen besaß 1982 zwar einen Pkw, doch trug dies eher zu einer Erhöhung ihrer Gesamtmobilität als zu einer Verringerung der Zahl der Fußwege bei.

Im Zusammenhang mit der ersten Ölpreiskrise im Zeitabschnitt 1973/74 und der einsetzenden Energie- und Umweltschutz-Diskussion rückte das Fahrrad als "Verkehrsmittel" wieder stärker ins Bewußtsein. Der Attraktivitätsgewinn des Fahrrades ist an der Nachfrage nach Fahrrädern und am Bestand abzulesen. Seit 1976 werden jährlich mehr als drei Millionen Räder gekauft, der Bestand wächst von 30 Millionen auf 40 Millionen in 1982. Jedes dritte Rad ist nicht älter als vier Jahre [24].

1976 wurden rund 5 Mrd. Wege mit dem Fahrrad zurückgelegt. Innerhalb der folgenden sechs Jahre ist ein Anstieg auf 6 Mrd. Wege zu verzeichnen. Diese Entwicklung hat jedoch nicht einheitlich in allen Gebieten der Bundesrepublik stattgefunden, in eher ländlich strukturierten Gemeinden hat der Radverkehr - bezogen auf Wege je Einwohner - sogar leicht abgenommen. Dagegen ist, mit zunehmender zentralörtlicher Funktion eines Gebietes, auch die Bedeutung des Fahrrades angestiegen. In Großzentren beträgt die durchschnittliche Radverkehrszunahme zwischen 1976 und 1982 knapp 60 vH.

Diese Entwicklung ist plausibel, denn gerade in den Ballungsräumen wurde in den vergangenen Jahren der Bau von Radwegen verstärkt vorangetrieben, und ein Einstellungswandel der Bevölkerung zugunsten des Fahrrades hat begonnen. Nicht nur, weil es ein umweltfreundliches Verkehrsmittel ist, sondern auch, weil aufgrund von Staus oder schwieriger Parkplatzsuche manches Ziel schneller und bequemer mit dem Fahrrad als mit dem

Pkw zu erreichen ist. Bewohner ländlicher Gegenden haben demgegenüber oft längere Wege zurückzulegen, so daß die Vorteile des Fahrrades hier weniger zum Tragen kommen.

An der rasanten Zunahme des Radverkehrs waren fast alle Bevölkerungs- und Altersgruppen beteiligt. Mit einem Anteil von inzwischen einem Zehntel am gesamten Personenverkehrsaufkommen hat der Fahrradverkehr nahezu die Größenordnung der Nachfrage im öffentlichen Personenverkehr erreicht. Gemessen an der gesamten Personenverkehrsleistung, spielt das Fahrrad mit einem Anteil von lediglich 2,5 vH im Jahre 1982 jedoch eine bescheidene Rolle.

Das Fahrrad wird nicht nur im Freizeitverkehr benutzt, nach wie vor ist nur ein gutes Drittel aller Fahrten diesem Bereich zuzurechnen. Mit Ausnahme des Geschäfts- und Dienstreiseverkehrs und des Ausbildungsverkehrs haben von der verstärkten Nutzung des Fahrrades alle Zwecke profitiert, insbesondere jedoch der Einkaufsverkehr, an dem zur Hälfte Hausfrauen und Rentner beteiligt sind. In beiden Bevölkerungsgruppen hat die Fahrradnutzung deutlich zugenommen, zum großen Teil zu Lasten von Fußwegen.

Ursache für den Rückgang der Fahrradnutzung im Ausbildungsverkehr sind die Abnahme der Zahl der Schüler und Studenten und der in dieser Gruppe steigende Anteil selbst motorisierter Personen. Seit 1978 sind mehr Fahrradfahrten im Berufsverkehr als im Ausbildungsverkehr zu verzeichnen.

Der Pkw-Bestand nahm von 1976 bis 1982 um 28 vH auf 24,1 Mill. zu.

Rein rechnerisch besaß damit fast jeder Haushalt einen Pkw; tatsächlich war jedoch noch immer rund ein Drittel aller Haushalte ohne ein Fahrzeug. Daran wird erkennbar, daß die Motorisierung in den letzten Jahren vor allem durch die Zweit- und Drittmotorisierung gekennzeichnet war. In der Struktur des Pkw-Bestandes nach Haltergruppen zeigt sich dies im zunehmenden Anteil von Hausfrauen, Schülern und Studenten. Doch auch unter Rentnern ist die Zahl der Pkw-Besitzer erheblich gewachsen; dies ist darauf zurückzuführen, daß die erste Autofahrergeneration der Nachkriegszeit in das Rentenalter eingetreten ist.

Verglichen mit dem deutlich gewachsenen Pkw-Bestand, stieg die Zahl der Wege im motorisierten Individualverkehr in sehr viel bescheidenerem Umfang. Dies ist das Ergebnis unterschiedlicher und zum Teil gegenläufiger Entwicklungen:

- Drastische Benzinpreissteigerungen 1979/80 und nochmals 1980/81 führen 1981 zu einem Rückgang der Fahrleistungen um 4 vH und einem Rückgang der Fahrten im Individualverkehr um 5 vH, insbesondere im Freizeitverkehr.

- Der Vergleich 1976 und 1982 zeigt, daß die Zahl der Pkw-Fahrten je Besitzer in allen Bevölkerungsgruppen rückläufig war.

- Eine Zunahme von Pkw-Fahrten ist dagegen sowohl bei Personen festzustellen, in deren Haushalt ein Pkw verfügbar ist, als auch bei Personen, die in einem Haushalt ohne Pkw leben. Offensichtlich ist die Bereitschaft von Pkw-Besitzern gestiegen, ihr Fahrzeug den übrigen Haushaltsmitgliedern oder anderweitig bekannten Personen zu überlassen.

- Der Motorisierungsgrad hat in allen Bevölkerungsgruppen zugenommen.

Im Ergebnis war die durchschnittliche Nutzungsintensität je Pkw zwar rückläufig, von der gestiegenen Motorisierung wurde dieser Effekt jedoch mehr als ausgeglichen.

Eine Zunahme des Pkw-Bestandes hat in allen Gemeindetypen stattgefunden. Der Ausstattungsgrad der Bevölkerung mit einem motorisierten Verkehrsmittel ist jedoch nach wie vor in ländlichen und weniger zentralisierten Gegenden am höchsten, in Großzentren dagegen am niedrigsten. Entsprechend steigt auch die Bedeutung des motorisierten Individualverkehrs mit sinkender zentralörtlicher Funktion der Gemeinde. In ländlichen Räumen werden 50 vH aller Wege mit dem Auto unternommen, in Großzentren beträgt dieser Anteil gut 40 vH.

Auch der motorisierte Individualverkehr ist zu über 95 vH Nahverkehr; nach wie vor ist jeder dritte Weg nicht länger als 3 km.

Das Aufkommen im öffentlichen Straßenpersonenverkehr (ÖSPV) stagnierte in der Berichtszeit bei gut 6,5 Mrd. Fahrten im Jahr. Der Anteil am gesamten Personenverkehr ist naturgemäß dort am höchsten, wo auch das Angebot an Bussen, U-Bahnen und Straßenbahnen am besten ist, d.h. in Groß- und Oberzentren.

Der erhebliche Bevölkerungsverlust in Ballungsgebieten wirkt sich auch auf den ÖSPV durch niedrigere Fahrgastzahlen aus. Bezogen auf die Wege je Person, zeigt sich nur in Oberzentren ein leichter Anstieg der ÖSPV-Nutzung.

Bei insgesamt stagnierendem Aufkommen im ÖSPV gibt es gegenläufige Tendenzen im Berufs- und Ausbildungsverkehr. Der Anteil der Fahrten zum Arbeitsplatz mit Bus, U-Bahn oder Straßenbahn ging von 27 vH auf 22 vH zurück. Zu welchen Teilen diese Wege vom Pkw, der Bahn und dem Fahrrad substituiert wurden, ist nicht ohne weiteres feststellbar, alle drei Verkehrsarten weisen hier steigende Nachfrage auf.

Die Zunahme des Ausbildungsverkehrs im ÖSPV ist das Ergebnis der Altersstrukturveränderungen innerhalb der Gruppe der Schüler und Studenten.

Für die Verkehrsunternehmen dürfte es zunehmend schwieriger werden, ihr Fahrgastaufkommen zu halten. Da mehr und mehr Erwerbstätige, die einen Pkw besitzen, in das Rentenalter kommen, steigt der Anteil der Autofahrer unter den Rentnern stark. Auch der Ausbildungsverkehr, mit einem Anteil von knapp einem Drittel am Fahrgastaufkommen zur Zeit das stärkste Standbein des ÖSPV, wird wegen des Rückgangs der Schülerzahlen künftig eher wieder abnehmen.

Die Zunahme des Eisenbahnverkehrs wurde allein von dem erheblichen Zuwachs des S-Bahn-Verkehrs (+ 63 vH) getragen. Im übrigen Eisenbahnverkehr ist dagegen ein Rückgang um 17 vH zu verzeichnen.

Die Struktur des Eisenbahnverkehrs ist nahezu unverändert geblieben. Gut 40 vH der Fahrten sind dem Berufsverkehr und gut 20 vH der Fahrten dem Ausbildungsverkehr zuzurechnen. An dem Schienenverkehrs-Wachstum sind alle Fahrtzwecke beteiligt.

Die Benutzung von Eisenbahn oder S-Bahn ist in wachsendem Umfang auch für Personen mit Pkw-Verfügbarkeit attraktiver geworden. Bei insgesamt rückläufiger Mobilität hat sich die Zahl der Bahnfahrten von Pkw-Besitzern mehr als verdoppelt.

Insgesamt gesehen, hat der Schienenverkehr jedoch nach dem Luftverkehr den geringsten Anteil an allen Wegen im Personenverkehr.

Fußnoten

1) Für die Zeitreihen zum motorisierten Personenverkehr (Verkehrsaufkommen und -leistung von Eisenbahn, öffentlichem Straßenpersonenverkehr, Pkw und Flugzeug nach 6 Fahrtzwecken) bis zum Jahre 1976 vgl.
R. Hopf, H. Rieke, U. Voigt: Analyse und Projektion der Personenverkehrsnachfrage in der Bundesrepublik Deutschland bis zum Jahre 2000. Beiträge zur Strukturforschung des DIW, Heft 70, Berlin 1982.

Für die Fortschreibung dieser Informationen bis zum Jahre 1982 sowie Zeitreihen zum nichtmotorisierten Personenverkehr (Verkehrsaufkommen und -leistung von Fußgängern und Radfahrern nach 5 Wege- bzw. Fahrtzwecken) für 1976 bis 1982 vgl.
J. Kloas, H. Kuhfeld, U. Kunert et al.: Regionale Struktur des Personenverkehrs in der Bundesrepublik Deutschland im Jahre 1980. Beiträge zur Strukturforschung des DIW, Heft 88, Berlin 1985.

2) Sozialforschung Brög: Kontinuierliche Erhebung zum Verkehrsverhalten (KONTIV) 1975 / 1976 / 1977, München 1977.
Socialdata: Kontinuierliche Erhebung zum Verkehrsverhalten (KONTIV) 1982, München 1984.

Zur Methode der Einbeziehung der KONTIV-Ergebnisse zur Berechnung des Gesamtverkehrs vgl.
J. Kloas, H. Kuhfeld, U. Kunert: Die Verwendung von KONTIV-Ergebnissen zur Schätzung des gesamten Personenverkehrs der Bundesrepublik Deutschland, Schriftenreihe der DVWG, Reihe B, Heft 85, Köln 1986.

3) Im motorisierten Verkehr sind Fahrten, für die mehrere Verkehrsmittel benutzt werden (z.B. Park and Ride, Bus und S-Bahn), mehrfach gezählt. Der Anteil solcher Fahrten ist jedoch gering.

4) Der Anteil des Luftverkehrs an der gesamten Leistung im Personenverkehr beträgt rechnerisch 1,7 vH. Dabei ist jedoch zu berücksichtigen, daß in der Verkehrsleistung nur die in - oder, im Fall des Luftverkehrs, über - der Bundesrepublik Deutschland zurückgelegten Entfernungen enthalten sind. Da rund 80 vH der Fluggäste ins Ausland fliegen, ein großer Teil der zurückgelegten Kilometer somit unberücksichtigt bleibt, ist ein Vergleich zwischen der Leistung im Luftverkehr und der Leistung anderer Verkehrsarten nur bedingt möglich.

5) Vgl. J. Kloas, H. Kuhfeld, U. Kunert et al., a.a.O.

6) Personen im Alter bis zu sechs Jahren. Diese Gruppe ist in KONTIV nicht enthalten, die Wege wurden entsprechend ergänzt.

7) Schüler der allgemeinen Ausbildung und Fortbildung und Schüler der beruflichen Ausbildung und Fortbildung mit Ausnahme der Berufsschüler. Die Gruppe der Schüler bis zu zehn Jahren ist in KONTIV nicht enthalten, die Wege wurden entsprechend ergänzt.

8) Vgl. Gatzweiler: Siedlungsstrukturelle und funktionale Typisierung von Gemeinden als Grundlage für regionalisierte Aufbereitungen von Daten aus Stichprobenerhebungen, insbesondere von Daten aus der Wohnungsstichprobe 1978, internes Arbeitspapier der Bundesforschungsanstalt für Landeskunde und Raumordnung (BfLR), Bonn - Bad Godesberg, März 1980.

9) Für Oberzentren in ländlichen Regionen trifft dies nicht zu. Der Anteil des öffentlichen Verkehrs liegt hier leicht unter, der Radverkehr dagegen über dem Durchschnitt. Auf die Bildung einer gesonderten Gruppe wurde jedoch aus Gründen der Praktikabilität verzichtet. Bezogen auf die Bevölkerung, liegen 11 vH der als Oberzentren eingestuften Gemeinden in ländlichen Regionen.

10) J. Kloas, H. Kuhfeld, U. Kunert et al., a.a.O.

Für den motorisierten Personenverkehr (Eisenbahn, Pkw, öffentlicher Straßenpersonenverkehr, Flugzeug) werden das nach Zwecken differenzierte Verkehrsaufkommen nach 282 Kreisregionen und 79 Planungsregionen sowie die Verflechtung nach Planungsregionen im Jahre 1980 dargestellt.

Allerdings liegen auf Kreisebene keine Daten zum nichtmotorisierten Verkehr vor, und es ist keine Differenzierung nach Bevölkerungsgruppen möglich.

11) Vgl. J. Kloas, H. Kuhfeld, U. Kunert et al., a.a.O.

12) Da in der amtlichen Statistik für den ÖSPV die von ausländischen Busunternehmen in der Bundesrepublik durchgeführten Fahrten nicht enthalten sind, wurden diese Wegezahlen geschätzt und ergänzt. Das hier ausgewiesene Aufkommen liegt daher um 9 Mill. Wege 1976 und 11 Mill. Wege 1982 über der amtlichen Zahl.

13) Verkehr in Zahlen, Bearb.: H. Enderlein, DIW; Hrsg.: Der Bundesminister für Verkehr, jährlich.

14) Vgl. J. Kloas, H. Kuhfeld, U. Kunert et al., a.a.O., Kapitel 2.1.

15) Servicewege sind als Sonderfall im Sinne der in Abschnitt 2.3 gegebenen Zweckdefinition zu betrachten, da nicht die Person, die den Weg unternimmt, die Aktivität bestimmt, sondern die begleitete Person den Zweck des Weges angibt. Gebracht oder geholt zu werden, ermöglicht oder erleichtert der begleiteten Person die Durchführung der am Zielort angestrebten Aktivität.

Eine andere Form von Servicewegen sind die Wege von Kindern, die ihre Eltern bei Einkaufs- oder Versorgungswegen begleiten. Zwar wird die Aktivität auch von der begleiteten Person bestimmt, die Mitnahme des Kindes ermöglicht oder erleichtert jedoch nicht die Durchführung der Aktivität, sondern ist Resultat der Aufsichtspflicht.

16) A. Stein, U. Voigt: Verfahren zum Vergleich von räumlich - zeitlich - sachlich verschieden disponierten Prognosen, Schriftenreihe

Stadt, Region, Land des Institutes für Stadtbauwesen der RWTH Aachen, Heft B 13, Aachen 1978.

17) Informationen gibt es nur für einzelne städtische Gebiete:

- Im Rahmen der Erhebungen zum Generalverkehrsplan (GVP) Großraum Nürnberg wurden im Frühjahr 1975 auch Ausländer befragt (vgl. SOFOS GmbH: Verkehrsverhalten von Ausländern, Schlußbericht, als Manuskript vervielfältigt, München 1977).

- Im Rahmen der Erhebungen zum Verkehrsentwicklungsplan Berlin (West) wurden im Frühjahr 1977 auch jugoslawische und türkische Haushalte befragt (vgl. SOFOS GmbH, a.a.O.).

- Im Rahmen der Untersuchungen für den Regionalverkehrsplan Großraum Stuttgart wurden im Jahre 1981 neben knapp 20 000 deutschen Haushalten auch rund 5 000 ausländische Haushalte (Türken, Jugoslawen) befragt.
(Vgl. Nachbarschaftsverband Stuttgart (Hrsg.): Verkehrsuntersuchung im Gebiet des Nachbarschaftsverbandes Stuttgart und der Landkreise Böblingen, Esslingen und Ludwigsburg, Band 1, Grundlagen, Stuttgart 1985.)

In allen drei Erhebungen weisen die Abweichungen im Verkehrsverhalten zwischen Deutschen und Ausländern in dieselbe Richtung. Ausländer unternehmen weniger Wege zu Fuß, mit dem Fahrrad und dem Pkw als die deutsche Bevölkerung, sie legen jedoch mehr Wege mit öffentlichen Verkehrsmitteln zurück.

Der Anteil der mobilen Personen ist bei beiden Gruppen relativ ähnlich, Deutsche unternehmen aber mehr Wege als Ausländer.

Eine Ableitung genereller zweck- und verkehrsmittelspezifischer Korrekturfaktoren wurde aufgrund der Datensituation (die vorliegenden Daten sind nicht repräsentativ für alle Ausländer und die gesamte Bundesrepublik) für nicht sinnvoll erachtet. Aufgrund des relativ geringen Anteils der Ausländer an der gesamten Bevölkerung wären dadurch auch nur marginale Veränderungen der globalen Eckzahlen zu erwarten.

18) J. Kloas, H. Kuhfeld: Statistik des gesamten Personennahverkehrs in der Bundesrepublik Deutschland im Jahre 1975, als Manuskript vervielfältigt, Berlin 1982.

19) W. Schulte: Straßenverkehrsbeteiligung von Kindern und Jugendlichen. Unfall- und Sicherheitsforschung Straßenverkehr, Heft 19, 1978. Es wurden rund 3 000 Kinder im Alter von 3 bis 17 Jahren befragt.

20) P. A. Mäcke, D. Hölsken und P. Kessel: Motivation der Reisemittelwahl - Zwischenbericht über Untersuchungen zum Modal-Split in der Region Hamburg, Gutachten der Ingenieurgruppe IVV Aachen im Auftrag der Freien und Hansestadt Hamburg, 1977.

Ingenieurgruppe IVV Aachen: Integrierte Gesamtverkehrsuntersuchung zum Generalverkehrsplan der Stadt Dortmund, 1977.

21) Von Juni 1984 bis Mai 1985 fand im Auftrag der Bundesanstalt für Straßenwesen eine sogenannte Kinder-KONTIV statt. Da Ergebnisse zum Zeitpunkt der Bearbeitung der globalen Personenverkehrsdaten nicht vorlagen, mußte die Mobilität der Kinder wie beschrieben geschätzt werden. Mittlerweile verfügbare unveröffentlichte Ergebnisse aus dieser Erhebung weisen mit 3,16 Wegen je Kind bis unter 6 Jahren und mit 3,72 Wegen je Kind von 6 bis 9 Jahren eine deutlich über den geschätzten Mobilitätsraten liegende Wegezahl aus.
Vgl. H. Hautzinger, B. Tassaux: Verkehrsverhalten von Kindern und Jugendlichen in der Bundesrepublik Deutschland (unveröffentlichter Tabellenband), Forschungsprojekt im Auftrag der Bundesanstalt für Straßenwesen, Heilbronn 1986.

22) Vgl. hierzu W. Prusa: Unzulänglichkeiten der Verkehrsstatistik im ÖPNV, in: Nahverkehrspraxis 10, 1984.

23) M. Wermuth, G. Maerschalk: Zur Repräsentanz schriftlicher Haushaltsbefragungen zum Verkehrsverhalten. Forschungsbericht im Auftrag des Bundesministers für Verkehr, Bonn; Lehrstuhl für Verkehrs- und Stadtplanung, TU München, 1981.
In dieser Studie wurde ein Anteil von 5 vH non-reported trips für den ÖSPV festgestellt.

24) Vgl. Verkehr in Zahlen, a.a.O., Ausgabe 1986, S. 116.

TABELLENANHANG

Übersicht

Die vielfache Brechung (nach Verkehrsarten, Zwecken, Bevölkerungsgruppen, Pkw-Verfügbarkeit, Gemeindetypen) der erarbeiteten Daten
macht eine Darstellung in zwei-, höchstens dreidimensionalen Tabellen
schwierig. Das Hinzufügen von immer weiteren Tabellen ist einfach, wenn
die EDV-Software dazu vorhanden ist. Ziel war es jedoch, einen handli-
chen, halbwegs übersichtlichen Tabellenband zu schaffen. Alle Tabellen
werden jeweils für das Jahr 1976 und das Jahr 1982 ausgewiesen.

Der Tabellenanhang ist in drei Teile gegliedert:

Teil 1:   Gesamtüberblick über den Personenverkehr der Bundesrepublik
            Deutschland

Teil 2:   Wege nach Entfernungsstufen

Teil 3:   Mobilität der Bevölkerungsgruppen.

Den letzten beiden Tabellen des ersten Teils ist neben der inhaltlichen
auch eine wegweisende Funktion zugedacht: Die Tabellen der übrigen
Teile entsprechen in ihrem Aufbau jeweils einer der Tabellen des ersten
Teils; sie enthalten Informationen, die im ersten Teil für die gesamte
Bundesrepublik ausgewiesen sind, in feinerer Unterteilung.

Der erste Tabellenteil soll einen Gesamtüberblick über den Personenverkehr in der Bundesrepublik geben.

Tabelle 1.1 weist die Verkehrsnachfrage und die Verkehrsleistung nach
Verkehrsarten und Zwecken im Nah- und Fernverkehr aus.

Tabelle 1.2 enthält die Verkehrsnachfrage und die Verkehrsleistung im
Nahverkehr nach Verkehrsarten und Gemeindetypen.

In Tabelle 1.3 sind die Besetzungsziffern der betrachteten Bevölkerungs-
gruppen dargestellt, sie ermöglichen die Umrechnung der in anderen
Tabellen ausgewiesenen personenbezogenen Mobilitätsziffern in absolute
Wegezahlen.

Tabelle 1.4 weist die in der Bundesrepublik zurückgelegten Wege nach Verkehrsarten und Entfernungsstufen aus. Teil 2 enthält diese Ergebnisse dann in der Untergliederung nach Zwecken und Gemeindetypen (Tabellen 2.1 bis 2.29).

Tabelle 1.5 gibt einen Überblick über die unterschiedliche Mobilität der Bevölkerungsgruppen und deren Nutzung der verschiedenen Verkehrsarten: Sie enthält die Wege pro Person nach Verkehrsarten, Bevölkerungsgruppen und Pkw-Verfügbarkeit. In Teil 3 (Tabellen 3.1 bis 3.29) werden diese Informationen für Zwecke und Gemeindetypen gegeben.

Tabelle 1.1

Personennah- und -fernverkehr 1976 und 1982 :

Wege der Bevölkerung in Mill., Verkehrsleistung in Mill. Pkm
    nach Verkehrsarten
    nach Zwecken

Tabelle 1.2

Personennahverkehr 1976 und 1982 :

Wege der Bevölkerung in Mill., Wege je Person, Verkehrsleistung in Mill. Pkm, Leistung je Person in km
    nach Verkehrsarten
    nach Gemeindetypen

Tabelle 1.3

Bevölkerung der Bundesrepublik 1976 und 1982 in 1000
    nach Gemeindetypen
    nach sozioökonomischen Gruppen, nach Pkw-Verfügbarkeit

DIW 87

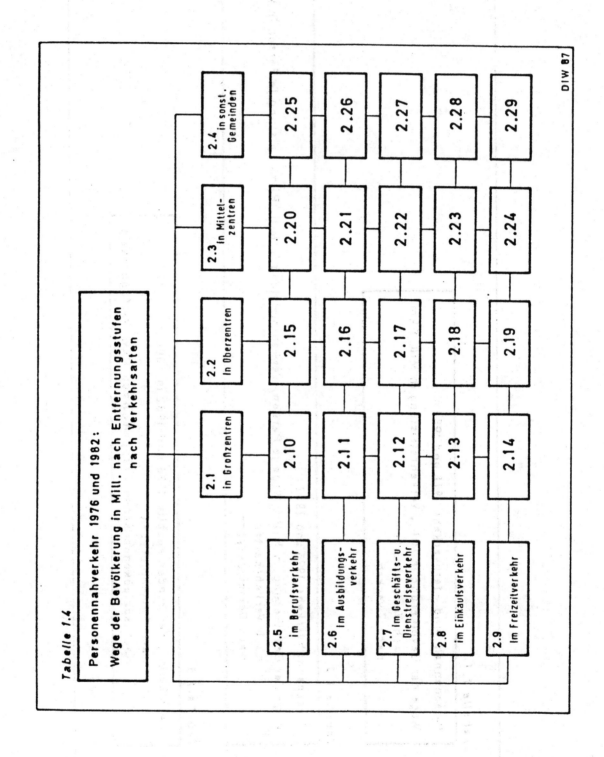

Tabelle 1.4

Personennahverkehr 1976 und 1982:

Wege der Bevölkerung in Mill. nach Entfernungsstufen nach Verkehrsarten

50

Tabelle 1.5

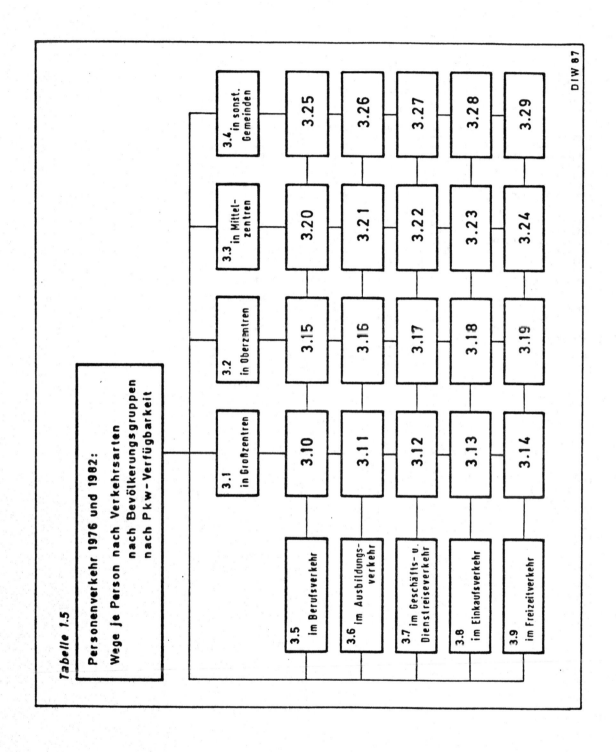

Personenverkehr 1976 und 1982:

Wege je Person nach Verkehrsarten nach Bevölkerungsgruppen nach Pkw-Verfügbarkeit

	3.1 in Großzentren	3.2 in Oberzentren	3.3 in Mittel-zentren	3.4 in sonst. Gemeinden
3.5 im Berufsverkehr	3.10	3.15	3.20	3.25
3.6 im Ausbildungs-verkehr	3.11	3.16	3.21	3.26
3.7 im Geschäfts- u. Dienstreiseverkehr	3.12	3.17	3.22	3.27
3.8 im Einkaufsverkehr	3.13	3.18	3.23	3.28
3.9 im Freizeitverkehr	3.14	3.19	3.24	3.29

DIW 87

51

TABELLE 1.1

GESAMTER PERSONENVERKEHR (NAH- UND FERNVERKEHR) 1976 NACH VERKEHRSARTEN UND ZWECKEN [1]

	ZU FUSS	FAHR-RAD	PKW [2] FAHRER	PKW MIT-FAHRER	PKW INS-GESAMT	OFSPV [3]	OEFFENTLICHE VERKEHRSMITTEL EISEN-BAHN [4]	LUFT-VERK. [5]	INS-GESAMT	INS-GESAMT
NAHVERKEHR WEGE IN MILLIONEN										
BERUF	1890	948	5877	725	6602	1745	427	-	2172	11612
AUSBILDUNG	2586	980	506	295	801	1852	209	-	2061	6428
GESCHAEFTS.-DIENSTR.	222	60	3670	223	3893	115	24	-	139	4314
EINKAUF	7698	1375	4119	1452	5571	1466	121	-	1587	16232
FREIZEIT	7640	1746	5080	3805	8885	1257	114	-	1371	19642
URLAUB	-	-	0	0	1	-	-	-	-	1
INSGESAMT	20037	5109	19253	6500	25753	6436	895		7331	58229
FERNVERKEHR WEGE IN MILLIONEN										
BERUF	-	-	132	14	146	34	12	-	46	192
AUSBILDUNG	-	-	20	5	24	4	8	-	12	37
GESCHAEFTS.-DIENSTR.	-	-	169	12	181	6	14	12,5	32	213
EINKAUF	-	-	25	21	46	6	7	-	13	59
FREIZEIT	-	-	257	326	583	75	74	2,4	151	735
URLAUB	-	-	20	38	58	5	14	13,0	32	90
INSGESAMT	-	-	622	416	1038	130	130	27,9	288	1326
GESAMTVERKEHR WEGE IN MILLIONEN										
BERUF	1890	948	6009	739	6748	1779	439	-	2219	11804
AUSBILDUNG	2586	980	525	300	825	1856	217	-	2073	6465
GESCHAEFTS.-DIENSTR.	222	60	3839	235	4074	121	38	12,5	172	4528
EINKAUF	7698	1375	4144	1473	5617	1472	128	-	1600	16291
FREIZEIT	7640	1746	5337	4131	9468	1332	188	2,4	1523	20376
URLAUB	-	-	20	39	59	5	14	13,0	32	91
INSGESAMT	20037	5109	19875	6916	26791	6566	1024	27,9	7618	59554
ANTEILE DER VERKEHRSARTEN AN ALLEN WEGEN IN VH										
BERUF	16	8	51	6	57	15	4	-	19	100
AUSBILDUNG	40	15	8	5	12	29	3	-	32	100
GESCHAEFTS.-DIENSTR.	5	1	85	5	90	3	1	-	3	100
EINKAUF	47	8	25	9	34	9	1	-	10	100
FREIZEIT	39	9	26	19	45	6	1	-	7	100
URLAUB	-	-	48	52	100	-	-	-	-	100
INSGESAMT	34	9	33	12	45	11	2	0	13	100
NAHVERKEHR VERKEHRSLEISTUNG IN MILLIONEN PERSONENKILOMETERN										
BERUF	1788	2751	58514	6428	64942	17316	6866	-	24181	93663
AUSBILDUNG	2487	2204	4401	2192	6593	14160	2738	-	16898	28182
GESCHAEFTS.-DIENSTR.	169	156	37200	2531	39732	888	748	-	1636	41043
EINKAUF	6388	2312	24275	12426	36701	9169	2059	-	11228	56629
FREIZEIT	11290	4909	43344	44643	87987	9469	1484	-	10952	115139
URLAUB	-	-	20	23	43	-	-	-	-	43
INSGESAMT	22122	12333	167753	68245	235997	51002	13894	-	64896	1335348
FERNVERKEHR VERKEHRSLEISTUNG IN MILLIONEN PERSONENKILOMETERN										
BERUF	-	-	12838	1490	14329	2431	1035	-	3466	17795
AUSBILDUNG	-	-	1925	835	2759	317	691	-	1008	3767
GESCHAEFTS.-DIENSTR.	-	-	23419	1987	25406	927	3268	4710	8905	34311
EINKAUF	-	-	2059	2695	4754	693	801	-	1494	6248
FREIZEIT	-	-	37163	56667	93830	11482	12894	660	25036	118865
URLAUB	-	-	14546	27770	42316	1651	3667	3580	8898	51214
INSGESAMT	-	-	91949	91444	183394	17501	22356	8950	48808	232201
GESAMTVERKEHR VERKEHRSLEISTUNG IN MILLIONEN PERSONENKILOMETERN										
BERUF	1788	2751	71352	7918	79270	19747	7901	-	27648	111458
AUSBILDUNG	2487	2204	6325	3027	9352	14477	3429	-	17906	31949
GESCHAEFTS.-DIENSTR.	169	156	60619	4519	65138	1815	4016	4710	10541	76004
EINKAUF	6388	2312	26334	15122	41456	9862	2860	-	12722	62877
FREIZEIT	11290	4909	80507	101310	181817	20951	14378	660	35988	234004
URLAUB	-	-	14565	27793	42358	1651	3667	3580	8898	51256
INSGESAMT	22122	12333	259702	159689	419391	68503	36250	8950	113703	1567549
ANTEILE DER VERKEHRSARTEN AN DER GESAMTEN VERKEHRSLEISTUNG IN VH										
BERUF	2	3	62	7	69	18	7	-	26	100
AUSBILDUNG	9	8	16	8	23	50	10	-	60	100
GESCHAEFTS.-DIENSTR.	0	0	89	6	95	2	2	-	4	100
EINKAUF	11	4	43	22	65	16	4	-	20	100
FREIZEIT	10	4	38	39	76	8	1	-	10	100
URLAUB	-	-	46	54	100	-	-	-	-	100
INSGESAMT	4	2	46	28	74	12	6	2	20	100

DIW BERLIN 1986
1) NAHVERKEHR: WEGE MIT EINER ENTFERNUNG BIS ZU 50 KM; FERNVERKEHR: WEGE MIT EINER ENTFERNUNG UEBER 50 KM.
2) VERKEHR MIT PERSONEN- UND KOMBINATIONSKRAFTWAGEN, KRAFTRAEDERN UND MOPEDS, TAXIS UND MIETWAGEN.
3) U-BAHN, STRASSENBAHN, O-BUS UND KRAFTOMNIBUS. 4) EINSCHLIESSLICH S-BAHN, OHNE MILITAERVERKEHR.
5) EINSCHLIESSLICH AUSLAENDER- UND TRANSITVERKEHR, OHNE UMSTEIGER.
DIE WERTE SIND GERUNDET; ANTEILE UND SUMMEN SIND VON DEN UNGERUNDETEN AUSGANGSWERTEN BERECHNET.
QUELLEN: STATISTISCHES BUNDESAMT, DEUTSCHE BUNDESBAHN, DFVLR, SOCIALDATA MUENCHEN, BERECHNUNGEN DES DIW

52

TABELLE 1.1

GESAMTER PERSONENVERKEHR (NAH- UND FERNVERKEHR) 1982 NACH VERKEHRSARTEN UND ZWECKEN [1]

	ZU FUSS	FAHR-RAD	PKW [2] FAHRER	PKW MIT-FAHRER	PKW INS-GESAMT	OEFFENTLICHE VERKEHRSMITTEL OESPV [3]	EISEN-BAHN [4]	LUFT-VERK [5]	INS-GESAMT	INS-GESAMT
— NAHVERKEHR WEGE IN MILLIONEN —										
BERUF	1753	1020	6758	726	7484	1392	436	-	1828	12086
AUSBILDUNG	1537	850	666	266	932	2041	228	-	2270	5588
GESCHAEFTS.-DIENSTR.	156	54	3356	211	3567	138	30	-	168	3945
EINKAUF	7236	1881	4342	1273	5615	1572	135	-	1707	16440
FREIZEIT	7006	2209	5793	3349	9141	1322	124	-	1445	19801
URLAUB	-	-	0	0	1	1	-	-	-	1
I N S G E S A M T	17688	6013	20916	5825	26741	6465	953	-	7418	57860
— FERNVERKEHR WEGE IN MILLIONEN —										
BERUF	-	-	182	29	211	19	25	-	44	254
AUSBILDUNG	-	-	64	27	90	13	18	-	30	121
GESCHAEFTS.-DIENSTR.	-	-	127	8	135	7	16	14,5	37	172
EINKAUF	-	-	40	17	57	6	11	-	17	73
FREIZEIT	-	-	258	306	563	45	84	1,7	131	694
URLAUB	-	-	23	42	64	8	14	17,3	39	103
I N S G E S A M T	-	-	692	428	1120	98	167	33,5	298	1419
— GESAMTVERKEHR WEGE IN MILLIONEN —										
BERUF	1753	1020	6940	754	7695	1411	461	-	1872	12340
AUSBILDUNG	1537	850	730	293	1022	2054	246	-	2300	5709
GESCHAEFTS.-DIENSTR.	156	54	3483	219	3702	145	45	14,5	205	4118
EINKAUF	7236	1881	4382	1290	5672	1578	146	-	1724	16513
FREIZEIT	7006	2209	6050	3654	9704	1367	208	1,7	1576	20495
URLAUB	-	-	23	42	65	8	14	17,3	39	104
I N S G E S A M T	17688	6013	21609	6253	27861	6562	1120	33,5	7716	59279
— ANTEILE DER VERKEHRSARTEN AN ALLEN WEGEN IN VH —										
BERUF	15	8	56	6	62	12	4	-	15	100
AUSBILDUNG	27	15	12	5	17	37	4	-	41	100
GESCHAEFTS.-DIENSTR.	4	1	85	5	90	3	1	-	4	100
EINKAUF	44	11	26	8	34	10	1	-	10	100
FREIZEIT	35	11	29	17	46	7	1	-	7	100
URLAUB	-	-	52	48	100	-	-	-	-	100
I N S G E S A M T	30	10	36	11	47	11	2	0	13	100
— NAHVERKEHR VERKEHRSLEISTUNG IN MILLIONEN PERSONENKILOMETERN —										
BERUF	1728	2602	71651	6691	78342	14092	6376	-	20468	103140
AUSBILDUNG	1538	2128	2908	955	3863	14055	2569	-	16624	24153
GESCHAEFTS.-DIENSTR.	165	144	37406	2136	39542	1437	803	-	2240	42090
EINKAUF	5750	3360	28402	10670	39072	12596	2132	-	14728	62911
FREIZEIT	10526	7646	58791	48955	107745	16247	1859	-	18106	144024
URLAUB	-	-	22	23	45	-	-	-	-	45
I N S G E S A M T	19707	15880	199180	69429	268608	58428	13739	-	72167	376363
— FERNVERKEHR VERKEHRSLEISTUNG IN MILLIONEN PERSONENKILOMETERN —										
BERUF	-	-	19739	3054	22793	1735	1645	-	3380	26173
AUSBILDUNG	-	-	5319	3516	8835	1075	1293	-	2368	11203
GESCHAEFTS.-DIENSTR.	-	-	18644	1270	19914	952	3378	5432	9762	29677
EINKAUF	-	-	3827	1835	5662	884	1133	-	2017	7679
FREIZEIT	-	-	38219	50551	88770	9768	13460	471	23699	112469
URLAUB	-	-	17233	30586	47819	3110	3700	4780	11590	59409
I N S G E S A M T	-	-	102982	90812	193794	17523	24609	10683	52815	246609
— GESAMTVERKEHR VERKEHRSLEISTUNG IN MILLIONEN PERSONENKILOMETERN —										
BERUF	1728	2602	91390	9745	101135	15827	8021	-	23848	129313
AUSBILDUNG	1538	2128	8228	4470	12698	15130	3862	-	18992	35356
GESCHAEFTS.-DIENSTR.	165	144	56050	3406	59456	2389	4181	5432	12002	71767
EINKAUF	5750	3360	32229	12505	44734	13480	3265	-	16745	70589
FREIZEIT	10526	7646	97010	99505	196515	26015	15319	471	41805	256492
URLAUB	-	-	17255	30609	47864	3110	3700	4780	11590	59454
I N S G E S A M T	19707	15880	302162	160240	462402	75951	38349	10683	124982	622972
— ANTEILE DER VERKEHRSARTEN AN DER GESAMTEN VERKEHRSLEISTUNG IN VH —										
BERUF	2	3	69	6	76	14	6	-	20	100
AUSBILDUNG	6	9	12	4	16	58	11	-	69	100
GESCHAEFTS.-DIENSTR.	0	0	89	5	94	3	2	-	5	100
EINKAUF	9	5	45	17	62	20	3	-	23	100
FREIZEIT	7	5	41	34	75	11	1	-	13	100
URLAUB	-	-	49	51	100	-	-	-	-	100
I N S G E S A M T	3	3	49	26	74	12	6	2	20	100

DIW BERLIN 1986
1) NAHVERKEHR: WEGE MIT EINER ENTFERNUNG BIS ZU 50 KM; FERNVERKEHR: WEGE MIT EINER ENTFERNUNG UEBER 50 KM.
2) VERKEHR MIT PERSONEN- UND KOMBINATIONSKRAFTWAGEN, KRAFTRAEDERN UND MOPEDS, TAXIS UND MIETWAGEN.
3) U-BAHN, STRASSENBAHN, O-BUS UND KRAFTOMNIBUS. 4) EINSCHLIESSLICH S-BAHN, OHNE MILITAERVERKEHR.
5) EINSCHLIESSLICH AUSLAENDER- UND TRANSITVERKEHR, OHNE UMSTEIGER.
DIE WERTE SIND GERUNDET; ANTEILE UND SUMMEN SIND VON DEN UNGERUNDETEN AUSGANGSWERTEN BERECHNET.
QUELLEN: STATISTISCHES BUNDESAMT, DEUTSCHE BUNDESBAHN, DFVLR, SOCIALDATA MUENCHEN, BERECHNUNGEN DES DIW

TABELLE 1.2

PERSONENNAHVERKEHR 1976 NACH VERKEHRSARTEN UND GEMEINDETYPEN [1]

	ZU FUSS	FAHR-RAD	FAHRER	PKW [2] MIT-FAHRER	INS-GESAMT	OEFFENTLICHE VERKEHRSMITTEL OESPV [3]	EISEN-BAHN [4]	INS-GESAMT	INS-GESAMT
- WEGE IN MILLIONEN -									
GROSSZENTREN	3911	508	3114	993	4107	1933	222	2155	10681
OBERZENTREN	3769	677	3211	1136	4347	1319	87	1406	10199
MITTELZENTREN	6717	2015	6243	2325	8568	1438	209	1647	18947
SONSTIGE GEMEINDEN	5641	1909	6684	2046	8730	1746	377	2123	18402
I N S G E S A M T	20037	5109	19253	6500	25753	6436	895	7331	58229
- ANTEILE DER VERKEHRSARTEN AN ALLEN WEGEN IN VH -									
GROSSZENTREN	37	5	29	9	38	18	2,1	20	100
OBERZENTREN	37	7	31	11	43	13	0,8	14	100
MITTELZENTREN	35	11	33	12	45	8	1,1	9	100
SONSTIGE GEMEINDEN	31	10	36	11	47	9	2,0	12	100
I N S G E S A M T	34	9	33	11	44	11	1,5	13	100
- WEGE JE EINWOHNER -									
GROSSZENTREN	367	48	292	93	386	182	21	202	1003
OBERZENTREN	369	66	314	111	425	129	8	138	998
MITTELZENTREN	338	101	314	117	431	72	11	83	954
SONSTIGE GEMEINDEN	271	92	321	98	420	84	18	102	885
I N S G E S A M T	326	83	313	106	419	105	15	119	946
- VERKEHRSLEISTUNG IN MILLIONEN PERSONENKILOMETERN -									
GROSSZENTREN	4215	1532	26858	9896	36754	14074	2475	16549	59050
OBERZENTREN	4300	1839	24209	10812	35021	7274	1772	9047	50206
MITTELZENTREN	7825	4891	49374	22206	71581	10552	3754	14307	98603
SONSTIGE GEMEINDEN	5782	4071	67311	25331	92642	19101	5893	24994	127489
I N S G E S A M T	22122	12333	167753	68245	235997	51002	13894	64896	335348
- ANTEILE DER VERKEHRSARTEN AN DER GESAMTEN VERKEHRSLEISTUNG IN VH -									
GROSSZENTREN	7	3	45	17	62	24	4	28	100
OBERZENTREN	9	4	48	22	70	14	4	18	100
MITTELZENTREN	8	5	50	23	73	11	4	15	100
SONSTIGE GEMEINDEN	5	3	53	20	73	15	5	20	100
I N S G E S A M T	7	4	50	20	70	15	4	19	100
- PERSONENKILOMETER JE EINWOHNER -									
GROSSZENTREN	396	144	2522	929	3451	1321	232	1554	5544
OBERZENTREN	421	180	2368	1058	3426	712	173	885	4911
MITTELZENTREN	394	246	2486	1118	3604	531	189	720	4965
SONSTIGE GEMEINDEN	278	196	3237	1218	4455	918	283	1202	6130
I N S G E S A M T	360	200	2726	1109	3835	829	226	1055	5450

DIW BERLIN 1986
1) WEGE MIT EINER ENTFERNUNG BIS ZU 50 KM 2) VERKEHR MIT PERSONEN- UND KOMBINATIONSKRAFTWAGEN, KRAFTRAEDERN UND MOPEDS, TAXIS UND MIETWAGEN. 3) U-BAHN, STRASSENBAHN, O-BUS UND KRAFTOMNIBUS.
4) EINSCHLIESSLICH S-BAHN, OHNE MILITAERVERKEHR.
DIE WERTE SIND GERUNDET; ANTEILE UND SUMMEN SIND VON DEN UNGERUNDETEN AUSGANGSWERTEN BERECHNET.

QUELLEN: STATISTISCHES BUNDESAMT, SOCIALDATA MUENCHEN, BERECHNUNGEN DES DIW

TABELLE 1.2

PERSONENNAHVERKEHR 1982 NACH VERKEHRSARTEN UND GEMEINDETYPEN [1)]

	ZU FUSS	FAHR- RAD	FAHRER	P K W [2)] MIT- FAHRER	INS- GESAMT	OEFFENTLICHE VERKEHRSMITTEL OESPV [3)]	EISEN- BAHN [4)]	INS- GESAMT	INS- GESAMT
- WEGE IN MILLIONEN -									
GROSSZENTREN	3045	826	3242	884	4126	1847	342	2190	10187
OBERZENTREN	3378	905	3475	970	4445	1470	37	1507	10235
MITTELZENTREN	6032	2411	7068	2028	9096	1354	217	1571	19111
SONSTIGE GEMEINDEN	5233	1871	7131	1942	9074	1794	357	2150	18328
I N S G E S A M T	17688	6013	20916	5825	26741	6465	953	7418	57860
- ANTEILE DER VERKEHRSARTEN AN ALLEN WEGEN IN VH -									
GROSSZENTREN	30	8	32	9	41	18	3,4	21	100
OBERZENTREN	33	9	34	9	43	14	0,4	15	100
MITTELZENTREN	32	13	37	11	48	7	1,1	8	100
SONSTIGE GEMEINDEN	29	10	39	11	50	10	1,9	12	100
I N S G E S A M T	31	10	36	10	46	11	1,6	13	100
- WEGE JE EINWOHNER -									
GROSSZENTREN	289	78	307	84	391	175	32	208	966
OBERZENTREN	326	87	335	93	428	142	4	145	987
MITTELZENTREN	302	121	353	101	455	68	11	79	955
SONSTIGE GEMEINDEN	253	90	344	94	438	87	17	104	885
I N S G E S A M T	287	98	339	94	434	105	15	120	939
- VERKEHRSLEISTUNG IN MILLIONEN PERSONENKILOMETERN -									
GROSSZENTREN	3402	2588	31223	10932	42154	15984	3151	19135	67279
OBERZENTREN	3954	2740	29788	11652	41440	10072	789	10862	58995
MITTELZENTREN	7056	6230	60821	21922	82743	11548	4135	15683	111713
SONSTIGE GEMEINDEN	5296	4321	77348	24923	102271	20824	5664	26487	138375
I N S G E S A M T	19707	15880	199180	69429	268608	58428	13739	72167	376363
- ANTEILE DER VERKEHRSARTEN AN DER GESAMTEN VERKEHRSLEISTUNG IN VH -									
GROSSZENTREN	5	4	46	16	63	24	5	28	100
OBERZENTREN	7	5	50	20	70	17	1	18	100
MITTELZENTREN	6	6	54	20	74	10	4	14	100
SONSTIGE GEMEINDEN	4	3	56	18	74	15	4	19	100
I N S G E S A M T	5	4	53	18	71	16	4	19	100
- PERSONENKILOMETER JE EINWOHNER -									
GROSSZENTREN	323	246	2962	1037	3998	1516	299	1815	6382
OBERZENTREN	381	264	2871	1123	3994	971	76	1047	5687
MITTELZENTREN	353	311	3040	1096	4136	577	207	784	5584
SONSTIGE GEMEINDEN	256	209	3734	1203	4937	1005	273	1279	6680
I N S G E S A M T	320	258	3231	1126	4358	948	223	1171	6106

DIW BERLIN 1986
1) WEGE MIT EINER ENTFERNUNG BIS ZU 50 KM 2) VERKEHR MIT PERSONEN- UND KOMBINATIONSKRAFTWAGEN, KRAFTRAEDERN UND MOPEDS, TAXIS UND MIETWAGEN. 3) U-BAHN, STRASSENBAHN, O-BUS UND KRAFTOMNIBUS.
4) EINSCHLIESSLICH S-BAHN, OHNE MILITAERVERKEHR.
DIE WERTE SIND GERUNDET; ANTEILE UND SUMMEN SIND VON DEN UNGERUNDETEN AUSGANGSWERTEN BERECHNET.

QUELLEN: STATISTISCHES BUNDESAMT, SOCIALDATA MUENCHEN, BERECHNUNGEN DES DIW

TABELLE 1.3

BEVOELKERUNG 1976 NACH GEMEINDETYPEN UND PKW-VERFUEGBARKEIT

	GROSS-ZENTREN	OBER-ZENTREN	MITTEL-ZENTREN	SONSTIGE GEMEINDEN	INS-GESAMT
- PERSONEN IN 1000 -					
KINDER UNTER 6 JAHREN	542	577	1353	1487	3959
PKW-BESITZER	-	-	-	-	-
PKW IM HAUSHALT	424	472	1177	1336	3409
KEIN PKW IM HAUSHALT	118	105	176	151	550
SCHUELER U. STUDENTEN	1741	1749	3845	4208	11543
PKW-BESITZER	88	88	142	110	427
PKW IM HAUSHALT	1273	1311	3173	3479	9236
KEIN PKW IM HAUSHALT	380	351	530	619	1880
AUSZUBILDENDE	209	218	394	497	1317
PKW-BESITZER	44	46	63	87	241
PKW IM HAUSHALT	122	123	264	311	820
KEIN PKW IM HAUSHALT	43	49	67	98	256
ARBEITER	1575	1540	3341	3683	10139
PKW-BESITZER	768	779	1810	2108	5465
PKW IM HAUSHALT	325	340	750	871	2285
KEIN PKW IM HAUSHALT	483	421	781	705	2389
ANGESTELLTE	1849	1519	2488	2374	8230
PKW-BESITZER	980	860	1478	1503	4820
PKW IM HAUSHALT	452	384	698	640	2173
KEIN PKW IM HAUSHALT	418	275	312	232	1237
BEAMTE	398	416	781	657	2253
PKW-BESITZER	290	335	621	557	1803
PKW IM HAUSHALT	30	41	60	48	179
KEIN PKW IM HAUSHALT	79	40	101	52	271
SELBSTAENDIGE,MITH.FAMILIENANGEH.	611	503	1057	1489	3661
PKW-BESITZER	379	338	637	961	2314
PKW IM HAUSHALT	162	131	348	446	1088
KEIN PKW IM HAUSHALT	70	34	72	83	259
ARBEITSLOSE	232	153	332	343	1060
PKW-BESITZER	48	48	93	123	312
PKW IM HAUSHALT	63	49	109	123	344
KEIN PKW IM HAUSHALT	120	56	131	97	405
HAUSFRAUEN	1612	1765	3507	3568	10453
PKW-BESITZER	130	128	330	317	906
PKW IM HAUSHALT	914	1046	2257	2396	6613
KEIN PKW IM HAUSHALT	568	590	920	855	2934
RENTNER	1881	1783	2762	2491	8916
PKW-BESITZER	249	323	516	395	1483
PKW IM HAUSHALT	249	267	573	707	1795
KEIN PKW IM HAUSHALT	1383	1192	1674	1390	5639
BEVOELKERUNG INSGESAMT	10651	10222	19860	20797	61531
PKW-BESITZER	2976	2945	5689	6160	17770
PKW IM HAUSHALT	4014	4163	9408	10357	27941
KEIN PKW IM HAUSHALT	3661	3114	4764	4281	15820

DIW BERLIN 1986

DIE WERTE SIND GERUNDET; ANTEILE UND SUMMEN SIND VON DEN UNGERUNDETEN AUSGANGSWERTEN BERECHNET.

QUELLEN: STATISTISCHES BUNDESAMT, SOCIALDATA MUENCHEN, BERECHNUNGEN DES DIW

TABELLE 1.3

BEVOELKERUNG 1982 NACH GEMEINDETYPEN UND PKW-VERFUEGBARKEIT

	GROSS-ZENTREN	OBER-ZENTREN	MITTEL-ZENTREN	SONSTIGE GEMEINDEN	INS-GESAMT
- PERSONEN IN 1000 -					
KINDER UNTER 6 JAHREN	312	471	1049	1751	3583
PKW-BESITZER	-	-	-	-	-
PKW IM HAUSHALT	229	406	916	1544	3094
KEIN PKW IM HAUSHALT	83	65	134	207	489
SCHUELER U. STUDENTEN	1455	1842	3488	3615	10401
PKW-BESITZER	138	239	249	244	870
PKW IM HAUSHALT	1007	1242	2778	2909	7936
KEIN PKW IM HAUSHALT	310	362	462	462	1596
AUSZUBILDENDE	224	210	572	671	1676
PKW-BESITZER	54	50	127	143	374
PKW IM HAUSHALT	87	122	341	436	987
KEIN PKW IM HAUSHALT	82	37	104	92	315
ARBEITER	1386	1284	3161	3662	9493
PKW-BESITZER	715	755	2046	2360	5875
PKW IM HAUSHALT	258	284	609	818	1969
KEIN PKW IM HAUSHALT	412	245	506	485	1649
ANGESTELLTE	1837	1574	2765	2674	8850
PKW-BESITZER	1039	1025	1848	1888	5801
PKW IM HAUSHALT	386	316	620	591	1913
KEIN PKW IM HAUSHALT	412	233	297	195	1137
BEAMTE	414	494	756	712	2376
PKW-BESITZER	308	426	657	641	2032
PKW IM HAUSHALT	39	35	57	36	167
KEIN PKW IM HAUSHALT	68	33	42	35	178
SELBSTAENDIGE,MITH.FAMILIENANGEH.	509	502	981	1245	3237
PKW-BESITZER	379	339	735	848	2301
PKW IM HAUSHALT	76	124	187	297	685
KEIN PKW IM HAUSHALT	54	39	58	100	251
ARBEITSLOSE	345	349	546	594	1833
PKW-BESITZER	127	116	240	245	728
PKW IM HAUSHALT	82	113	179	241	615
KEIN PKW IM HAUSHALT	136	120	126	108	490
HAUSFRAUEN	1528	1696	3427	3411	10062
PKW-BESITZER	194	245	534	477	1450
PKW IM HAUSHALT	760	879	1960	2188	5786
KEIN PKW IM HAUSHALT	574	573	932	747	2826
RENTNER	2534	1952	3263	2379	10127
PKW-BESITZER	482	508	814	667	2471
PKW IM HAUSHALT	297	268	632	670	1868
KEIN PKW IM HAUSHALT	1756	1176	1817	1041	5789
BEVOELKERUNG INSGESAMT	10543	10374	20007	20715	61639
PKW-BESITZER	3437	3702	7250	7513	21902
PKW IM HAUSHALT	3220	3789	8279	9729	25018
KEIN PKW IM HAUSHALT	3885	2884	4477	3473	14719

DIW BERLIN 1986

TABELLE 1.4

PERSONENVERKEHR 1976 NACH ENTFERNUNGSSTUFEN [1]
BUNDESREPUBLIK INSGESAMT (NACH GEMEINDETYPEN SIEHE TABELLEN 2.1 BIS 2.4)
ALLE ZWECKE   (NACH FAHRTZWECKEN SIEHE TABELLEN 2.5 BIS 2.9)

	ZU FUSS	FAHR-RAD	FAHRER	PKW [2] MIT-FAHRER	PKW INS-GESAMT	OEFFENTLICHE VERKEHRSMITTEL [3] OESPV	EISEN-BAHN [4]	INS-GESAMT	INS-GESAMT
	- WEGE IN MILL -								
0,1 - 1 KM	14308	1878	1972	455	2427	101	-	101	18714
1,1 - 2 KM	3675	1491	2607	799	3406	584	-	584	9156
2,1 - 3 KM	1269	864	2311	775	3087	854	-	854	6072
3,1 - 5 KM	584	538	3051	1013	4064	1570	44	1614	6800
5,1 - 10 KM	182	270	3870	1422	5292	1871	166	2038	7781
10,1 - 15 KM	16	51	2098	788	2886	824	242	1066	4019
15,1 - 20 KM	3	17	1185	492	1678	354	173	527	2225
20,1 - 30 KM	-	-	1271	436	1707	210	182	391	2099
30,1 - 40 KM	-	-	583	206	789	57	54	111	900
40,1 - 50 KM	-	-	302	114	416	12	33	44	461
I N S G E S A M T	20037	5109	19252	6500	25752	6436	895	7331	58228
	- ENTFERNUNGSSTRUKTUR DER WEGE IN VH -								
0,1 - 1 KM	71	37	10	7	9	2	-	1	32
1,1 - 2 KM	18	29	14	12	13	9	-	8	16
2,1 - 3 KM	6	17	12	12	12	13	-	12	10
3,1 - 5 KM	3	11	16	16	16	24	5	22	12
5,1 - 10 KM	1	5	20	22	21	29	19	28	13
10,1 - 15 KM	0	1	11	12	11	13	27	15	7
15,1 - 20 KM	0	0	6	8	7	6	19	7	4
20,1 - 30 KM	-	-	7	7	7	3	20	5	4
30,1 - 40 KM	-	-	3	3	3	1	6	2	2
40,1 - 50 KM	-	-	2	2	2	0	4	1	1
I N S G E S A M T	100	100	100	100	100	100	100	100	100

DIW BERLIN 1986
1) WEGE MIT EINER ENTFERNUNG BIS ZU 50 KM 2) VERKEHR MIT PERSONEN- UND KOMBINATIONSKRAFTWAGEN,
KRAFTRAEDERN UND MOPEDS, TAXIS UND MIETWAGEN. 3) U-BAHN, STRASSENBAHN, O-BUS UND KRAFTOMNIBUS.
4) EINSCHLIESSLICH S-BAHN, OHNE MILITAERVERKEHR.
DIE WERTE SIND GERUNDET; ANTEILE UND SUMMEN SIND VON DEN UNGERUNDETEN AUSGANGSWERTEN BERECHNET.

QUELLEN: STATISTISCHES BUNDESAMT, SOCIALDATA MUENCHEN, BERECHNUNGEN DES DIW

58

TABELLE 1.4

PERSONENVERKEHR 1982 NACH ENTFERNUNGSSTUFEN [1]
BUNDESREPUBLIK INSGESAMT (NACH GEMEINDETYPEN SIEHE TABELLEN 2.1 BIS 2.4)
ALLE ZWECKE (NACH FAHRTZWECKEN SIEHE TABELLEN 2.5 BIS 2.9)

	ZU FUSS	FAHR-RAD	FAHRER	P K W [2] MIT-FAHRER	INS-GESAMT	OEFFENTLICHE VERKEHRSMITTEL OESPV [3]	EISEN-BAHN [4]	INS-GESAMT	INS-GESAMT
			WEGE IN MILL	-					
0,1 - 1 KM	12221	2171	1951	423	2373	79	-	79	16845
1,1 - 2 KM	3307	1585	2656	613	3269	343	-	343	8504
2,1 - 3 KM	1277	986	2397	617	3014	717	-	717	5993
3,1 - 5 KM	603	721	3339	867	4205	1435	44	1478	7097
5,1 - 10 KM	184	450	4679	1378	6058	2112	252	2365	9057
10,1 - 15 KM	0	74	2320	749	3068	956	292	1249	4397
15,1 - 20 KM	-	27	1356	461	1817	450	169	619	2463
20,1 - 30 KM	-	-	1316	429	1745	294	108	403	2148
30,1 - 40 KM	-	-	554	162	716	63	64	127	843
40,1 - 50 KM	-	-	348	126	475	15	23	38	513
I N S G E S A M T	17683	6013	20916	5824	26740	6465	953	7418	57859
		ENTFERNUNGSSTRUKTUR DER WEGE IN VH			-				
0,1 - 1 KM	69	36	9	7	9	1	-	1	29
1,1 - 2 KM	19	26	13	11	12	5	-	5	15
2,1 - 3 KM	7	16	11	11	11	11	-	10	10
3,1 - 5 KM	4	12	16	15	16	22	5	20	12
5,1 - 10 KM	1	7	22	24	23	33	26	32	16
10,1 - 15 KM	0	1	11	13	11	15	31	17	8
15,1 - 20 KM	-	0	6	8	7	7	18	8	4
20,1 - 30 KM	-	-	6	7	7	5	11	5	4
30,1 - 40 KM	-	-	3	3	3	1	7	2	1
40,1 - 50 KM	-	-	2	2	2	0	2	1	1
I N S G E S A M T	100	100	100	100	100	100	100	100	100

DIW BERLIN 1986
1) WEGE MIT EINER ENTFERNUNG BIS ZU 50 KM. 2) VERKEHR MIT PERSONEN- UND KOMBINATIONSKRAFTWAGEN,
KRAFTRAEDERN UND MOPEDS, TAXIS UND MIETWAGEN. 3) U-BAHN, STRASSENBAHN, O-BUS UND KRAFTOMNIBUS.
4) EINSCHLIESSLICH S-BAHN, OHNE MILITAERVERKEHR.
DIE WERTE SIND GERUNDET, ANTEILE UND SUMMEN SIND VON DEN UNGERUNDETEN AUSGANGSWERTEN BERECHNET.

QUELLEN: STATISTISCHES BUNDESAMT, SOCIALDATA MUENCHEN, BERECHNUNGEN DES DIW

TABELLE 1.5

PERSONENNAHVERKEHR 1976 NACH BEVOELKERUNGSGRUPPEN [1]
BUNDESREPUBLIK INSGESAMT (NACH GEMEINDETYPEN SIEHE TABELLEN 3.1 BIS 3.4)
ALLE ZWECKE (NACH FAHRTZWECKEN SIEHE TABELLEN 3.5 BIS 3.9)

	ZU FUSS	FAHR-PAD	PKW FAHRER	PKW[2] MIT-FAHRER	PKW INS-GESAMT	OEFFENTLICHE VERKEHRSMITTEL OESPV[3]	EISEN-BAHN[4]	INS-GESAMT	INS-GESAMT
- WEGE JE PERSON -									
KINDER UNTER 6 JAHREN	208	17	-	37	37	19	0	19	280
PKW-BESITZER	-	-	-	-	-	-	-	-	-
PKW IM HAUSHALT	199	17	-	40	40	16	0	16	273
KEIN PKW IM HAUSHALT	260	11	-	16	16	35	0	35	322
SCHUELER U. STUDENTEN	440	191	62	138	201	197	19	216	1047
PKW-BESITZER	169	24	996	70	1066	45	13	58	1317
PKW IM HAUSHALT	426	207	29	155	184	193	18	211	1028
KEIN PKW IM HAUSHALT	575	148	14	70	84	252	23	275	1081
AUSZUBILDENDE	241	180	250	155	406	204	49	253	1080
PKW-BESITZER	106	7	879	69	948	29	9	38	1099
PKW IM HAUSHALT	232	224	114	189	303	242	57	298	1057
KEIN PKW IM HAUSHALT	395	203	96	127	224	247	64	312	1134
ARBEITER	222	81	531	82	613	109	18	127	1044
PKW-BESITZER	137	38	867	35	902	32	7	39	1116
PKW IM HAUSHALT	292	115	184	199	383	161	18	179	969
KEIN PKW IM HAUSHALT	350	146	94	79	172	237	44	281	949
ANGESTELLTE	263	47	649	113	762	108	25	132	1205
PKW-BESITZER	185	30	974	49	1023	25	12	38	1275
PKW IM HAUSHALT	331	63	238	267	504	165	31	196	1095
KEIN PKW IM HAUSHALT	451	89	106	92	197	330	60	390	1127
BEAMTE	269	67	820	96	917	59	33	92	1344
PKW-BESITZER	242	43	980	68	1048	31	27	57	1389
PKW IM HAUSHALT	234	61	323	349	672	144	44	188	1155
KEIN PKW IM HAUSHALT	472	231	86	120	206	195	66	261	1169
SELBSTAENDIGE,MITH.FAM	224	37	810	93	902	25	5	31	1194
PKW-BESITZER	163	17	1125	46	1171	6	1	6	1357
PKW IM HAUSHALT	308	68	302	202	504	36	4	40	921
KEIN PKW IM HAUSHALT	419	84	122	92	174	156	53	209	887
ARBEITSLOSE	347	50	268	106	374	86	7	93	864
PKW-BESITZER	235	22	677	91	768	17	-	17	1041
PKW IM HAUSHALT	287	46	196	206	403	70	5	75	811
KEIN PKW IM HAUSHALT	484	76	15	32	46	152	14	166	772
HAUSFRAUEN	389	71	147	158	304	61	6	67	831
PKW-BESITZER	222	29	619	130	749	14	1	15	1015
PKW IM HAUSHALT	377	77	141	212	352	51	5	56	862
KEIN PKW IM HAUSHALT	467	72	14	44	58	99	9	108	705
RENTNER	397	35	95	53	148	97	8	105	685
PKW-BESITZER	361	38	513	36	549	27	3	31	979
PKW IM HAUSHALT	307	37	31	111	143	39	3	42	529
KEIN PKW IM HAUSHALT	434	33	5	39	45	134	10	144	657
BEVOELKERUNG INSGESAMT	326	83	313	106	419	105	15	119	946
PKW-BESITZER	189	32	899	51	950	25	9	34	1205
PKW IM HAUSHALT	347	116	98	169	267	116	13	130	860
KEIN PKW IM HAUSHALT	441	83	34	56	90	173	23	195	809

DIW BERLIN 1986
1) WEGE MIT EINER ENTFERNUNG BIS ZU 50 KM 2) VERKEHR MIT PERSONEN- UND KOMBINATIONSKRAFTWAGEN,
KRAFTRAEDERN UND MOPEDS, TAXIS UND MIETWAGEN. 3) U-BAHN, STRASSENBAHN, O-BUS UND KRAFTOMNIBUS.
4) EINSCHLIESSLICH S-BAHN, OHNE MILITAERVERKEHR.
DIE WERTE SIND GERUNDET; ANTEILE UND SUMMEN SIND VON DEN UNGERUNDETEN AUSGANGSWERTEN BERECHNET.

QUELLEN: STATISTISCHES BUNDESAMT, SOCIALDATA MUENCHEN, BERECHNUNGEN DES DIW

TABELLE 1.5 [1]

PERSONENNAHVERKEHR 1982 NACH BEVOELKERUNGSGRUPPEN
BUNDESREPUBLIK INSGESAMT (NACH GEMEINDETYPEN SIEHE TABELLEN 3.1 BIS 3.4)
ALLE ZWECKE (NACH FAHRTZWECKEN SIEHE TABELLEN 3.5 BIS 3.9)

| | ZU FUSS | FAHRRAD | PKW [2] | | | OEFFENTLICHE VERKEHRSMITTEL | | | INS-GESAMT |
			FAHRER	MIT-FAHRER	INS-GESAMT	OESPV [3]	EISEN-BAHN [4]	INS-GESAMT	
				— WEGE JE PERSON —					
KINDER UNTER 6 JAHREN	221	18	-	41	41	20	0	21	301
PKW-BESITZER	-	-	-	-	-	-	-	-	-
PKW IM HAUSHALT	221	18	-	45	45	19	0	20	304
KEIN PKW IM HAUSHALT	223	16	-	17	17	27	0	27	283
SCHUELER U. STUDENTEN	352	220	131	130	261	225	21	247	1079
PKW-BESITZER	183	76	723	75	798	34	13	47	1104
PKW IM HAUSHALT	367	240	81	151	232	249	20	269	1109
KEIN PKW IM HAUSHALT	365	197	55	54	109	212	32	244	915
AUSZUBILDENDE	194	110	344	136	480	175	47	223	1006
PKW-BESITZER	89	17	789	77	866	17	18	35	1007
PKW IM HAUSHALT	218	134	242	166	408	215	51	266	1026
KEIN PKW IM HAUSHALT	245	144	134	113	246	240	70	311	945
ARBEITER	201	83	543	81	624	88	17	105	1012
PKW-BESITZER	148	57	768	44	811	42	8	50	1067
PKW IM HAUSHALT	284	131	196	215	411	125	18	143	968
KEIN PKW IM HAUSHALT	293	116	154	56	210	206	47	252	871
ANGESTELLTE	237	74	676	102	778	90	23	113	1202
PKW-BESITZER	196	57	896	61	957	34	15	49	1259
PKW IM HAUSHALT	299	116	291	243	534	145	28	173	1121
KEIN PKW IM HAUSHALT	343	91	201	75	276	280	58	338	1048
BEAMTE	247	87	756	76	833	58	35	94	1260
PKW-BESITZER	231	88	856	62	918	35	32	66	1303
PKW IM HAUSHALT	301	92	230	240	470	114	49	163	1026
KEIN PKW IM HAUSHALT	373	73	116	84	201	280	64	344	990
SELBSTAENDIGE,MITH.FAM	190	37	824	80	903	15	5	21	1151
PKW-BESITZER	163	23	1014	49	1063	11	2	14	1262
PKW IM HAUSHALT	255	83	388	193	581	19	13	32	952
KEIN PKW IM HAUSHALT	265	33	267	57	324	42	11	53	675
ARBEITSLOSE	285	94	298	82	380	55	10	64	824
PKW-BESITZER	187	50	578	43	621	10	-	10	867
PKW IM HAUSHALT	252	123	161	142	303	65	8	74	752
KEIN PKW IM HAUSHALT	472	124	54	67	122	108	26	134	851
HAUSFRAUEN	359	106	165	138	303	61	6	67	834
PKW-BESITZER	263	62	527	121	647	15	3	19	991
PKW IM HAUSHALT	391	136	135	193	328	45	6	51	905
KEIN PKW IM HAUSHALT	342	69	40	34	74	116	9	125	609
RENTNER	353	46	116	44	160	121	10	132	691
PKW-BESITZER	318	49	424	23	448	43	6	49	864
PKW IM HAUSHALT	305	47	37	126	163	50	3	53	567
KEIN PKW IM HAUSHALT	384	45	11	26	36	178	15	192	657
BEVOELKERUNG INSGESAMT	287	98	339	94	434	105	15	120	939
PKW-BESITZER	198	56	773	55	828	33	11	44	1126
PKW IM HAUSHALT	326	144	123	160	283	128	14	142	895
KEIN PKW IM HAUSHALT	353	81	61	42	103	173	24	197	734

DIW BERLIN 1986
1) WEGE MIT EINER ENTFERNUNG BIS ZU 50 KM 2) VERKEHR MIT PERSONEN- UND KOMBINATIONSKRAFTWAGEN,
KRAFTRAEDERN UND MOPEDS, TAXIS UND MIETWAGEN. 3) U-BAHN, STRASSENBAHN, O-BUS UND KRAFTOMNIBUS.
4) EINSCHLIESSLICH S-BAHN, OHNE MILITAERVERKEHR.
DIE WERTE SIND GERUNDET; ANTEILE UND SUMMEN SIND VON DEN UNGERUNDETEN AUSGANGSWERTEN BERECHNET.

QUELLEN: STATISTISCHES BUNDESAMT, SOCIALDATA MUENCHEN, BERECHNUNGEN DES DIW

TABELLE 2.1

PERSONENVERKEHR 1976 NACH ENTFERNUNGSSTUFEN [1]
VERKEHR IN GROSSZENTREN
ALLE ZWECKE   (NACH FAHRTZWECKEN SIEHE TABELLEN 2.10 BIS 2.14)

	ZU FUSS	FAHR-RAD	FAHRER	PKW [2] MIT-FAHRER	INS-GESAMT	OEFFENTLICHE VERKEHRSMITTEL OESPV	[3] EISEN-BAHN [4]	INS-GESAMT	INS-GESAMT
- WEGE IN MILL -									
0,1 - 1 KM	2837	151	218	61	279	52	-	52	3319
1,1 - 2 KM	683	126	313	97	410	195	-	195	1414
2,1 - 3 KM	248	107	314	103	417	215	-	215	986
3,1 - 5 KM	114	66	567	178	745	496	21	517	1442
5,1 - 10 KM	28	46	831	265	1096	617	69	686	1856
10,1 - 15 KM	-	9	439	139	577	229	75	304	890
15,1 - 20 KM	-	4	196	67	263	83	35	118	385
20,1 - 30 KM	-	-	151	41	192	44	21	65	257
30,1 - 40 KM	-	-	50	23	73	4	1	4	77
40,1 - 50 KM	-	-	36	19	55	-	-	-	55
I N S G E S A M T	3911	508	3114	993	4107	1933	222	2155	10681
- ENTFERNUNGSSTRUKTUR DER WEGE IN VH -									
0,1 - 1 KM	73	30	7	6	7	3	-	2	31
1,1 - 2 KM	17	25	10	10	10	10	-	9	13
2,1 - 3 KM	6	21	10	10	10	11	-	10	9
3,1 - 5 KM	3	13	18	18	18	26	9	24	14
5,1 - 10 KM	1	9	27	27	27	32	31	32	17
10,1 - 15 KM	-	2	14	14	14	12	34	14	8
15,1 - 20 KM	-	1	6	7	6	4	16	5	4
20,1 - 30 KM	-	-	5	4	5	2	10	3	2
30,1 - 40 KM	-	-	2	2	2	0	0	0	1
40,1 - 50 KM	-	-	1	2	1	-	-	-	1
I N S G E S A M T	100	100	100	100	100	100	100	100	100

DIW BERLIN 1986
1) WEGE MIT EINER ENTFERNUNG BIS ZU 50 KM 2) VERKEHR MIT PERSONEN- UND KOMBINATIONSKRAFTWAGEN,
KRAFTRAEDERN UND MOPEDS, TAXIS UND MIETWAGEN. 3) U-BAHN, STRASSENBAHN, O-BUS UND KRAFTOMNIBUS.
4) EINSCHLIESSLICH S-BAHN, OHNE MILITAERVERKEHR.
DIE WERTE SIND GERUNDET; ANTEILE UND SUMMEN SIND VON DEN UNGERUNDETEN AUSGANGSWERTEN BERECHNET.

QUELLEN: STATISTISCHES BUNDESAMT, SOCIALDATA MUENCHEN, BERECHNUNGEN DES DIW

TABELLE 2.1

PERSONENVERKEHR 1982 NACH ENTFERNUNGSSTUFEN [1]
VERKEHR IN GROSSZENTREN
ALLE ZWECKE   (NACH FAHRTZWECKEN SIEHE TABELLEN 2.10 BIS 2.14)

	ZU FUSS	FAHR-RAD	FAHRER	P K W [2] MIT-FAHRER	INS-GESAMT	OEFFENTLICHE VERKEHRSMITTEL [3] OFSPV	EISEN-BAHN [4]	INS-GESAMT	INS-GESAMT
- WEGE IN MILL -									
0,1 - 1 KM	2147	219	216	41	257	17	-	17	2639
1,1 - 2 KM	530	211	327	52	378	99	-	99	1218
2,1 - 3 KM	208	139	346	75	471	211	-	211	979
3,1 - 5 KM	124	144	515	143	658	400	29	429	1354
5,1 - 10 KM	36	101	847	231	1078	629	184	813	2029
10,1 - 15 KM	-	8	472	128	600	277	98	374	983
15,1 - 20 KM	-	5	237	73	310	130	28	158	473
20,1 - 30 KM	-	-	190	94	284	84	3	88	372
30,1 - 40 KM	-	-	67	27	94	-	-	-	94
40,1 - 50 KM	-	-	25	21	46	-	-	-	46
I N S G E S A M T	3045	826	3242	884	4126	1847	342	2190	10187
- ENTFERNUNGSSTRUKTUR DER WEGE IN VH -									
0,1 - 1 KM	71	26	7	5	6	1	-	1	26
1,1 - 2 KM	17	25	10	6	9	5	-	5	12
2,1 - 3 KM	7	17	11	8	10	11	-	10	10
3,1 - 5 KM	4	17	16	16	16	22	8	20	13
5,1 - 10 KM	1	12	26	26	26	34	54	37	20
10,1 - 15 KM	-	1	15	15	15	15	29	17	10
15,1 - 20 KM	-	1	7	8	8	7	8	7	5
20,1 - 30 KM	-	-	6	11	7	5	1	4	4
30,1 - 40 KM	-	-	2	3	2	-	-	-	1
40,1 - 50 KM	-	-	1	2	1	-	-	-	0
I N S G E S A M T	100	100	100	100	100	100	100	100	100

DIW BERLIN 1986
1) WEGE MIT EINER ENTFERNUNG BIS ZU 50 KM 2) VERKEHR MIT PERSONEN- UND KOMBINATIONSKRAFTWAGEN,
KRAFTRAEDERN UND MOPEDS, TAXIS UND MIETWAGEN. 3) U-BAHN, STRASSENBAHN, O-BUS UND KRAFTOMNIBUS.
4) EINSCHLIESSLICH S-BAHN, OHNE MILITAERVERKEHR.
DIE WERTE SIND GERUNDET; ANTEILE UND SUMMEN SIND VON DEN UNGERUNDETEN AUSGANGSWERTEN BERECHNET.

QUELLEN: STATISTISCHES BUNDESAMT, SOCIALDATA MUENCHEN, BERECHNUNGEN DES DIW

63

TABELLE 2.2

PERSONENVERKEHR 1976 NACH ENTFERNUNGSSTUFEN [1]
VERKEHR IN OBERZENTREN
ALLE ZWECKE   (NACH FAHRTZWECKEN SIEHE TABELLEN 2.15 BIS 2.19)

	ZU FUSS	FAHR-RAD	FAHRER	PKW [2] MIT-FAHRER	INS-GESAMT	OEFFENTLICHE VERKEHRSMITTEL OESPV [3]	EISEN-BAHN [4]	INS-GESAMT	INS-GESAMT
— WEGE IN MILL —									
0,1 - 1 KM	2591	209	267	59	326	31	-	31	3157
1,1 - 2 KM	751	188	444	130	574	156	-	156	1670
2,1 - 3 KM	263	115	497	170	667	272	-	272	1317
3,1 - 5 KM	130	110	719	223	942	421	5	425	1607
5,1 - 10 KM	26	51	657	268	925	354	12	366	1368
10,1 - 15 KM	5	4	228	117	345	55	21	76	429
15,1 - 20 KM	3	-	106	63	169	15	9	23	195
20,1 - 30 KM	-	-	148	51	200	13	18	31	231
30,1 - 40 KM	-	-	92	38	129	3	14	17	146
40,1 - 50 KM	-	-	52	18	70	-	8	8	78
I N S G E S A M T	3769	677	3211	1136	4347	1319	87	1406	10199
— ENTFERNUNGSSTRUKTUR DER WEGE IN VH —									
0,1 - 1 KM	69	31	8	5	7	2	-	2	31
1,1 - 2 KM	20	28	14	11	13	12	-	11	16
2,1 - 3 KM	7	17	15	15	15	21	-	19	13
3,1 - 5 KM	3	16	22	20	22	32	6	30	16
5,1 - 10 KM	1	8	20	24	21	27	13	26	13
10,1 - 15 KM	0	1	7	10	8	4	25	5	4
15,1 - 20 KM	0	-	3	6	4	1	10	2	2
20,1 - 30 KM	-	-	5	5	5	1	21	2	2
30,1 - 40 KM	-	-	3	3	3	0	16	1	1
40,1 - 50 KM	-	-	2	2	2	-	9	1	1
I N S G E S A M T	100	100	100	100	100	100	100	100	100

DIW BERLIN 1986
1) WEGE MIT EINER ENTFERNUNG BIS ZU 50 KM 2) VERKEHR MIT PERSONEN- UND KOMBINATIONSKRAFTWAGEN, KRAFTRAEDERN UND MOPEDS, TAXIS UND MIETWAGEN. 3) U-BAHN, STRASSENBAHN, O-BUS UND KRAFTOMNIBUS.
4) EINSCHLIESSLICH S-BAHN, OHNE MILITAERVERKEHR.
DIE WERTE SIND GERUNDET; ANTEILE UND SUMMEN SIND VON DEN UNGERUNDETEN AUSGANGSWERTEN BERECHNET.

QUELLEN: STATISTISCHES BUNDESAMT, SOCIALDATA MUENCHEN, BERECHNUNGEN DES DIW

TABELLE 2.2

PERSONENVERKEHR 1982 NACH ENTFERNUNGSSTUFEN [1]
VERKEHR IN OBERZENTREN
ALLE ZWECKE   (NACH FAHRTZWECKEN SIEHE TABELLEN 2.15 BIS 2.19)

| | ZU FUSS | FAHR-RAD | P K W [2] | | | OEFFENTLICHE VERKEHRSMITTEL | | | INS-GESAMT |
			FAHRER	MIT-FAHRER	INS-GESAMT	3) OFSPV	EISEN-BAHN 4)	INS-GESAMT	
— WEGE IN MILL —									
0,1 - 1 KM	2199	245	242	39	281	29	-	29	2754
1,1 - 2 KM	719	213	417	89	505	118	-	118	1555
2,1 - 3 KM	271	191	442	119	561	195	-	195	1218
3,1 - 5 KM	152	164	725	159	884	447	0	447	1648
5,1 - 10 KM	37	77	878	227	1105	464	0	464	1682
10,1 - 15 KM	-	12	301	117	418	160	1	161	590
15,1 - 20 KM	-	3	152	77	229	38	24	62	294
20,1 - 30 KM	-	-	181	77	258	20	9	29	287
30,1 - 40 KM	-	-	71	30	101	-	2	2	103
40,1 - 50 KM	-	-	68	35	103	-	-	-	103
I N S G E S A M T	3378	905	3475	970	4445	1470	37	1507	10235
— ENTFERNUNGSSTRUKTUR DER WEGE IN VH —									
0,1 - 1 KM	65	27	7	4	6	2	-	2	27
1,1 - 2 KM	21	24	12	9	11	8	-	8	15
2,1 - 3 KM	8	21	13	12	13	13	-	13	12
3,1 - 5 KM	5	18	21	16	20	30	0	30	16
5,1 - 10 KM	1	8	25	23	25	32	1	31	16
10,1 - 15 KM	-	1	9	12	9	11	3	11	6
15,1 - 20 KM	-	0	4	8	5	3	67	4	3
20,1 - 30 KM	-	-	5	8	6	1	24	2	3
30,1 - 40 KM	-	-	2	3	2	-	5	0	1
40,1 - 50 KM	-	-	2	4	2	-	-	-	1
I N S G E S A M T	100	100	100	100	100	100	100	100	100

DIW BERLIN 1986
1) WEGE MIT EINER ENTFERNUNG BIS ZU 50 KM 2) VERKEHR MIT PERSONEN- UND KOMBINATIONSKRAFTWAGEN,
KRAFTRAEDERN UND MOPEDS, TAXIS UND MIETWAGEN. 3) U-BAHN, STRASSENBAHN, O-BUS UND KRAFTOMNIBUS.
4) EINSCHLIESSLICH S-BAHN, OHNE MILITAERVERKEHR.
DIE WERTE SIND GERUNDET; ANTEILE UND SUMMEN SIND VON DEN UNGERUNDETEN AUSGANGSWERTEN BERECHNET.

QUELLEN: STATISTISCHES BUNDESAMT, SOCIALDATA MUENCHEN, BERECHNUNGEN DES DIW

TABELLE 2.3

1)
PERSONENVERKEHR 1976 NACH ENTFERNUNGSSTUFEN
VERKEHR IN MITTELZENTREN
ALLE ZWECKE   (NACH FAHRTZWECKEN SIEHE TABELLEN 2.20 BIS 2.24)

	ZU FUSS	FAHR-RAD	FAHRER	P K W 2) MIT-FAHRER	INS-GESAMT	OEFFENTLICHE VERKEHRSMITTEL OESPV 3)	EISEN-BAHN 4)	INS-GESAMT	INS-GESAMT
			- WEGE IN MILL -						
0,1 - 1 KM	4598	631	728	187	915	10	-	10	6155
1,1 - 2 KM	1341	637	1063	362	1425	141	-	141	3544
2,1 - 3 KM	477	411	911	333	1244	257	-	257	2389
3,1 - 5 KM	215	219	966	363	1329	363	-	363	2125
5,1 - 10 KM	79	93	1010	455	1464	395	26	421	2058
10,1 - 15 KM	6	22	522	221	743	133	43	176	948
15,1 - 20 KM	-	3	359	159	518	86	50	136	656
20,1 - 30 KM	-	-	435	154	589	49	61	110	699
30,1 - 40 KM	-	-	168	60	229	4	19	23	251
40,1 - 50 KM	-	-	81	31	112	-	10	10	172
I N S G E S A M T	6717	2015	6243	2325	8568	1438	209	1647	18946
			- ENTFERNUNGSSTRUKTUR DER WEGE IN VH -						
0,1 - 1 KM	68	31	12	8	11	1	-	1	32
1,1 - 2 KM	20	32	17	16	17	10	-	9	19
2,1 - 3 KM	7	20	15	14	15	18	-	16	13
3,1 - 5 KM	3	11	15	16	16	25	-	22	11
5,1 - 10 KM	1	5	16	20	17	27	13	26	11
10,1 - 15 KM	0	1	8	10	9	9	21	11	5
15,1 - 20 KM	-	0	6	7	6	6	24	8	3
20,1 - 30 KM	-	-	7	7	7	3	29	7	4
30,1 - 40 KM	-	-	3	3	3	0	9	1	1
40,1 - 50 KM	-	-	1	1	1	-	5	1	1
I N S G E S A M T	100	100	100	100	100	100	100	100	100

DIW BERLIN 1986
1) WEGE MIT EINER ENTFERNUNG BIS ZU 50 KM 2) VERKEHR MIT PERSONEN- UND KOMBINATIONSKRAFTWAGEN,
KRAFTRAEDERN UND MOPEDS, TAXIS UND MIETWAGEN. 3) U-BAHN, STRASSENBAHN, O-BUS UND KRAFTOMNIBUS.
4) EINSCHLIESSLICH S-BAHN, OHNE MILITAERVERKEHR.
DIE WERTE SIND GERUNDET; ANTEILE UND SUMMEN SIND VON DEN UNGERUNDETEN AUSGANGSWERTEN BERECHNET.

QUELLEN: STATISTISCHES BUNDESAMT, SOCIALDATA MUENCHEN, BERECHNUNGEN DES DIW

66

DIW BERLIN 1986

TABELLE 2.3

PERSONENVERKEHR 1982 NACH ENTFERNUNGSSTUFEN 1)
VERKEHR IN MITTELZENTREN
ALLE ZWECKE   (NACH FAHRTZWECKEN SIEHE TABELLEN 2.20 BIS 2.24)

	ZU FUSS	FAHR-RAD	FAHRER	MIT-FAHRER	P K W 2) INS-GESAMT	OESPV	OEFFENTLICHE VERKEHRSMITTEL 3) EISEN-BAHN 4)	INS-GESAMT	INS-GESAMT
	- WEGE IN MILL -								
0,1 - 1 KM	3942	773	696	165	861	24	-	24	5600
1,1 - 2 KM	1256	724	1078	296	1373	81	-	81	3433
2,1 - 3 KM	509	466	1029	276	1305	188	-	188	2468
3,1 - 5 KM	272	261	1225	340	1566	338	0	338	2436
5,1 - 10 KM	48	149	1385	468	1853	415	17	432	2482
10,1 - 15 KM	0	27	586	166	753	151	74	225	1011
15,1 - 20 KM	-	11	377	118	496	79	49	129	636
20,1 - 30 KM	-	-	398	111	509	68	34	102	612
30,1 - 40 KM	-	-	192	51	243	9	29	38	281
40,1 - 50 KM	-	-	101	37	138	-	13	13	151
I N S G E S A M T	6032	2411	7068	2028	9096	1354	217	1571	19110
	- ENTFERNUNGSSTRUKTUR DER WEGE IN VH -								
0,1 - 1 KM	65	32	10	8	9	2	-	2	29
1,1 - 2 KM	21	30	15	15	15	6	-	5	18
2,1 - 3 KM	8	19	15	14	14	14	-	12	13
3,1 - 5 KM	5	11	17	17	17	25	0	22	13
5,1 - 10 KM	1	6	20	23	20	31	8	28	13
10,1 - 15 KM	0	1	8	8	8	11	34	14	5
15,1 - 20 KM	-	0	5	6	5	6	23	8	3
20,1 - 30 KM	-	-	6	5	6	5	16	7	3
30,1 - 40 KM	-	-	3	3	3	1	13	2	1
40,1 - 50 KM	-	-	1	2	2	-	6	1	1
I N S G E S A M T	100	100	100	100	100	100	100	100	100

1) WEGE MIT EINER ENTFERNUNG BIS ZU 50 KM 2) VERKEHR MIT PERSONEN- UND KOMBINATIONSKRAFTWAGEN,
KRAFTRAEDERN UND MOPEDS, TAXIS UND MIETWAGEN. 3) U-BAHN, STRASSENBAHN, O-BUS UND KRAFTOMNIBUS.
4) EINSCHLIESSLICH S-BAHN, OHNE MILITAERVERKEHR.
DIE WERTE SIND GERUNDET; ANTEILE UND SUMMEN SIND VON DEN UNGERUNDETEN AUSGANGSWERTEN BERECHNET.

QUELLEN: STATISTISCHES BUNDESAMT, SOCIALDATA MUENCHEN, BERECHNUNGEN DES DIW

TABELLE 2.4

PERSONENVERKEHR 1976 NACH ENTFERNUNGSSTUFEN [1]
VERKEHR IN SONSTIGEN GEMEINDEN
ALLE ZWECKE   (NACH FAHRTZWECKEN SIEHE TABELLEN 2.25 BIS 2.29)

	ZU FUSS	FAHR-RAD	FAHRER	P K W [2] MIT-FAHRER	INS-GESAMT	OEFFENTLICHE VERKEHRSMITTEL OEFSPV [3]	EISEN-BAHN 4)	INS-GESAMT	INS-GESAMT
- WEGE IN MILL -									
0,1 - 1 KM	4281	887	759	148	907	9	-	9	6084
1,1 - 2 KM	899	541	787	210	997	91	-	91	2528
2,1 - 3 KM	280	232	590	169	759	109	-	109	1381
3,1 - 5 KM	126	144	799	248	1048	291	18	309	1676
5,1 - 10 KM	49	80	1371	435	1806	506	59	565	2500
10,1 - 15 KM	6	15	910	312	1221	407	103	510	1752
15,1 - 20 KM	-	10	525	203	727	171	80	250	988
20,1 - 30 KM	-	-	537	190	727	104	81	186	912
30,1 - 40 KM	-	-	273	85	358	47	20	68	426
40,1 - 50 KM	-	-	132	46	178	12	15	26	205
I N S G E S A M T	5641	1909	6684	2046	8730	1746	377	2123	18402
- ENTFERNUNGSSTRUKTUR DER WEGE IN VH -									
0,1 - 1 KM	76	46	11	7	10	0	-	0	33
1,1 - 2 KM	16	28	12	10	11	5	-	4	14
2,1 - 3 KM	5	12	9	8	9	6	-	5	8
3,1 - 5 KM	2	8	12	12	12	17	5	15	9
5,1 - 10 KM	1	4	21	21	21	29	16	27	14
10,1 - 15 KM	0	1	14	15	14	23	27	24	10
15,1 - 20 KM	-	1	8	10	8	10	21	12	5
20,1 - 30 KM	-	-	8	9	8	6	22	9	5
30,1 - 40 KM	-	-	4	4	4	3	5	3	2
40,1 - 50 KM	-	-	2	2	2	1	4	1	1
I N S G E S A M T	100	100	100	100	100	100	100	100	100

DIW BERLIN 1986
1) WEGE MIT EINER ENTFERNUNG BIS ZU 50 KM   2) VERKEHR MIT PERSONEN- UND KOMBINATIONSKRAFTWAGEN,
KRAFTRAEDERN UND MOPEDS, TAXIS UND MIETWAGEN.   3) U-BAHN, STRASSENBAHN, O-BUS UND KRAFTOMNIBUS.
4) EINSCHLIESSLICH S-BAHN, OHNE MILITAERVERKEHR.
DIE WERTE SIND GERUNDET; ANTEILE UND SUMMEN SIND VON DEN UNGERUNDETEN AUSGANGSWERTEN BERECHNET.

QUELLEN: STATISTISCHES BUNDESAMT, SOCIALDATA MUENCHEN, BERECHNUNGEN DES DIW

TABELLE 2.4

1)

PERSONENVERKEHR 1982 NACH ENTFERNUNGSSTUFEN
VERKEHR IN SONSTIGEN GEMEINDEN
ALLE ZWECKE   (NACH FAHRTZWECKEN SIEHE TABELLEN 2.25 BIS 2.29)

	ZU FUSS	FAHR-RAD	FAHRER	PKW 2) MIT-FAHRER	PKW INS-GESAMT	OEFFENTLICHE VERKEHRSMITTEL OESPV 3)	EISEN-BAHN 4)	INS-GESAMT	INS-GESAMT
— WEGE IN MILL —									
0,1 - 1 KM	3933	934	796	179	975	9	-	9	5851
1,1 - 2 KM	802	437	835	177	1012	46	-	46	2297
2,1 - 3 KM	289	190	580	147	727	123	-	123	1328
3,1 - 5 KM	145	152	874	224	1098	249	15	264	1659
5,1 - 10 KM	63	124	1570	452	2022	604	51	655	2864
10,1 - 15 KM	-	27	961	337	1298	369	119	488	1813
15,1 - 20 KM	-	8	590	193	783	202	68	270	1060
20,1 - 30 KM	-	-	547	147	694	121	62	183	877
30,1 - 40 KM	-	-	224	54	278	54	34	87	365
40,1 - 50 KM	-	-	155	34	188	15	9	25	213
I N S G E S A M T	5233	1871	7131	1942	9073	1794	357	2150	18327
— ENTFERNUNGSSTRUKTUR DER WEGE IN VH —									
0,1 - 1 KM	75	50	11	9	11	1	-	0	32
1,1 - 2 KM	15	23	12	9	11	3	-	2	13
2,1 - 3 KM	6	10	8	8	8	7	-	6	7
3,1 - 5 KM	3	8	12	12	12	14	4	12	9
5,1 - 10 KM	1	7	22	23	22	34	14	30	16
10,1 - 15 KM	-	1	13	17	14	21	33	23	10
15,1 - 20 KM	-	0	8	10	9	11	19	13	6
20,1 - 30 KM	-	-	8	8	8	7	17	9	5
30,1 - 40 KM	-	-	3	3	3	3	9	4	2
40,1 - 50 KM	-	-	2	2	2	1	3	1	1
I N S G E S A M T	100	100	100	100	100	100	100	100	100

DIW BERLIN 1986
1) WEGE MIT EINER ENTFERNUNG BIS ZU 50 KM 2) VERKEHR MIT PERSONEN- UND KOMBINATIONSKRAFTWAGEN,
KRAFTRAEDERN UND MOPEDS, TAXIS UND MIETWAGEN. 3) U-BAHN, STRASSENBAHN, O-BUS UND KRAFTOMNIBUS.
4) EINSCHLIESSLICH S-BAHN, OHNE MILITAERVERKEHR.
DIE WERTE SIND GERUNDET; ANTEILE UND SUMMEN SIND VON DEN UNGERUNDETEN AUSGANGSWERTEN BERECHNET.

QUELLEN: STATISTISCHES BUNDESAMT, SOCIALDATA MUENCHEN, BERECHNUNGEN DES DIW

TABELLE 2.5

PERSONENVERKEHR 1976 NACH ENTFERNUNGSSTUFEN [1]
BUNDESREPUBLIK INSGESAMT (NACH GEMEINDETYPEN SIEHE TABELLEN 2.10 2.15 2.20 2.25)
BERUFSVERKEHR

	ZU FUSS	FAHR-RAD	FAHRER	PKW [2] MIT-FAHRER	INS-GESAMT	OESPV	OEFFENTLICHE VERKEHRSMITTEL 3) EISEN-BAHN 4)	INS-GESAMT	INS-GESAMT
— WEGE IN MILL —									
0,1 - 1 KM	1404	289	345	39	384	10	—	10	2086
1,1 - 2 KM	351	269	617	94	711	98	—	98	1429
2,1 - 3 KM	116	167	679	99	778	163	—	163	1224
3,1 - 5 KM	14	135	833	124	957	347	14	361	1467
5,1 - 10 KM	5	68	1311	164	1474	563	79	642	2190
10,1 - 15 KM	—	19	829	91	920	273	95	368	1306
15,1 - 20 KM	—	—	442	60	502	137	83	220	723
20,1 - 30 KM	—	—	527	37	564	107	104	211	775
30,1 - 40 KM	—	—	205	13	218	39	28	66	285
40,1 - 50 KM	—	—	89	5	94	8	25	33	127
I N S G E S A M T	1890	948	5877	725	6602	1745	427	2172	11612
— ENTFERNUNGSSTRUKTUR DER WEGE IN VH —									
0,1 - 1 KM	74	30	6	5	6	1	—	0	18
1,1 - 2 KM	19	28	11	13	11	6	—	5	12
2,1 - 3 KM	6	18	12	14	12	9	—	7	11
3,1 - 5 KM	1	14	14	17	14	20	3	17	13
5,1 - 10 KM	0	7	22	23	22	32	18	30	19
10,1 - 15 KM	—	2	14	12	14	16	22	17	11
15,1 - 20 KM	—	—	8	8	8	8	19	10	6
20,1 - 30 KM	—	—	9	5	9	6	24	10	7
30,1 - 40 KM	—	—	3	2	3	2	6	3	2
40,1 - 50 KM	—	—	2	1	1	0	6	2	1
I N S G E S A M T	100	100	100	100	100	100	100	100	100

DIW BERLIN 1986
1) WEGE MIT EINER ENTFERNUNG BIS ZU 50 KM 2) VERKEHR MIT PERSONEN- UND KOMBINATIONSKRAFTWAGEN,
KRAFTRAEDERN UND MOPEDS, TAXIS UND MIETWAGEN. 3) U-BAHN, STRASSENBAHN, O-BUS UND KRAFTOMNIBUS.
4) EINSCHLIESSLICH S-BAHN, OHNE MILITAERVERKEHR.
DIE WERTE SIND GERUNDET; ANTEILE UND SUMMEN SIND VON DEN UNGERUNDETEN AUSGANGSWERTEN BERECHNET.

QUELLEN: STATISTISCHES BUNDESAMT, SOCIALDATA MUENCHEN, BERECHNUNGEN DES DIW

TABELLE 2.5

PERSONENVERKEHR 1982 NACH ENTFERNUNGSSTUFEN [1]
BUNDESREPUBLIK INSGESAMT   (NACH GEMEINDETYPEN SIEHE TABELLEN 2.10   2.15   2.20   2.25)
BERUFSVERKEHR

| | | | | P K W [2] | | | OEFFENTLICHE VERKEHRSMITTEL | | | |
	ZU FUSS	FAHR- RAD	FAHRER	MIT- FAHRER	INS- GESAMT	3) OESPV	EISEN- BAHN 4)	INS- GESAMT	INS- GESAMT
			WEGE IN MILL	-						
0,1 - 1 KM	1312	332	413	54	468	8	-	8	2120
1,1 - 2 KM	293	285	685	83	767	62	-	62	1408
2,1 - 3 KM	111	192	658	72	730	123	-	123	1156
3,1 - 5 KM	37	120	991	118	1109	260	29	289	1554
5,1 - 10 KM	-	91	1705	189	1895	465	109	574	2560
10,1 - 15 KM	-	-	957	97	1054	221	142	363	1418
15,1 - 20 KM	-	-	498	46	544	98	49	147	690
20,1 - 30 KM	-	-	525	58	582	92	51	143	726
30,1 - 40 KM	-	-	223	9	233	47	35	82	315
40,1 - 50 KM	-	-	103	-	103	15	21	36	139
I N S G E S A M T	1753	1020	6758	726	7484	1392	436	1828	12086
			ENTFERNUNGSSTRUKTUR DER WEGE IN VH	-						
0,1 - 1 KM	75	33	6	8	6	1	-	0	18
1,1 - 2 KM	17	28	10	11	10	4	-	3	12
2,1 - 3 KM	6	19	10	10	10	9	-	7	10
3,1 - 5 KM	2	12	15	16	15	19	7	16	13
5,1 - 10 KM	-	9	25	26	25	33	25	31	21
10,1 - 15 KM	-	-	14	13	14	16	33	20	12
15,1 - 20 KM	-	-	7	6	7	7	11	8	6
20,1 - 30 KM	-	-	8	8	8	7	12	8	6
30,1 - 40 KM	-	-	3	1	3	3	8	4	3
40,1 - 50 KM	-	-	2	-	1	1	5	2	1
I N S G E S A M T	100	100	100	100	100	100	100	100	100

DIW BERLIN 1986
1) WEGE MIT EINER ENTFERNUNG BIS ZU 50 KM   2) VERKEHR MIT PERSONEN- UND KOMBINATIONSKRAFTWAGEN,
KRAFTRAEDERN UND MOPEDS, TAXIS UND MIETWAGEN.   3) U-BAHN, STRASSENBAHN, O-BUS UND KRAFTOMNIBUS.
4) EINSCHLIESSLICH S-BAHN, OHNE MILITAERVERKEHR.
DIE WERTE SIND GERUNDET; ANTEILE UND SUMMEN SIND VON DEN UNGERUNDETEN AUSGANGSWERTEN BERECHNET.

QUELLEN: STATISTISCHES BUNDESAMT, SOCIALDATA MUENCHEN, BERECHNUNGEN DES DIW

71

TABELLE 2.6

PERSONENVERKEHR 1976 NACH ENTFERNUNGSSTUFEN [1]
BUNDESREPUBLIK INSGESAMT   (NACH GEMEINDETYPEN SIEHE TABELLEN 2.12 2.17 2.21 2.26)
AUSBILDUNGSVERKEHR

	ZU FUSS	FAHR-RAD	FAHRER	PKW [2] MIT-FAHRER	PKW [2] INS-GESAMT	OEFFENTLICHE VERKEHRSMITTEL OESPV [3]	OEFFENTLICHE VERKEHRSMITTEL EISEN-BAHN [4]	OEFFENTLICHE VERKEHRSMITTEL INS-GESAMT	INS-GESAMT
				- WEGE IN MILL -					
0,1 - 1 KM	1856	242	46	10	56	8	-	8	2162
1,1 - 2 KM	578	367	67	41	108	132	-	132	1186
2,1 - 3 KM	136	231	64	53	117	233	-	233	718
3,1 - 5 KM	16	104	90	52	142	495	17	512	775
5,1 - 10 KM	-	33	100	80	180	567	47	614	827
10,1 - 15 KM	-	3	53	36	89	292	64	356	448
15,1 - 20 KM	-	-	27	11	38	79	28	107	145
20,1 - 30 KM	-	-	30	11	42	30	37	67	109
30,1 - 40 KM	-	-	22	-	22	15	11	26	48
40,1 - 50 KM	-	-	6	-	6	-	5	5	11
I N S G E S A M T	2586	980	506	295	801	1852	209	2061	6428
				- ENTFERNUNGSSTRUKTUR DER WEGE IN VH -					
0,1 - 1 KM	72	25	9	3	7	0	-	0	34
1,1 - 2 KM	22	37	13	14	14	7	-	6	18
2,1 - 3 KM	5	24	13	18	15	13	-	11	11
3,1 - 5 KM	1	11	18	18	18	27	8	25	12
5,1 - 10 KM	-	3	20	27	22	31	22	30	13
10,1 - 15 KM	-	0	11	12	11	16	31	17	7
15,1 - 20 KM	-	-	5	4	5	4	13	5	2
20,1 - 30 KM	-	-	6	4	5	2	18	3	2
30,1 - 40 KM	-	-	4	-	3	1	5	1	1
40,1 - 50 KM	-	-	1	-	1	-	2	0	0
I N S G E S A M T	100	100	100	100	100	100	100	100	100

DIW BERLIN 1986
1) WEGE MIT EINER ENTFERNUNG BIS ZU 50 KM   2) VERKEHR MIT PERSONEN- UND KOMBINATIONSKRAFTWAGEN,
KRAFTRAEDERN UND MOPEDS, TAXIS UND MIETWAGEN.   3) U-BAHN, STRASSENBAHN, O-BUS UND KRAFTOMNIBUS.
4) EINSCHLIESSLICH S-BAHN, OHNE MILITAERVERKEHR.
DIE WERTE SIND GERUNDET, ANTEILE UND SUMMEN SIND VON DEN UNGERUNDETEN AUSGANGSWERTEN BERECHNET.

QUELLEN: STATISTISCHES BUNDESAMT, SOCIALDATA MUENCHEN, BERECHNUNGEN DES DIW

TABELLE 2.6

PERSONENVERKEHR 1982 NACH ENTFERNUNGSSTUFEN [1]
BUNDESREPUBLIK INSGESAMT (NACH GEMEINDETYPEN SIEHE TABELLEN 2.12 2.17 2.21 2.26)
AUSBILDUNGSVERKEHR

	ZU FUSS	FAHR-RAD	FAHRER	PKW [2] MIT-FAHRER	INS-GESAMT	OEFFENTLICHE VERKEHRSMITTEL OESPV [3]	EISEN-BAHN 4)	INS-GESAMT	INS-GESAMT
				- WEGE IN MILL -					
0,1 - 1 KM	1065	217	60	37	97	14	-	14	1393
1,1 - 2 KM	356	298	100	48	148	97	-	97	899
2,1 - 3 KM	96	160	137	54	191	243	-	243	690
3,1 - 5 KM	19	126	126	49	175	497	15	512	832
5,1 - 10 KM	-	48	132	48	181	713	74	786	1015
10,1 - 15 KM	-	-	51	23	74	265	77	342	416
15,1 - 20 KM	-	-	29	5	33	132	42	175	208
20,1 - 30 KM	-	-	18	3	21	81	13	94	115
30,1 - 40 KM	-	-	11	-	11	-	7	7	18
40,1 - 50 KM	-	-	0	-	0	-	1	1	2
I N S G E S A M T	1537	850	666	266	932	2041	228	2270	5588
				- ENTFERNUNGSSTRUKTUR DER WEGE IN VH -					
0,1 - 1 KM	69	26	9	14	10	1	-	1	25
1,1 - 2 KM	23	35	15	18	16	5	-	4	16
2,1 - 3 KM	6	19	21	20	21	12	-	11	12
3,1 - 5 KM	1	15	19	18	19	24	6	23	15
5,1 - 10 KM	-	6	20	18	19	35	32	35	18
10,1 - 15 KM	-	-	8	9	8	13	34	15	7
15,1 - 20 KM	-	-	4	2	4	6	18	8	4
20,1 - 30 KM	-	-	3	1	2	4	6	4	2
30,1 - 40 KM	-	-	2	-	1	-	3	0	0
40,1 - 50 KM	-	-	0	-	0	-	1	0	0
I N S G E S A M T	100	100	100	100	100	100	100	100	100

DIW BERLIN 1986
1) WEGE MIT EINER ENTFERNUNG BIS ZU 50 KM 2) VERKEHR MIT PERSONEN- UND KOMBINATIONSKRAFTWAGEN,
KRAFTRAEDERN UND MOPEDS, TAXIS UND MIETWAGEN. 3) U-BAHN, STRASSENBAHN, O-BUS UND KRAFTOMNIBUS.
4) EINSCHLIESSLICH S-BAHN, OHNE MILITAERVERKEHR.
DIE WERTE SIND GERUNDET; ANTEILE UND SUMMEN SIND VON DEN UNGERUNDETEN AUSGANGSWERTEN BERECHNET.

QUELLEN: STATISTISCHES BUNDESAMT, SOCIALDATA MUENCHEN, BERECHNUNGEN DES DIW

TABELLE 2.7

1)

PERSONENVERKEHR 1976 NACH ENTFERNUNGSSTUFEN
BUNDESREPUBLIK INSGESAMT   (NACH GEMEINDETYPEN SIEHE TABELLEN 2.13   2.18   2.22   2.27)
GESCHAEFTS.- UND DIENSTREISEVERKEHR

	ZU FUSS	FAHR-RAD	FAHRER	P K W 2) MIT-FAHRER	INS-GESAMT	OEFFENTLICHE VERKEHRSMITTEL 3) OESPV	EISEN-BAHN 4)	INS-GESAMT	INS-GESAMT
				- WEGE IN MILL -					
0,1 - 1 KM	201	12	379	-	379	-	-	-	592
1,1 - 2 KM	21	16	383	23	406	-	-	-	443
2,1 - 3 KM	-	16	348	18	365	-	-	-	382
3,1 - 5 KM	-	15	618	29	646	41	1	42	703
5,1 - 10 KM	-	1	722	55	778	41	0	41	819
10,1 - 15 KM	-	-	416	55	470	34	0	34	504
15,1 - 20 KM	-	-	260	25	285	-	4	4	289
20,1 - 30 KM	-	-	277	10	287	-	8	8	295
30,1 - 40 KM	-	-	172	9	181	-	11	11	191
40,1 - 50 KM	-	-	96	-	96	-	-	-	96
I N S G E S A M T	222	60	3670	223	3893	115	24	139	4314
			- ENTFERNUNGSSTRUKTUR DER WEGE IN VH -						
0,1 - 1 KM	90	20	10	-	10	-	-	-	14
1,1 - 2 KM	10	27	10	10	10	-	-	-	10
2,1 - 3 KM	-	27	9	8	9	-	-	-	9
3,1 - 5 KM	-	24	17	13	17	35	4	30	16
5,1 - 10 KM	-	1	20	25	20	35	0	29	19
10,1 - 15 KM	-	-	11	25	12	29	1	24	12
15,1 - 20 KM	-	-	7	11	7	-	16	3	7
20,1 - 30 KM	-	-	8	4	7	-	34	6	7
30,1 - 40 KM	-	-	5	4	5	-	44	8	4
40,1 - 50 KM	-	-	3	-	2	-	-	-	2
I N S G E S A M T	100	100	100	100	100	100	100	100	100

DIW BERLIN 1986
1) WEGE MIT EINER ENTFERNUNG BIS ZU 50 KM 2) VERKEHR MIT PERSONEN- UND KOMBINATIONSKRAFTWAGEN,
KRAFTRAEDERN UND MOPEDS, TAXIS UND MIETWAGEN.   3) U-BAHN, STRASSENBAHN, O-BUS UND KRAFTOMNIBUS.
4) EINSCHLIESSLICH S-BAHN, OHNE MILITAERVERKEHR.
DIE WERTE SIND GERUNDET; ANTEILE UND SUMMEN SIND VON DEN UNGERUNDETEN AUSGANGSWERTEN BERECHNET.

QUELLEN: STATISTISCHES BUNDESAMT, SOCIALDATA MUENCHEN, BERECHNUNGEN DES DIW

TABELLE 2.7

PERSONENVERKEHR 1982 NACH ENTFERNUNGSSTUFEN [1]
BUNDESREPUBLIK INSGESAMT   (NACH GEMEINDETYPEN SIEHE TABELLEN 2.13 2.18 2.22 2.27)
GESCHAEFTS.- UND DIENSTREISEVERKEHR

	ZU FUSS	FAHR-RAD	PKW [2] FAHRER	PKW MIT-FAHRER	PKW INS-GESAMT	OEFFENTLICHE VERKEHRSMITTEL OESPV 3)	EISEN-BAHN 4)	INS-GESAMT	INS-GESAMT
			- WEGE IN MILL -						
0,1 - 1 KM	111	10	288	-	288	-	-	-	409
1,1 - 2 KM	45	10	373	-	373	-	-	-	428
2,1 - 3 KM	-	27	308	3	311	-	-	-	338
3,1 - 5 KM	-	6	494	15	509	6	0	6	522
5,1 - 10 KM	-	1	757	116	873	82	8	90	964
10,1 - 15 KM	-	0	392	73	466	28	-	28	494
15,1 - 20 KM	-	-	237	1	238	18	0	18	256
20,1 - 30 KM	-	-	284	3	287	4	6	10	297
30,1 - 40 KM	-	-	133	-	133	-	15	15	148
40,1 - 50 KM	-	-	90	-	90	-	-	-	90
I N S G E S A M T	156	54	3356	211	3567	138	30	168	3945
			- ENTFERNUNGSSTRUKTUR DER WEGE IN VH -						
0,1 - 1 KM	71	18	9	-	8	-	-	-	10
1,1 - 2 KM	29	18	11	-	10	-	-	-	11
2,1 - 3 KM	-	50	9	1	9	-	-	-	9
3,1 - 5 KM	-	12	15	7	14	5	0	4	13
5,1 - 10 KM	-	1	23	55	24	59	27	54	24
10,1 - 15 KM	-	1	12	35	13	20	-	16	13
15,1 - 20 KM	-	-	7	1	7	13	1	11	6
20,1 - 30 KM	-	-	8	1	8	3	21	6	8
30,1 - 40 KM	-	-	4	-	4	-	51	9	4
40,1 - 50 KM	-	-	3	-	3	-	-	-	2
I N S G E S A M T	100	100	100	100	100	100	100	100	100

DIW BERLIN 1986
1) WEGE MIT EINER ENTFERNUNG BIS ZU 50 KM 2) VERKEHR MIT PERSONEN- UND KOMBINATIONSKRAFTWAGEN,
KRAFTRAEDERN UND MOPEDS, TAXIS UND MIETWAGEN. 3) U-BAHN, STRASSENBAHN, O-BUS UND KRAFTOMNIBUS.
4) EINSCHLIESSLICH S-BAHN, OHNE MILITAERVERKEHR.
DIE WERTE SIND GERUNDET; ANTEILE UND SUMMEN SIND VON DEN UNGERUNDETEN AUSGANGSWERTEN BERECHNET.

QUELLEN: STATISTISCHES BUNDESAMT, SOCIALDATA MUENCHEN, BERECHNUNGEN DES DIW

TABELLE 2.8

PERSONENVERKEHR 1976 NACH ENTFERNUNGSSTUFEN[1]
BUNDESREPUBLIK INSGESAMT (NACH GEMEINDETYPEN SIEHE TABELLEN 2.14 2.19 2.23 2.28)
EINKAUFSVERKEHR

	ZU FUSS	FAHR- RAD	FAHRER	P K W[2] MIT- FAHRER	INS- GESAMT	OEFFENTLICHE VERKEHRSMITTEL[3] OESPV	EISEN- BAHN[4]	INS- GESAMT	INS- GESAMT
- WEGE IN MILL -									
0,1 - 1 KM	6261	710	687	172	859	62	-	62	7892
1,1 - 2 KM	1085	369	789	212	1001	247	-	247	2703
2,1 - 3 KM	272	183	590	168	758	278	-	278	1490
3,1 - 5 KM	80	83	687	241	928	338	8	346	1437
5,1 - 10 KM	-	27	710	317	1028	327	22	349	1404
10,1 - 15 KM	-	3	286	134	420	116	32	148	571
15,1 - 20 KM	-	-	155	85	240	76	38	114	355
20,1 - 30 KM	-	-	127	79	206	23	19	42	249
30,1 - 40 KM	-	-	60	29	89	-	2	2	91
40,1 - 50 KM	-	-	26	16	42	-	-	-	42
I N S G E S A M T	7698	1375	4119	1452	5571	1466	121	1587	16232
- ENTFERNUNGSSTRUKTUR DER WEGE IN VH -									
0,1 - 1 KM	81	52	17	12	15	4	-	4	49
1,1 - 2 KM	14	27	19	15	18	17	-	16	17
2,1 - 3 KM	4	13	14	12	14	19	-	18	9
3,1 - 5 KM	1	6	17	17	17	23	7	22	9
5,1 - 10 KM	-	2	17	22	18	22	18	22	9
10,1 - 15 KM	-	0	7	9	8	8	26	9	4
15,1 - 20 KM	-	-	4	6	4	5	31	7	2
20,1 - 30 KM	-	-	3	5	4	2	16	3	2
30,1 - 40 KM	-	-	1	2	2	-	1	0	1
40,1 - 50 KM	-	-	1	1	1	-	-	-	0
I N S G E S A M T	100	100	100	100	100	100	100	100	100

DIW BERLIN 1986
1) WEGE MIT EINER ENTFERNUNG BIS ZU 50 KM 2) VERKEHR MIT PERSONEN- UND KOMBINATIONSKRAFTWAGEN,
KRAFTRAEDERN UND MOPEDS, TAXIS UND MIETWAGEN. 3) U-BAHN, STRASSENBAHN, O-BUS UND KRAFTOMNIBUS.
4) EINSCHLIESSLICH S-BAHN, OHNE MILITAERVERKEHR.
DIE WERTE SIND GERUNDET; ANTEILE UND SUMMEN SIND VON DEN UNGERUNDETEN AUSGANGSWERTEN BERECHNET.

QUELLEN: STATISTISCHES BUNDESAMT, SOCIALDATA MUENCHEN, BERECHNUNGEN DES DIW

TABELLE 2.8

PERSONENVERKEHR 1982 NACH ENTFERNUNGSSTUFEN [1]
BUNDESREPUBLIK INSGESAMT (NACH GEMEINDETYPEN SIEHE TABELLEN 2.14 2.19 2.23 2.28)
EINKAUFSVERKEHR

| | | | | P K W [2] | | | OEFFENTLICHE VERKEHRSMITTEL | | | |
	ZU FUSS	FAHR- RAD	FAHRER	MIT- FAHRER	INS- GESAMT	OESPV [3]	EISEN- BAHN 4)	INS- GESAMT	INS- GESAMT
WEGE IN MILL									
0,1 - 1 KM	5628	915	656	126	782	44	-	44	7370
1,1 - 2 KM	1141	508	767	169	936	123	-	123	2708
2,1 - 3 KM	334	235	630	166	796	227	-	227	1592
3,1 - 5 KM	133	169	765	237	1002	437	-	437	1741
5,1 - 10 KM	-	53	828	280	1108	477	38	515	1675
10,1 - 15 KM	-	-	323	115	439	202	25	227	666
15,1 - 20 KM	-	-	184	78	262	49	36	85	347
20,1 - 30 KM	-	-	128	59	187	14	28	42	229
30,1 - 40 KM	-	-	38	27	64	-	7	7	72
40,1 - 50 KM	-	-	23	16	39	-	-	-	39
I N S G E S A M T	7236	1881	4342	1273	5615	1572	135	1707	16440
ENTFERNUNGSSTRUKTUR DER WEGE IN VH									
0,1 - 1 KM	78	49	15	10	14	3	-	3	45
1,1 - 2 KM	16	27	18	13	17	8	-	7	16
2,1 - 3 KM	5	12	15	13	14	14	-	13	10
3,1 - 5 KM	2	9	18	19	18	28	-	26	11
5,1 - 10 KM	-	3	19	22	20	30	28	30	10
10,1 - 15 KM	-	-	7	9	8	13	19	13	4
15,1 - 20 KM	-	-	4	6	5	3	27	5	2
20,1 - 30 KM	-	-	3	5	3	1	21	2	1
30,1 - 40 KM	-	-	1	2	1	-	6	0	0
40,1 - 50 KM	-	-	1	1	1	-	-	-	0
I N S G E S A M T	100	100	100	100	100	100	100	100	100

DIW BERLIN 1986
1) WEGE MIT EINER ENTFERNUNG BIS ZU 50 KM 2) VERKEHR MIT PERSONEN- UND KOMBINATIONSKRAFTWAGEN,
KRAFTRAEDERN UND MOPEDS, TAXIS UND MIETWAGEN. 3) U-BAHN, STRASSENBAHN, O-BUS UND KRAFTOMNIBUS.
4) EINSCHLIESSLICH S-BAHN, OHNE MILITAERVERKEHR.
DIE WERTE SIND GERUNDET; ANTEILE UND SUMMEN SIND VON DEN UNGERUNDETEN AUSGANGSWERTEN BERECHNET.

QUELLEN: STATISTISCHES BUNDESAMT, SOCIALDATA MUENCHEN, BERECHNUNGEN DES DIW

TABELLE 2.9

PERSONENVERKEHR 1976 NACH ENTFERNUNGSSTUFEN[1]
BUNDESREPUBLIK INSGESAMT (NACH GEMEINDETYPEN SIEHE TABELLEN 2.15 2.20 2.24 2.29)
FREIZEITVERKEHR

	ZU FUSS	FAHR-RAD	FAHRER	PKW[2] MIT-FAHRER	INS-GESAMT	OEFFENTLICHE VERKEHRSMITTEL OESPV[3]	EISEN-BAHN 4)	INS-GESAMT	INS-GESAMT
		-	WEGE IN MILL	-					
0,1 - 1 KM	4586	625	516	234	749	22	-	22	5982
1,1 - 2 KM	1639	470	750	429	1179	107	-	107	3395
2,1 - 3 KM	745	266	631	438	1069	179	-	179	2259
3,1 - 5 KM	474	201	824	567	1391	350	4	354	2420
5,1 - 10 KM	177	141	1027	805	1832	372	19	392	2541
10,1 - 15 KM	16	26	514	473	987	109	51	160	1190
15,1 - 20 KM	3	17	301	312	612	61	21	82	714
20,1 - 30 KM	-	-	310	299	609	49	13	62	671
30,1 - 40 KM	-	-	124	155	279	4	3	6	285
40,1 - 50 KM	-	-	84	94	178	4	2	6	184
I N S G E S A M T	7640	1740	5080	3805	8885	1257	114	1371	19642
	-	ENTFERNUNGSSTRUKTUR DER WEGE IN VH	-						
0,1 - 1 KM	60	36	10	6	8	2	-	2	30
1,1 - 2 KM	21	27	15	11	13	8	-	8	17
2,1 - 3 KM	10	15	12	12	12	14	-	13	12
3,1 - 5 KM	6	12	16	15	16	28	4	26	12
5,1 - 10 KM	2	8	20	21	21	30	17	29	13
10,1 - 15 KM	0	1	10	12	11	9	45	12	6
15,1 - 20 KM	0	1	6	8	7	5	18	6	4
20,1 - 30 KM	-	-	6	8	7	4	12	5	3
30,1 - 40 KM	-	-	2	4	3	0	3	0	1
40,1 - 50 KM	-	-	2	2	2	0	2	0	1
I N S G E S A M T	100	100	100	100	100	100	100	100	100

DIW BERLIN 1986
1) WEGE MIT EINER ENTFERNUNG BIS ZU 50 KM 2) VERKEHR MIT PERSONEN- UND KOMBINATIONSKRAFTWAGEN,
KRAFTRAEDERN UND MOPEDS, TAXIS UND MIETWAGEN. 3) U-BAHN, STRASSENBAHN, O-BUS UND KRAFTOMNIBUS.
4) EINSCHLIESSLICH S-BAHN, OHNE MILITAERVERKEHR.
DIE WERTE SIND GERUNDET; ANTEILE UND SUMMEN SIND VON DEN UNGERUNDETEN AUSGANGSWERTEN BERECHNET.

QUELLEN: STATISTISCHES BUNDESAMT, SOCIALDATA MUENCHEN, BERECHNUNGEN DES DIW

TABELLE 2.9

PERSONENVERKEHR 1982 NACH ENTFERNUNGSSTUFEN [1]
BUNDESREPUBLIK INSGESAMT (NACH GEMEINDETYPEN SIEHE TABELLEN 2.15 2.20 2.24 2.29)
FREIZEITVERKEHR

	ZU FUSS	FAHR-RAD	FAHRER	P K W [2] MIT-FAHRER	INS-GESAMT	OEFFENTLICHE VERKEHRSMITTEL OESPV [3]	EISEN-BAHN [4]	INS-GESAMT	INS-GESAMT
				— WEGE IN MILL —					
0,1 - 1 KM	4105	696	533	206	738	13	-	13	5553
1,1 - 2 KM	1472	483	731	314	1045	62	-	62	3061
2,1 - 3 KM	735	371	663	323	985	124	-	124	2216
3,1 - 5 KM	503	300	963	448	1411	234	0	234	2449
5,1 - 10 KM	184	258	1256	744	2001	376	24	400	2842
10,1 - 15 KM	6	73	595	440	1035	241	48	289	1404
15,1 - 20 KM	-	27	409	331	740	152	42	194	962
20,1 - 30 KM	-	-	361	306	668	103	10	114	781
30,1 - 40 KM	-	-	149	126	275	16	-0	16	291
40,1 - 50 KM	-	-	132	111	243	-	-	-	243
I N S G E S A M T	7006	2209	5793	3349	9141	1322	124	1445	19801
				— ENTFERNUNGSSTRUKTUR DER WEGE IN VH —					
0,1 - 1 KM	59	32	9	6	8	1	-	1	28
1,1 - 2 KM	21	22	13	9	11	5	-	4	15
2,1 - 3 KM	10	17	11	10	11	9	-	9	11
3,1 - 5 KM	7	14	17	13	15	18	0	16	12
5,1 - 10 KM	3	12	22	22	22	28	19	28	14
10,1 - 15 KM	0	3	10	13	11	18	39	20	7
15,1 - 20 KM	-	1	7	10	8	12	34	13	5
20,1 - 30 KM	-	-	6	9	7	8	8	8	4
30,1 - 40 KM	-	-	3	4	3	1	-0	1	1
40,1 - 50 KM	-	-	2	3	3	-	-	-	1
I N S G E S A M T	100	100	100	100	100	100	100	100	100

DIW BERLIN 1986
1) WEGE MIT EINER ENTFERNUNG BIS ZU 50 KM 2) VERKEHR MIT PERSONEN- UND KOMBINATIONSKRAFTWAGEN,
KRAFTRAEDERN UND MOPEDS, TAXIS UND MIETWAGEN. 3) U-BAHN, STRASSENBAHN, O-BUS UND KRAFTOMNIBUS.
4) EINSCHLIESSLICH S-BAHN, OHNE MILITAERVERKEHR.
DIE WERTE SIND GERUNDET; ANTEILE UND SUMMEN SIND VON DEN UNGERUNDETEN AUSGANGSWERTEN BERECHNET.

QUELLEN: STATISTISCHES BUNDESAMT, SOCIALDATA MUENCHEN, BERECHNUNGEN DES DIW

TABELLE 2.10

PERSONENVERKEHR 1976 NACH ENTFERNUNGSSTUFEN [1]
VERKEHR IN GROSSZENTREN
BERUFSVERKEHR

| | ZU FUSS | FAHR-RAD | P K W [2] | | | OEFFENTLICHE VERKEHRSMITTEL | | | INS-GESAMT |
			FAHRER	MIT-FAHRER	INS-GESAMT	[3] OESPV	EISEN-BAHN [4]	INS-GESAMT	
- WEGE IN MILL -									
0,1 - 1 KM	214	10	33	-	33	7	-	7	264
1,1 - 2 KM	69	17	65	9	75	36	-	36	196
2,1 - 3 KM	25	14	91	14	106	56	-	56	201
3,1 - 5 KM	4	13	159	21	180	129	9	137	333
5,1 - 10 KM	-	11	328	39	367	243	39	282	661
10,1 - 15 KM	-	6	205	11	216	93	37	130	352
15,1 - 20 KM	-	-	82	13	95	25	16	41	136
20,1 - 30 KM	-	-	47	-	47	16	14	29	76
30,1 - 40 KM	-	-	16	-	16	-	-	-	16
40,1 - 50 KM	-	-	4	-	4	-	-	-	4
I N S G E S A M T	312	70	1031	107	1138	604	115	719	2239
- ENTFERNUNGSSTRUKTUR DER WEGE IN VH -									
0,1 - 1 KM	69	14	3	-	3	1	-	1	12
1,1 - 2 KM	22	24	6	9	7	6	-	5	9
2,1 - 3 KM	8	19	9	13	9	9	-	8	9
3,1 - 5 KM	1	18	15	19	16	21	8	19	15
5,1 - 10 KM	-	16	32	37	32	40	34	39	30
10,1 - 15 KM	-	9	20	10	19	15	32	18	16
15,1 - 20 KM	-	-	8	12	8	4	14	6	6
20,1 - 30 KM	-	-	5	-	4	3	12	4	3
30,1 - 40 KM	-	-	2	-	1	-	-	-	1
40,1 - 50 KM	-	-	0	-	0	-	-	-	0
I N S G E S A M T	100	100	100	100	100	100	100	100	100

DIW BERLIN 1986
1) WEGE MIT EINER ENTFERNUNG BIS ZU 50 KM 2) VERKEHR MIT PERSONEN- UND KOMBINATIONSKRAFTWAGEN,
KRAFTRAEDERN UND MOPEDS, TAXIS UND MIETWAGEN. 3) U-BAHN, STRASSENBAHN, O-BUS UND KRAFTOMNIBUS.
4) EINSCHLIESSLICH S-BAHN, OHNE MILITAERVERKEHR.
DIE WERTE SIND GERUNDET; ANTEILE UND SUMMEN SIND VON DEN UNGERUNDETEN AUSGANGSWERTEN BERECHNET.

QUELLEN: STATISTISCHES BUNDESAMT, SOCIALDATA MUENCHEN, BERECHNUNGEN DES DIW

TABELLE 2.10

PERSONENVERKEHR 1982 NACH ENTFERNUNGSSTUFEN [1]
VERKEHR IN GROSSZENTREN
BERUFSVERKEHR

	ZU FUSS	FAHR-RAD	FAHRER	P K W [2] MIT-FAHRER	INS-GESAMT	OEFFENTLICHE VERKEHRSMITTEL OESPV [3]	EISEN-BAHN [4]	INS-GESAMT	INS-GESAMT
			WEGE IN MILL						
0,1 - 1 KM	180	9	14	-	14	-	-	-	204
1,1 - 2 KM	50	24	67	7	74	23	-	23	171
2,1 - 3 KM	23	26	74	11	86	50	-	50	185
3,1 - 5 KM	11	20	132	14	146	82	29	111	289
5,1 - 10 KM	-	33	312	43	355	174	77	251	639
10,1 - 15 KM	-	-	185	10	195	63	62	125	320
15,1 - 20 KM	-	-	92	-	92	28	7	35	127
20,1 - 30 KM	-	-	66	14	80	20	-	20	100
30,1 - 40 KM	-	-	24	-	24	-	-	-	24
40,1 - 50 KM	-	-	-	-	-	-	-	-	-
I N S G E S A M T	265	113	960	99	1065	440	175	614	2057
			ENTFERNUNGSSTRUKTUR DER WEGE IN VH						
0,1 - 1 KM	68	8	1	-	1	-	-	-	10
1,1 - 2 KM	19	21	7	7	7	5	-	4	8
2,1 - 3 KM	9	23	8	12	8	11	-	8	9
3,1 - 5 KM	4	18	14	14	14	19	16	18	14
5,1 - 10 KM	-	29	32	43	33	40	44	41	31
10,1 - 15 KM	-	-	19	10	18	14	36	20	16
15,1 - 20 KM	-	-	9	-	9	6	4	6	6
20,1 - 30 KM	-	-	7	14	8	5	-	3	5
30,1 - 40 KM	-	-	2	-	2	-	-	-	1
40,1 - 50 KM	-	-	-	-	-	-	-	-	-
I N S G E S A M T	100	100	100	100	100	100	100	100	100

DIW BERLIN 1986
1) WEGE MIT EINER ENTFERNUNG BIS ZU 50 KM 2) VERKEHR MIT PERSONEN- UND KOMBINATIONSKRAFTWAGEN,
KRAFTRAEDERN UND MOPEDS, TAXIS UND MIETWAGEN. 3) U-BAHN, STRASSENBAHN, O-BUS UND KRAFTOMNIBUS.
4) EINSCHLIESSLICH S-BAHN, OHNE MILITAERVERKEHR.
DIE WERTE SIND GERUNDET; ANTEILE UND SUMMEN SIND VON DEN UNGERUNDETEN AUSGANGSWERTEN BERECHNET.

QUELLEN: STATISTISCHES BUNDESAMT, SOCIALDATA MUENCHEN, BERECHNUNGEN DES DIW

TABELLE 2.11

PERSONENVERKEHR 1976 NACH ENTFERNUNGSSTUFEN[1]
VERKEHR IN GROSSZENTREN
AUSBILDUNGSVERKEHR

	ZU FUSS	FAHR- RAD	FAHRER	PKW[2] MIT- FAHRER	INS- GESAMT	OEFFENTLICHE VERKEHRSMITTEL OESPV[3]	EISEN- BAHN 4)	INS- GESAMT	INS- GESAMT
- WEGE IN MILL -									
0,1 - 1 KM	391	27	5	-	5	3	-	3	425
1,1 - 2 KM	109	36	9	4	13	28	-	28	186
2,1 - 3 KM	24	37	9	5	14	39	-	39	114
3,1 - 5 KM	-	13	20	5	25	91	-	91	129
5,1 - 10 KM	-	3	19	17	35	70	7	77	115
10,1 - 15 KM	-	-	13	-	13	29	21	50	63
15,1 - 20 KM	-	-	5	-	5	7	0	7	12
20,1 - 30 KM	-	-	-	-	-	-	-	-	-
30,1 - 40 KM	-	-	-	-	-	-	-	-	-
40,1 - 50 KM	-	-	-	-	-	-	-	-	-
I N S G E S A M T	524	116	79	30	110	267	28	296	1044
- ENTFERNUNGSSTRUKTUR DER WEGE IN VH -									
0,1 - 1 KM	75	23	6	-	4	1	-	1	41
1,1 - 2 KM	21	31	11	12	12	11	-	10	18
2,1 - 3 KM	5	32	12	17	13	14	-	13	11
3,1 - 5 KM	-	12	25	15	23	34	-	31	12
5,1 - 10 KM	-	2	24	55	32	26	25	26	11
10,1 - 15 KM	-	-	16	-	12	11	75	17	6
15,1 - 20 KM	-	-	6	-	4	3	0	3	1
20,1 - 30 KM	-	-	-	-	-	-	-	-	-
30,1 - 40 KM	-	-	-	-	-	-	-	-	-
40,1 - 50 KM	-	-	-	-	-	-	-	-	-
I N S G E S A M T	100	100	100	100	100	100	100	100	100

DIW BERLIN 1986
1) WEGE MIT EINER ENTFERNUNG BIS ZU 50 KM 2) VERKEHR MIT PERSONEN- UND KOMBINATIONSKRAFTWAGEN,
KRAFTRAEDERN UND MOPEDS, TAXIS UND MIETWAGEN. 3) U-BAHN, STRASSENBAHN, O-BUS UND KRAFTOMNIBUS.
4) EINSCHLIESSLICH S-BAHN, OHNE MILITAERVERKEHR.
DIE WERTE SIND GERUNDET; ANTEILE UND SUMMEN SIND VON DEN UNGERUNDETEN AUSGANGSWERTEN BERECHNET.

QUELLEN: STATISTISCHES BUNDESAMT, SOCIALDATA MUENCHEN, BERECHNUNGEN DES DIW

TABELLE 2.11

PERSONENVERKEHR 1982 NACH ENTFERNUNGSSTUFEN [1)](1)
VERKEHR IN GROSSZENTREN
AUSBILDUNGSVERKEHR

	ZU FUSS	FAHR-RAD	FAHRER	P K W 2) MIT-FAHRER	INS-GESAMT	OEFFENTLICHE VERKEHRSMITTEL OESPV 3)	EISEN-BAHN 4)	INS-GESAMT	INS-GESAMT
- WEGE IN MILL -									
0,1 - 1 KM	189	17	-	-	-	-	-	-	206
1,1 - 2 KM	43	49	14	-	14	12	-	12	118
2,1 - 3 KM	18	21	18	9	28	52	-	52	120
3,1 - 5 KM	-	28	31	5	36	70	-	70	134
5,1 - 10 KM	-	9	26	13	40	79	38	117	166
10,1 - 15 KM	-	-	14	-	14	28	-0	28	42
15,1 - 20 KM	-	-	1	-	1	17	6	22	23
20,1 - 30 KM	-	-	-	-	-	19	-	19	19
30,1 - 40 KM	-	-	-	-	-	-	-	-	-
40,1 - 50 KM	-	-	-	-	-	-	-	-	-
I N S G E S A M T	250	125	105	28	133	275	44	319	827
- ENTFERNUNGSSTRUKTUR DER WEGE IN VH -									
0,1 - 1 KM	75	13	-	-	-	-	-	-	25
1,1 - 2 KM	17	39	14	-	11	4	-	4	14
2,1 - 3 KM	7	17	18	33	21	19	-	16	14
3,1 - 5 KM	-	22	29	19	27	25	-	22	16
5,1 - 10 KM	-	7	25	48	30	29	87	37	20
10,1 - 15 KM	-	-	13	-	11	10	-0	9	5
15,1 - 20 KM	-	-	1	-	1	6	13	7	3
20,1 - 30 KM	-	-	-	-	-	7	-	6	2
30,1 - 40 KM	-	-	-	-	-	-	-	-	-
40,1 - 50 KM	-	-	-	-	-	-	-	-	-
I N S G E S A M T	100	100	100	100	100	100	100	100	100

DIW BERLIN 1986
1) WEGE MIT EINER ENTFERNUNG BIS ZU 50 KM 2) VERKEHR MIT PERSONEN- UND KOMBINATIONSKRAFTWAGEN,
KRAFTRAEDERN UND MOPEDS, TAXIS UND MIETWAGEN. 3) U-BAHN, STRASSENBAHN, O-BUS UND KRAFTOMNIBUS.
4) EINSCHLIESSLICH S-BAHN, OHNE MILITAERVERKEHR.
DIE WERTE SIND GERUNDET; ANTEILE UND SUMMEN SIND VON DEN UNGERUNDETEN AUSGANGSWERTEN BERECHNET.

QUELLEN: STATISTISCHES BUNDESAMT, SOCIALDATA MUENCHEN, BERECHNUNGEN DES DIW

TABELLE 2.12

PERSONENVERKEHR 1976 NACH ENTFERNUNGSSTUFEN [1]
VERKEHR IN GROSSZENTREN
GESCHAEFTS.- UND DIENSTREISEVERKEHR

	ZU FUSS	FAHR-RAD	FAHRER	PKW [2] MIT-FAHRER	INS-GESAMT	OEFFENTLICHE VERKEHRSMITTEL OESPV [3]	EISEN-BAHN [4]	INS-GESAMT	INS-GESAMT
	- WEGE IN MILL -								
0,1 - 1 KM	31	-	47	-	47	-	-	-	78
1,1 - 2 KM	9	-	53	-	53	-	-	-	62
2,1 - 3 KM	-	2	59	-0	59	-	-	-	61
3,1 - 5 KM	-	2	126	-	126	29	-	29	157
5,1 - 10 KM	-	0	161	18	179	21	-0	21	200
10,1 - 15 KM	-	-	93	20	113	24	0	24	137
15,1 - 20 KM	-	-	43	-	43	-	1	1	45
20,1 - 30 KM	-	-	42	-	42	-	-	-	42
30,1 - 40 KM	-	-	22	-	22	-	1	1	22
40,1 - 50 KM	-	-	14	-	14	-	-	-	14
I N S G E S A M T	39	4	659	39	698	73	2	76	817
	- ENTFERNUNGSSTRUKTUR DER WEGE IN VH -								
0,1 - 1 KM	78	-	7	-	7	-	-	-	10
1,1 - 2 KM	22	-	8	-	8	-	-	-	8
2,1 - 3 KM	-	44	9	-0	8	-	-	-	7
3,1 - 5 KM	-	56	19	-	18	39	-	38	19
5,1 - 10 KM	-	0	24	47	26	28	-0	28	24
10,1 - 15 KM	-	-	14	53	16	32	12	32	17
15,1 - 20 KM	-	-	7	-	6	-	58	2	5
20,1 - 30 KM	-	-	6	-	6	-	-	-	5
30,1 - 40 KM	-	-	3	-	3	-	31	1	3
40,1 - 50 KM	-	-	2	-	2	-	-	-	2
I N S G E S A M T	100	100	100	100	100	100	100	100	100

DIW BERLIN 1986
1) WEGE MIT EINER ENTFERNUNG BIS ZU 50 KM 2) VERKEHR MIT PERSONEN- UND KOMBINATIONSKRAFTWAGEN,
KRAFTRAEDERN UND MOPEDS, TAXIS UND MIETWAGEN. 3) U-BAHN, STRASSENBAHN, O-BUS UND KRAFTOMNIBUS.
4) EINSCHLIESSLICH S-BAHN, OHNE MILITAERVERKEHR.
DIE WERTE SIND GERUNDET; ANTEILE UND SUMMEN SIND VON DEN UNGERUNDETEN AUSGANGSWERTEN BERECHNET.

QUELLEN: STATISTISCHES BUNDESAMT, SOCIALDATA MUENCHEN, BERECHNUNGEN DES DIW

TABELLE 2.12

PERSONENVERKEHR 1982 NACH ENTFERNUNGSSTUFEN [1]
VERKEHR IN GROSSZENTREN
GESCHAEFTS.- UND DIENSTREISEVERKEHR

	ZU FUSS	FAHR- RAD	FAHRER	P K W [2] MIT- FAHRER	INS- GESAMT	OEFFENTLICHE VERKEHRSMITTEL 3) OFSPV	EISEN- BAHN 4)	INS- GESAMT	INS- GESAMT
	- WEGE IN MILL -								
0,1 - 1 KM	15	-	49	-	49	-	-	-	64
1,1 - 2 KM	13	-	72	-	72	-	-	-	85
2,1 - 3 KM	-	3	69	-	69	-	-	-	73
3,1 - 5 KM	-	2	85	15	100	-	-	-	102
5,1 - 10 KM	-	0	183	35	218	25	8	33	251
10,1 - 15 KM	-	-	94	-	94	-	-	-	94
15,1 - 20 KM	-	-	50	-	50	-	-	-	50
20,1 - 30 KM	-	-	34	-	34	-	-	-	34
30,1 - 40 KM	-	-	18	-	18	-	-	-	18
40,1 - 50 KM	-	-	-	-	-	-	-	-	-
I N S G E S A M T	28	6	654	50	704	25	8	33	770
	- ENTFERNUNGSSTRUKTUR DER WEGE IN VH -								
0,1 - 1 KM	55	-	7	-	7	-	-	-	8
1,1 - 2 KM	45	-	11	-	10	-	-	-	11
2,1 - 3 KM	-	62	11	-	10	-	-	-	9
3,1 - 5 KM	-	38	13	29	14	-	-	-	13
5,1 - 10 KM	-	0	28	71	31	100	100	100	33
10,1 - 15 KM	-	-	14	-	13	-	-	-	12
15,1 - 20 KM	-	-	8	-	7	-	-	-	7
20,1 - 30 KM	-	-	5	-	5	-	-	-	4
30,1 - 40 KM	-	-	3	-	3	-	-	-	2
40,1 - 50 KM	-	-	-	-	-	-	-	-	-
I N S G E S A M T	100	100	100	100	100	100	100	100	100

DIW BERLIN 1986
1) WEGE MIT EINER ENTFERNUNG BIS ZU 50 KM 2) VERKEHR MIT PERSONEN- UND KOMBINATIONSKRAFTWAGEN,
KRAFTRAEDERN UND HOPEDS, TAXIS UND MIETWAGEN. 3) U-BAHN, STRASSENBAHN, O-BUS UND KRAFTOMNIBUS.
4) EINSCHLIESSLICH S-BAHN, OHNE MILITAERVERKEHR.
DIE WERTE SIND GERUNDET; ANTEILE UND SUMMEN SIND VON DEN UNGERUNDETEN AUSGANGSWERTEN BERECHNET.

QUELLEN: STATISTISCHES BUNDESAMT, SOCIALDATA MUENCHEN, BERECHNUNGEN DES DIW

TABELLE 2.13

PERSONENVERKEHR 1976 NACH ENTFERNUNGSSTUFEN [1]
VERKEHR IN GROSSZENTREN
EINKAUFSVERKEHR

	ZU FUSS	FAHR-RAD	PKW [2] FAHRER	PKW [2] MIT-FAHRER	PKW [2] INS-GESAMT	OEFFENTLICHE VERKEHRSMITTEL OESPV [3]	OEFFENTLICHE VERKEHRSMITTEL EISEN-BAHN [4]	OEFFENTLICHE VERKEHRSMITTEL INS-GESAMT	INS-GESAMT
— WEGE IN MILL —									
0,1 - 1 KM	1469	61	83	28	110	26	-	26	1667
1,1 - 2 KM	220	32	106	29	136	96	-	96	483
2,1 - 3 KM	63	18	84	29	114	74	-	74	268
3,1 - 5 KM	18	8	116	42	159	127	8	135	319
5,1 - 10 KM	-	5	117	59	176	130	14	144	325
10,1 - 15 KM	-	-	34	22	56	33	7	40	96
15,1 - 20 KM	-	-	13	10	23	21	8	29	52
20,1 - 30 KM	-	-	9	3	13	8	-	8	20
30,1 - 40 KM	-	-	-	-	-	-	-	-	-
40,1 - 50 KM	-	-	-	-	-	-	-	-	-
I N S G E S A M T	1769	124	564	223	786	514	37	551	3230
— ENTFERNUNGSSTRUKTUR DER WEGE IN VH —									
0,1 - 1 KM	83	50	15	12	14	5	-	5	52
1,1 - 2 KM	12	26	19	13	17	19	-	17	15
2,1 - 3 KM	4	14	15	13	14	14	-	13	8
3,1 - 5 KM	1	6	21	19	20	25	22	25	10
5,1 - 10 KM	-	4	21	27	22	25	37	26	10
10,1 - 15 KM	-	-	6	10	7	6	19	7	3
15,1 - 20 KM	-	-	2	4	3	4	21	5	2
20,1 - 30 KM	-	-	2	1	2	2	-	1	1
30,1 - 40 KM	-	-	-	-	-	-	-	-	-
40,1 - 50 KM	-	-	-	-	-	-	-	-	-
I N S G E S A M T	100	100	100	100	100	100	100	100	100

DIW BERLIN 1986
1) WEGE MIT EINER ENTFERNUNG BIS ZU 50 KM 2) VERKEHR MIT PERSONEN- UND KOMBINATIONSKRAFTWAGEN,
KRAFTRAEDERN UND MOPEDS, TAXIS UND MIETWAGEN. 3) U-BAHN, STRASSENBAHN, O-BUS UND KRAFTOMNIBUS.
4) EINSCHLIESSLICH S-BAHN, OHNE MILITAERVERKEHR.
DIE WERTE SIND GERUNDET; ANTEILE UND SUMMEN SIND VON DEN UNGERUNDETEN AUSGANGSWERTEN BERECHNET.

QUELLEN: STATISTISCHES BUNDESAMT, SOCIALDATA MUENCHEN, BERECHNUNGEN DES DIW

TABELLE 2.13

PERSONENVERKEHR 1982 NACH ENTFERNUNGSSTUFEN [1]
VERKEHR IN GROSSZENTREN
EINKAUFSVERKEHR

	ZU FUSS	FAHR-RAD	FAHRER	P K W [2] MIT-FAHRER	INS-GESAMT	OEFFENTLICHE VERKEHRSMITTEL OESPV [3]	EISEN-BAHN [4]	INS-GESAMT	INS-GESAMT
	- WEGE IN MILL -								
0,1 - 1 KM	1256	101	94	21	115	17	-	17	1488
1,1 - 2 KM	237	78	94	18	112	49	-	49	475
2,1 - 3 KM	54	37	89	22	111	63	-	63	264
3,1 - 5 KM	21	35	124	55	180	145	-	145	381
5,1 - 10 KM	-	10	98	29	127	183	38	221	358
10,1 - 15 KM	-	-	61	23	83	71	13	85	168
15,1 - 20 KM	-	-	28	10	39	22	6	29	67
20,1 - 30 KM	-	-	13	8	21	-	-	-	21
30,1 - 40 KM	-	-	-	-	-	-	-	-	-
40,1 - 50 KM	-	-	-	-	-	-	-	-	-
I N S G E S A M T	1567	260	601	187	788	550	58	607	3222
	- ENTFERNUNGSSTRUKTUR DER WEGE IN VH -								
0,1 - 1 KM	80	39	16	11	15	3	-	3	46
1,1 - 2 KM	15	30	16	10	14	9	-	8	15
2,1 - 3 KM	3	14	15	12	14	11	-	10	8
3,1 - 5 KM	1	13	21	30	23	26	-	24	12
5,1 - 10 KM	-	4	16	15	16	33	66	36	11
10,1 - 15 KM	-	-	10	12	11	13	23	14	5
15,1 - 20 KM	-	-	5	6	5	4	11	5	2
20,1 - 30 KM	-	-	2	4	3	-	-	-	1
30,1 - 40 KM	-	-	-	-	-	-	-	-	-
40,1 - 50 KM	-	-	-	-	-	-	-	-	-
I N S G E S A M T	100	100	100	100	100	100	100	100	100

DIW BERLIN 1986
1) WEGE MIT EINER ENTFERNUNG BIS ZU 50 KM 2) VERKEHR MIT PERSONEN- UND KOMBINATIONSKRAFTWAGEN,
KRAFTRAELDERN UND MOPEDS, TAXIS UND MIETWAGEN. 3) U-BAHN, STRASSENBAHN, O-BUS UND KRAFTOMNIBUS.
4) EINSCHLIESSLICH S-BAHN, OHNE MILITAERVERKEHR.
DIE WERTE SIND GERUNDET; ANTEILE UND SUMMEN SIND VON DEN UNGERUNDETEN AUSGANGSWERTEN BERECHNET.

QUELLEN: STATISTISCHES BUNDESAMT, SOCIALDATA MUENCHEN, BERECHNUNGEN DES DIW

TABELLE 2.14

PERSONENVERKEHR 1976 NACH ENTFERNUNGSSTUFEN [1)
VERKEHR IN GROSSZENTREN
FREIZEITVERKEHR

	ZU FUSS	FAHR- RAD	FAHRER	PKW [2) MIT- FAHRER	INS- GESAMT	OEFFENTLICHE VERKEHRSMITTTEL [3) OESPV	EISEN- BAHN 4)	INS- GESAMT	INS- GESAMT
	- WEGE IN MILL -								
0,1 - 1 KM	732	53	51	33	84	15	-	15	884
1,1 - 2 KM	277	41	79	55	134	35	-	35	487
2,1 - 3 KM	136	37	69	54	124	46	-	46	343
3,1 - 5 KM	93	29	145	111	256	121	4	125	504
5,1 - 10 KM	28	27	206	132	338	152	9	162	555
10,1 - 15 KM	-	3	94	85	179	51	9	60	242
15,1 - 20 KM	-	4	52	45	97	30	9	39	140
20,1 - 30 KM	-	-	53	38	91	20	8	28	118
30,1 - 40 KM	-	4	13	23	36	4	-	4	39
40,1 - 50 KM	-	-	18	19	37	-	-	-	37
I N S G E S A M T	1266	194	781	595	1376	474	40	514	3350
	- ENTFERNUNGSSTRUKTUR DER WEGE IN VH -								
0,1 - 1 KM	58	27	6	6	6	3	-	3	26
1,1 - 2 KM	22	21	10	9	10	7	-	7	15
2,1 - 3 KM	11	19	9	9	9	10	-	9	10
3,1 - 5 KM	7	15	19	19	19	25	11	24	15
5,1 - 10 KM	2	14	26	22	25	32	23	31	17
10,1 - 15 KM	-	1	12	14	13	11	23	12	7
15,1 - 20 KM	-	2	7	8	7	6	24	8	4
20,1 - 30 KM	-	-	7	6	7	4	19	5	4
30,1 - 40 KM	-	-	2	4	3	1	-	1	1
40,1 - 50 KM	-	-	2	3	3	-	-	-	1
I N S G E S A M T	100	100	100	100	100	100	100	100	100

DIW BERLIN 1986
1) WEGE MIT EINER ENTFERNUNG BIS ZU 50 KM 2) VERKEHR MIT PERSONEN- UND KOMBINATIONSKRAFTWAGEN,
KRAFTRAEDERN UND MOPEDS, TAXIS UND MIETWAGEN. 3) U-BAHN, STRASSENBAHN, O-BUS UND KRAFTOMNIBUS.
4) EINSCHLIESSLICH S-BAHN, OHNE MILITAERVERKEHR.
DIE WERTE SIND GERUNDET; ANTEILE UND SUMMEN SIND VON DEN UNGERUNDETEN AUSGANGSWERTEN BERECHNET.

QUELLEN: STATISTISCHES BUNDESAMT, SOCIALDATA MUENCHEN, BERECHNUNGEN DES DIW

TABELLE 2.14

PERSONENVERKEHR 1982 NACH ENTFERNUNGSSTUFEN [1]
VERKEHR IN GROSSZENTREN
FREIZEITVERKEHR

	ZU FUSS	FAHR-RAD	FAHRER	PKW [2] MIT-FAHRER	INS-GESAMT	OEFFENTLICHE VERKEHRSMITTEL OESPV [3]	EISEN-BAHN [4]	INS-GESAMT	INS-GESAMT
— WEGE IN MILL —									
0,1 - 1 KM	507	92	59	20	79	-	-	-	677
1,1 - 2 KM	188	60	79	27	105	16	-	16	369
2,1 - 3 KM	113	51	96	32	127	46	-	46	338
3,1 - 5 KM	92	58	143	54	197	103	-	103	449
5,1 - 10 KM	36	49	227	111	338	168	23	191	614
10,1 - 15 KM	-	8	119	95	214	114	22	137	359
15,1 - 20 KM	-	5	66	62	128	64	8	72	206
20,1 - 30 KM	-	-	78	72	149	46	3	49	198
30,1 - 40 KM	-	-	26	27	53	-	-	-	53
40,1 - 50 KM	-	-	25	21	46	-	-	-	46
I N S G E S A M T	935	323	916	521	1436	558	57	615	3310
— ENTFERNUNGSSTRUKTUR DER WEGE IN VH —									
0,1 - 1 KM	54	28	6	4	5	-	-	-	20
1,1 - 2 KM	20	19	9	5	7	3	-	3	11
2,1 - 3 KM	12	16	10	6	9	8	-	8	10
3,1 - 5 KM	10	18	16	10	14	18	-	17	14
5,1 - 10 KM	4	15	25	21	24	30	40	31	19
10,1 - 15 KM	-	3	13	18	15	21	39	22	11
15,1 - 20 KM	-	2	7	12	9	11	15	12	6
20,1 - 30 KM	-	-	8	14	10	8	6	8	6
30,1 - 40 KM	-	-	3	5	4	-	-	-	2
40,1 - 50 KM	-	-	3	4	3	-	-	-	1
I N S G E S A M T	100	100	100	100	100	100	100	100	100

DIW BERLIN 1986
1) WEGE MIT EINER ENTFERNUNG BIS ZU 50 KM 2) VERKEHR MIT PERSONEN- UND KOMBINATIONSKRAFTWAGEN,
KRAFTRAEDERN UND MOPEDS, TAXIS UND MIETWAGEN. 3) U-BAHN, STRASSENBAHN, O-BUS UND KRAFTOMNIBUS.
4) EINSCHLIESSLICH S-BAHN, OHNE MILITAERVERKEHR.
DIE WERTE SIND GERUNDET; ANTEILE UND SUMMEN SIND VON DEN UNGERUNDETEN AUSGANGSWERTEN BERECHNET.

QUELLEN: STATISTISCHES BUNDESAMT, SOCIALDATA MUENCHEN, BERECHNUNGEN DES DIW

TABELLE 2.15

1)
PERSONENVERKEHR 1976 NACH ENTFERNUNGSSTUFEN
VERKEHR IN OBERZENTREN
BERUFSVERKEHR

	ZU FUSS	FAHR-RAD	FAHRER	P K W 2) MIT-FAHRER	INS-GESAMT	OEFFENTLICHE VERKEHRSMITTEL OESPV 3)	EISEN-BAHN 4)	INS-GESAMT	INS-GESAMT
- WEGE IN MILL -									
0,1 - 1 KM	260	32	53	4	57	3	-	3	352
1,1 - 2 KM	76	44	127	19	146	26	-	26	292
2,1 - 3 KM	25	29	165	24	188	42	-	42	285
3,1 - 5 KM	4	23	230	27	257	123	5	128	411
5,1 - 10 KM	-	15	212	21	233	106	4	110	359
10,1 - 15 KM	-	-	68	14	82	16	4	20	103
15,1 - 20 KM	-	-	29	3	32	6	3	9	41
20,1 - 30 KM	-	-	50	-	50	6	7	13	63
30,1 - 40 KM	-	-	24	-	24	3	8	10	35
40,1 - 50 KM	-	-	12	-	12	-	7	7	19
I N S G E S A M T	365	143	971	111	1082	332	38	370	1960
- ENTFERNUNGSSTRUKTUR DER WEGE IN VH -									
0,1 - 1 KM	71	22	5	4	5	1	-	1	18
1,1 - 2 KM	21	31	13	17	13	8	-	7	15
2,1 - 3 KM	7	20	17	21	17	13	-	11	15
3,1 - 5 KM	1	16	24	24	24	37	13	35	21
5,1 - 10 KM	-	10	22	19	22	32	12	30	18
10,1 - 15 KM	-	-	7	12	8	5	10	5	5
15,1 - 20 KM	-	-	3	2	3	2	8	3	2
20,1 - 30 KM	-	-	5	-	5	2	18	4	3
30,1 - 40 KM	-	-	3	-	2	1	20	3	2
40,1 - 50 KM	-	-	1	-	1	-	19	2	1
I N S G E S A M T	100	100	100	100	100	100	100	100	100

DIW BERLIN 1986
1) WEGE MIT EINER ENTFERNUNG BIS ZU 50 KM 2) VERKEHR MIT PERSONEN- UND KOMBINATIONSKRAFTWAGEN,
KRAFTRAEDERN UND MOPEDS, TAXIS UND MIETWAGEN. 3) U-BAHN, STRASSENBAHN, O-BUS UND KRAFTOMNIBUS.
4) EINSCHLIESSLICH S-BAHN, OHNE MILITAERVERKEHR.
DIE WERTE SIND GERUNDET; ANTEILE UND SUMMEN SIND VON DEN UNGERUNDETEN AUSGANGSWERTEN BERECHNET.

QUELLEN: STATISTISCHES BUNDESAMT, SOCIALDATA MUENCHEN, BERECHNUNGEN DES DIW

TABELLE 2.15

PERSONENVERKEHR 1982 NACH ENTFERNUNGSSTUFEN 1)
VERKEHR IN OBERZENTREN
BERUFSVERKEHR

				PKW 2)			OEFFENTLICHE VERKEHRSMITTEL 3)			
	ZU FUSS	FAHR-RAD	FAHRER	MIT-FAHRER	INS-GESAMT	OESPV	EISEN-BAHN 4)	INS-GESAMT	INS-GESAMT
- WEGE IN MILL -									
0,1 - 1 KM	207	24	47	5	52	8	-	8	291
1,1 - 2 KM	56	47	106	8	114	24	-	24	242
2,1 - 3 KM	29	37	125	14	139	35	-	35	239
3,1 - 5 KM	11	37	219	28	247	86	-	86	382
5,1 - 10 KM	-	15	339	29	368	95	-0	95	478
10,1 - 15 KM	-	-	110	9	118	33	-	33	151
15,1 - 20 KM	-	-	40	4	44	5	4	9	53
20,1 - 30 KM	-	-	52	4	56	-	7	7	62
30,1 - 40 KM	-	-	15	-	15	-	-	-	15
40,1 - 50 KM	-	-	15	-	15	-	-	-	15
I N S G E S A M T	303	160	1068	102	1170	285	11	296	1929
- ENTFERNUNGSSTRUKTUR DER WEGE IN VH -									
0,1 - 1 KM	68	15	4	5	4	3	-	3	15
1,1 - 2 KM	19	30	10	8	10	8	-	8	13
2,1 - 3 KM	9	23	12	14	12	12	-	12	12
3,1 - 5 KM	4	23	20	28	21	30	-	29	20
5,1 - 10 KM	-	9	32	28	31	33	-0	32	25
10,1 - 15 KM	-	-	10	8	10	11	-	11	8
15,1 - 20 KM	-	-	4	4	4	2	40	3	3
20,1 - 30 KM	-	-	5	4	5	-	60	2	3
30,1 - 40 KM	-	-	1	-	1	-	-	-	1
40,1 - 50 KM	-	-	1	-	1	-	-	-	1
I N S G E S A M T	100	100	100	100	100	100	100	100	100

DIW BERLIN 1986
1) WEGE MIT EINER ENTFERNUNG BIS ZU 50 KM 2) VERKEHR MIT PERSONEN- UND KOMBINATIONSKRAFTWAGEN,
KRAFTRAEDERN UND MOPEDS, TAXIS UND MIETWAGEN. 3) U-BAHN, STRASSENBAHN, O-BUS UND KRAFTOMNIBUS.
4) EINSCHLIESSLICH S-BAHN, OHNE MILITAERVERKEHR.
DIE WERTE SIND GERUNDET; ANTEILE UND SUMMEN SIND VON DEN UNGERUNDETEN AUSGANGSWERTEN BERECHNET.

QUELLEN: STATISTISCHES BUNDESAMT, SOCIALDATA MUENCHEN, BERECHNUNGEN DES DIW

TABELLE 2.16

PERSONENVERKEHR 1976 NACH ENTFERNUNGSSTUFEN [1]
VERKEHR IN OBERZENTREN
AUSBILDUNGSVERKEHR

	ZU FUSS	FAHR-RAD	FAHRER	P K W [2] MIT-FAHRER	INS-GESAMT	OEFFENTLICHE VERKEHRSMITTEL OESPV [3]	EISEN-BAHN [4]	INS-GESAMT	INS-GESAMT
	- WEGE IN MILL -								
0,1 - 1 KM	312	26	3	-	3	-	-	-	341
1,1 - 2 KM	121	35	10	6	16	20	-	20	192
2,1 - 3 KM	44	27	10	13	23	57	-	57	151
3,1 - 5 KM	8	27	27	20	47	81	-	81	163
5,1 - 10 KM	-	9	27	17	44	85	5	90	143
10,1 - 15 KM	-	-	9	5	14	13	1	14	28
15,1 - 20 KM	-	-	5	-	5	-	-	-	5
20,1 - 30 KM	-	-	5	-	5	-	2	2	7
30,1 - 40 KM	-	-	4	-	4	-	2	2	6
40,1 - 50 KM	-	-	-	-	-	-	1	1	1
I N S G E S A M T	485	125	100	61	160	255	11	267	1037
	- ENTFERNUNGSSTRUKTUR DER WEGE IN VH -								
0,1 - 1 KM	64	21	3	-	2	-	-	-	33
1,1 - 2 KM	25	28	10	10	10	8	-	7	18
2,1 - 3 KM	9	22	10	22	14	22	-	21	15
3,1 - 5 KM	2	21	28	33	29	32	-	30	16
5,1 - 10 KM	-	7	27	27	27	33	45	34	14
10,1 - 15 KM	-	-	9	8	9	5	10	5	3
15,1 - 20 KM	-	-	5	-	3	-	-	-	0
20,1 - 30 KM	-	-	5	-	3	-	20	1	1
30,1 - 40 KM	-	-	4	-	3	-	17	1	1
40,1 - 50 KM	-	-	-	-	-	-	8	0	0
I N S G E S A M T	100	100	100	100	100	100	100	100	100

DIW BERLIN 1986
1) WEGE MIT EINER ENTFERNUNG BIS ZU 50 KM 2) VERKEHR MIT PERSONEN- UND KOMBINATIONSKRAFTWAGEN,
KRAFTRAEDERN UND MOPEDS, TAXIS UND MIETWAGEN. 3) U-BAHN, STRASSENBAHN, O-BUS UND KRAFTOMNIBUS.
4) EINSCHLIESSLICH S-BAHN, OHNE MILITAERVERKEHR.
DIE WERTE SIND GERUNDET; ANTEILE UND SUMMEN SIND VON DEN UNGERUNDETEN AUSGANGSWERTEN BERECHNET.

QUELLEN: STATISTISCHES BUNDESAMT, SOCIALDATA MUENCHEN, BERECHNUNGEN DES DIW

TABELLE 2.16

PERSONENVERKEHR 1982 NACH ENTFERNUNGSSTUFEN [1]
VERKEHR IN OBERZENTREN
AUSBILDUNGSVERKEHR

	ZU FUSS	FAHR-RAD	FAHRER	P K W [2] MIT-FAHRER	INS-GESAMT	OEFFENTLICHE VERKEHRSMITTEL OESPV [3]	EISEN-BAHN [4]	INS-GESAMT	INS-GESAMT
				- WEGE IN MILL -					
0,1 - 1 KM	203	30	8	3	11	-	-	-	244
1,1 - 2 KM	81	40	22	14	36	23	-	23	180
2,1 - 3 KM	23	34	24	12	36	42	-	42	135
3,1 - 5 KM	6	28	19	8	27	112	-	112	174
5,1 - 10 KM	-	4	36	10	45	127	-0	127	177
10,1 - 15 KM	-	-	4	3	7	31	-	31	37
15,1 - 20 KM	-	-	2	-	2	-	6	6	8
20,1 - 30 KM	-	-	2	-	2	-	-	-	2
30,1 - 40 KM	-	-	-	-	-	-	-	-	-
40,1 - 50 KM	-	-	-	-	-	-	-	-	-
I N S G E S A M T	313	136	115	50	165	336	6	341	956
			- ENTFERNUNGSSTRUKTUR DER WEGE IN VH -						
0,1 - 1 KM	65	22	7	6	7	-	-	-	26
1,1 - 2 KM	26	29	19	28	22	7	-	7	19
2,1 - 3 KM	7	25	21	24	22	12	-	12	14
3,1 - 5 KM	2	21	16	17	16	33	-	33	18
5,1 - 10 KM	-	3	31	19	27	38	-0	37	19
10,1 - 15 KM	-	-	4	5	4	9	-	9	4
15,1 - 20 KM	-	-	1	-	1	-	100	2	1
20,1 - 30 KM	-	-	2	-	1	-	-	-	0
30,1 - 40 KM	-	-	-	-	-	-	-	-	-
40,1 - 50 KM	-	-	-	-	-	-	-	-	-
I N S G E S A M T	100	100	100	100	100	100	100	100	100

DIW BERLIN 1986
1) WEGE MIT EINER ENTFERNUNG BIS ZU 50 KM 2) VERKEHR MIT PERSONEN- UND KOMBINATIONSKRAFTWAGEN,
KRAFTRAEDERN UND MOPEDS, TAXIS UND MIETWAGEN. 3) U-BAHN, STRASSENBAHN, O-BUS UND KRAFTOMNIBUS.
4) EINSCHLIESSLICH S-BAHN, OHNE MILITAERVERKEHR.
DIE WERTE SIND GERUNDET; ANTEILE UND SUMMEN SIND VON DEN UNGERUNDETEN AUSGANGSWERTEN BERECHNET.

QUELLEN: STATISTISCHES BUNDESAMT, SOCIALDATA MUENCHEN, BERECHNUNGEN DES DIW

TABELLE 2.17

PERSONENVERKEHR 1976 NACH ENTFERNUNGSSTUFEN [1]
VERKEHR IN OBERZENTREN
GESCHAEFTS.- UND DIENSTREISEVERKEHR

	ZU FUSS	FAHR- RAD	PKW [2] FAHRER	PKW [2] MIT- FAHRER	PKW [2] INS- GESAMT	OEFFENTLICHE VERKEHRSMITTEL OESPV [3]	OEFFENTLICHE VERKEHRSMITTEL EISEN- BAHN [4]	OEFFENTLICHE VERKEHRSMITTEL INS- GESAMT	INS- GESAMT
	- WEGE IN MILL -								
0,1 - 1 KM	40	4	47	-	47	-	-	-	90
1,1 - 2 KM	5	2	67	-	67	-	-	-	75
2,1 - 3 KM	-	1	62	-	62	-	-	-	63
3,1 - 5 KM	-	1	103	0	103	12	-	12	116
5,1 - 10 KM	-	1	85	-	85	-	0	0	86
10,1 - 15 KM	-	-	54	12	66	-	-	-	66
15,1 - 20 KM	-	-	23	11	34	-	-	-	34
20,1 - 30 KM	-	-	32	-	32	-	6	6	38
30,1 - 40 KM	-	-	32	-	32	-	5	5	37
40,1 - 50 KM	-	-	19	-	19	-	-	-	19
I N S G E S A M T	45	9	524	23	547	12	10	22	624
	- ENTFERNUNGSSTRUKTUR DER WEGE IN VH -								
0,1 - 1 KM	89	40	9	-	9	-	-	-	15
1,1 - 2 KM	11	26	13	-	12	-	-	-	12
2,1 - 3 KM	-	14	12	-	11	-	-	-	10
3,1 - 5 KM	-	12	20	0	19	100	-	53	19
5,1 - 10 KM	-	8	16	-	16	-	0	0	14
10,1 - 15 KM	-	-	10	54	12	-	-	-	11
15,1 - 20 KM	-	-	4	46	6	-	-	-	5
20,1 - 30 KM	-	-	6	-	6	-	55	26	6
30,1 - 40 KM	-	-	6	-	6	-	45	21	6
40,1 - 50 KM	-	-	4	-	3	-	-	-	3
I N S G E S A M T	100	100	100	100	100	100	100	100	100

DIW BERLIN 1986
1) WEGE MIT EINER ENTFERNUNG BIS ZU 50 KM 2) VERKEHR MIT PERSONEN- UND KOMBINATIONSKRAFTWAGEN,
KRAFTRAEDERN UND MOPEDS, TAXIS UND MIETWAGEN. 3) U-BAHN, STRASSENBAHN, O-BUS UND KRAFTOMNIBUS.
4) EINSCHLIESSLICH S-BAHN, OHNE MILITAERVERKEHR.
DIE WERTE SIND GERUNDET; ANTEILE UND SUMMEN SIND VON DEN UNGERUNDETEN AUSGANGSWERTEN BERECHNET.

QUELLEN: STATISTISCHES BUNDESAMT, SOCIALDATA MUENCHEN, BERECHNUNGEN DES DIW

TABELLE 2.17

PERSONENVERKEHR 1982 NACH ENTFERNUNGSSTUFEN [1]
VERKEHR IN OBERZENTREN
GESCHAEFTS.- UND DIENSTREISEVERKEHR

| | ZU FUSS | FAHR-RAD | P K W [2] | | | OEFFENTLICHE VERKEHRSMITTEL | | | INS-GESAMT |
			FAHRER	MIT-FAHRER	INS-GESAMT	OESPV [3]	EISEN-BAHN [4]	INS-GESAMT	
				- WEGE IN MILL -					
0,1 - 1 KM	22	-	28	-	28	-	-	-	50
1,1 - 2 KM	12	-	52	-	52	-	-	-	64
2,1 - 3 KM	-	9	57	3	60	-	-	-	69
3,1 - 5 KM	-	-	92	-	92	6	-	6	98
5,1 - 10 KM	-	0	126	16	142	10	-0	10	152
10,1 - 15 KM	-	-	57	15	72	-	-	-	72
15,1 - 20 KM	-	-	24	-	24	-	0	0	24
20,1 - 30 KM	-	-	47	3	50	-	-	-	50
30,1 - 40 KM	-	-	21	-	21	-	2	2	23
40,1 - 50 KM	-	-	15	-	15	-	-	-	15
I N S G E S A M T	34	9	518	37	555	16	2	18	616
			- ENTFERNUNGSSTRUKTUR DER WEGE IN VH -						
0,1 - 1 KM	65	-	5	-	5	-	-	-	8
1,1 - 2 KM	35	-	10	-	9	-	-	-	10
2,1 - 3 KM	-	100	11	7	11	-	-	-	11
3,1 - 5 KM	-	-	18	-	17	40	-	35	16
5,1 - 10 KM	-	0	24	44	26	60	-0	53	25
10,1 - 15 KM	-	-	11	41	13	-	-	-	12
15,1 - 20 KM	-	-	5	-	4	-	11	1	4
20,1 - 30 KM	-	-	9	8	9	-	-	-	8
30,1 - 40 KM	-	-	4	-	4	-	89	10	4
40,1 - 50 KM	-	-	3	-	3	-	-	-	2
I N S G E S A M T	100	100	100	100	100	100	100	100	100

DIW BERLIN 1986
1) WEGE MIT EINER ENTFERNUNG BIS ZU 50 KM 2) VERKEHR MIT PERSONEN- UND KOMBINATIONSKRAFTWAGEN,
KRAFTRAEDERN UND MOPEDS, TAXIS UND MIETWAGEN. 3) U-BAHN, STRASSENBAHN, O-BUS UND KRAFTOMNIBUS.
4) EINSCHLIESSLICH S-BAHN, OHNE MILITAERVERKEHR.
DIE WERTE SIND GERUNDET, ANTEILE UND SUMMEN SIND VON DEN UNGERUNDETEN AUSGANGSWERTEN BERECHNET.

QUELLEN: STATISTISCHES BUNDESAMT, SOCIALDATA MUENCHEN, BERECHNUNGEN DES DIW

95

TABELLE 2.18

PERSONENVERKEHR 1976 NACH ENTFERNUNGSSTUFEN [1]
VERKEHR IN OBERZENTREN
EINKAUFSVERKEHR

	ZU FUSS	FAHR-RAD	FAHRER	PKW [2] MIT-FAHRER	INS-GESAMT	OEFFENTLICHE VERKEHRSMITTEL OESPV [3]	EISEN-BAHN 4)	INS-GESAMT	INS-GESAMT
				- WEGE IN MILL -					
0,1 - 1 KM	1227	75	84	23	107	21	-	21	1429
1,1 - 2 KM	253	46	118	36	153	76	-	76	529
2,1 - 3 KM	60	27	116	38	154	99	-	99	340
3,1 - 5 KM	25	16	140	43	183	96	-	96	320
5,1 - 10 KM	-	4	139	63	202	70	-0	70	276
10,1 - 15 KM	-	-	23	14	38	8	1	9	47
15,1 - 20 KM	-	-	12	7	20	-	5	5	25
20,1 - 30 KM	-	-	14	8	21	-	3	3	25
30,1 - 40 KM	-	-	4	3	7	-	-	-	7
40,1 - 50 KM	-	-	3	-	3	-	-	-	3
I N S G E S A M T	1565	167	653	235	888	371	9	380	3000
				- ENTFERNUNGSSTRUKTUR DER WEGE IN VH -					
0,1 - 1 KM	78	45	13	10	12	6	-	5	48
1,1 - 2 KM	16	28	18	15	17	21	-	20	18
2,1 - 3 KM	4	16	18	16	17	27	-	26	11
3,1 - 5 KM	2	9	21	18	21	26	-	25	11
5,1 - 10 KM	-	2	21	27	23	19	-0	18	9
10,1 - 15 KM	-	-	4	6	4	2	6	2	2
15,1 - 20 KM	-	-	2	3	2	-	59	1	1
20,1 - 30 KM	-	-	2	3	2	-	35	1	1
30,1 - 40 KM	-	-	1	1	1	-	-	-	0
40,1 - 50 KM	-	-	0	-	0	-	-	-	0
I N S G E S A M T	100	100	100	100	100	100	100	100	100

DIW BERLIN 1986
1) WEGE MIT EINER ENTFERNUNG BIS ZU 50 KM 2) VERKEHR MIT PERSONEN- UND KOMBINATIONSKRAFTWAGEN,
KRAFTRAEDERN UND MOPEDS, TAXIS UND MIETWAGEN. 3) U-BAHN, STRASSENBAHN, O-BUS UND KRAFTOMNIBUS.
4) EINSCHLIESSLICH S-BAHN, OHNE MILITAERVERKEHR.
DIE WERTE SIND GERUNDET; ANTEILE UND SUMMEN SIND VON DEN UNGERUNDETEN AUSGANGSWERTEN BERECHNET.

QUELLEN: STATISTISCHES BUNDESAMT, SOCIALDATA MUENCHEN, BERECHNUNGEN DES DIW

TABELLE 2.18

PERSONENVERKEHR 1982 NACH ENTFERNUNGSSTUFEN [1]
VERKEHR IN OBERZENTREN
EINKAUFSVERKEHR

	ZU FUSS	FAHR-RAD	P K W [2] FAHRER	MIT-FAHRER	INS-GESAMT	OEFFENTLICHE VERKEHRSMITTEL OESPV [3]	EISEN-BAHN [4]	INS-GESAMT	INS-GESAMT
			— WEGE IN MILL —						
0,1 - 1 KM	1100	104	100	19	119	15	-	15	1339
1,1 - 2 KM	287	53	131	31	162	42	-	42	544
2,1 - 3 KM	70	44	114	35	149	80	-	80	343
3,1 - 5 KM	37	35	167	44	211	177	-	177	460
5,1 - 10 KM	-	14	160	45	205	151	0	151	370
10,1 - 15 KM	-	-	37	12	50	43	1	44	94
15,1 - 20 KM	-	-	15	6	21	-	4	4	25
20,1 - 30 KM	-	-	8	3	11	-	1	1	12
30,1 - 40 KM	-	-	3	-	3	-	-	-	3
40,1 - 50 KM	-	-	-	-	-	-	-	-	-
I N S G E S A M T	1495	250	735	196	931	508	6	514	3190
			— ENTFERNUNGSSTRUKTUR DER WEGE IN VH —						
0,1 - 1 KM	74	42	14	10	13	3	-	3	42
1,1 - 2 KM	19	21	18	16	17	8	-	8	17
2,1 - 3 KM	5	17	15	18	16	16	-	16	11
3,1 - 5 KM	2	14	23	22	23	35	-	35	14
5,1 - 10 KM	-	6	22	23	22	30	0	29	12
10,1 - 15 KM	-	-	5	6	5	8	19	9	3
15,1 - 20 KM	-	-	2	3	2	-	62	1	1
20,1 - 30 KM	-	-	1	2	1	-	19	0	0
30,1 - 40 KM	-	-	0	-	0	-	-	-	0
40,1 - 50 KM	-	-	-	-	-	-	-	-	-
I N S G E S A M T	100	100	100	100	100	100	100	100	100

DIW BERLIN 1986
1) WEGE MIT EINER ENTFERNUNG BIS ZU 50 KM 2) VERKEHR MIT PERSONEN- UND KOMBINATIONSKRAFTWAGEN,
KRAFTRAEDERN UND MOPEDS, TAXIS UND MIETWAGEN. 3) U-BAHN, STRASSENBAHN, O-BUS UND KRAFTOMNIBUS.
4) EINSCHLIESSLICH S-BAHN, OHNE MILITAERVERKEHR.
DIE WERTE SIND GERUNDET; ANTEILE UND SUMMEN SIND VON DEN UNGERUNDETEN AUSGANGSWERTEN BERECHNET.

QUELLEN: STATISTISCHES BUNDESAMT, SOCIALDATA MUENCHEN, BERECHNUNGEN DES DIW

97

TABELLE 2.19

PERSONENVERKEHR 1976 NACH ENTFERNUNGSSTUFEN [1)]
VERKEHR IN OBERZENTREN
FREIZEITVERKEHR

	ZU FUSS	FAHR-RAD	FAHRER	P K W [2)] MIT-FAHRER	INS-GESAMT	OEFFENTLICHE VERKEHRSMITTEL OESPV [3)]	EISEN-BAHN [4)]	INS-GESAMT	INS-GESAMT
— WEGE IN MILL —									
0,1 - 1 KM	752	73	80	32	112	7	-	7	944
1,1 - 2 KM	296	60	123	69	192	34	-	34	582
2,1 - 3 KM	134	31	145	94	240	74	-	74	478
3,1 - 5 KM	92	43	219	133	352	109	-	109	596
5,1 - 10 KM	26	22	195	167	361	93	2	95	504
10,1 - 15 KM	5	4	73	71	145	17	16	33	186
15,1 - 20 KM	3	-	36	42	79	8	-	8	90
20,1 - 30 KM	-	-	48	44	91	7	-	7	98
30,1 - 40 KM	-	-	27	35	62	-	-	-	62
40,1 - 50 KM	-	-	18	18	36	-	-	-	36
I N S G E S A M T	1309	232	964	706	1670	349	18	367	3578
— ENTFERNUNGSSTRUKTUR DER WEGE IN VH —									
0,1 - 1 KM	58	31	8	5	7	2	-	2	26
1,1 - 2 KM	23	26	13	10	11	10	-	9	16
2,1 - 3 KM	10	13	15	13	14	21	-	20	13
3,1 - 5 KM	7	19	23	19	21	31	-	30	17
5,1 - 10 KM	2	10	20	24	22	27	12	26	14
10,1 - 15 KM	0	2	8	10	9	5	88	9	5
15,1 - 20 KM	0	-	4	6	5	2	-	2	3
20,1 - 30 KM	-	-	5	6	5	2	-	2	3
30,1 - 40 KM	-	-	3	5	4	-	-	-	2
40,1 - 50 KM	-	-	2	3	2	-	-	-	1
I N S G E S A M T	100	100	100	100	100	100	100	100	100

DIW BERLIN 1986
1) WEGE MIT EINER ENTFERNUNG BIS ZU 50 KM 2) VERKEHR MIT PERSONEN- UND KOMBINATIONSKRAFTWAGEN,
KRAFTRAEDERN UND MOPEDS, TAXIS UND MIETWAGEN. 3) U-BAHN, STRASSENBAHN, O-BUS UND KRAFTOMNIBUS.
4) EINSCHLIESSLICH S-BAHN, OHNE MILITAERVERKEHR.
DIE WERTE SIND GERUNDET; ANTEILE UND SUMMEN SIND VON DEN UNGERUNDETEN AUSGANGSWERTEN BERECHNET.

QUELLEN: STATISTISCHES BUNDESAMT, SOCIALDATA MUENCHEN, BERECHNUNGEN DES DIW

TABELLE 2.19

PERSONENVERKEHR 1982 NACH ENTFERNUNGSSTUFEN [1]
VERKEHR IN OBERZENTREN
FREIZEITVERKEHR

	ZU FUSS	FAHR-RAD	FAHRER	PKW [2] MIT-FAHRER	INS-GESAMT	OEFFENTLICHE VERKEHRSMITTEL OESPV [3]	EISEN-BAHN [4]	INS-GESAMT	INS-GESAMT
	- WEGE IN MILL -								
0,1 - 1 KM	667	87	60	11	71	6	-	6	830
1,1 - 2 KM	282	73	106	36	141	29	-	29	525
2,1 - 3 KM	149	67	122	55	177	38	-	38	432
3,1 - 5 KM	98	64	229	79	307	65	0	65	534
5,1 - 10 KM	37	44	217	127	344	81	0	81	505
10,1 - 15 KM	-	12	92	78	171	54	-	54	236
15,1 - 20 KM	-	3	72	67	139	33	10	43	185
20,1 - 30 KM	-	-	73	67	139	20	1	22	161
30,1 - 40 KM	-	-	32	30	62	-	-	-	62
40,1 - 50 KM	-	-	38	35	73	-	-	-	73
I N S G E S A M T	1233	350	1039	584	1623	325	12	337	3543
	- ENTFERNUNGSSTRUKTUR DER WEGE IN VH -								
0,1 - 1 KM	54	25	6	2	4	2	-	2	23
1,1 - 2 KM	23	21	10	6	9	9	-	8	15
2,1 - 3 KM	12	19	12	9	11	12	-	11	12
3,1 - 5 KM	8	18	22	13	19	20	0	19	15
5,1 - 10 KM	3	12	21	22	21	25	3	24	14
10,1 - 15 KM	-	3	9	13	11	17	-	16	7
15,1 - 20 KM	-	1	7	11	9	10	86	13	5
20,1 - 30 KM	-	-	7	11	9	6	10	6	5
30,1 - 40 KM	-	-	3	5	4	-	-	-	2
40,1 - 50 KM	-	-	4	6	5	-	-	-	2
I N S G E S A M T	100	100	100	100	100	100	100	100	100

DIW BERLIN 1986
1) WEGE MIT EINER ENTFERNUNG BIS ZU 50 KM   2) VERKEHR MIT PERSONEN- UND KOMBINATIONSKRAFTWAGEN,
KRAFTRAEDERN UND MOPEDS, TAXIS UND MIETWAGEN.   3) U-BAHN, STRASSENBAHN, O-BUS UND KRAFTOMNIBUS.
4) EINSCHLIESSLICH S-BAHN, OHNE MILITAERVERKEHR.
DIE WERTE SIND GERUNDET; ANTEILE UND SUMMEN SIND VON DEN UNGERUNDETEN AUSGANGSWERTEN BERECHNET.

QUELLEN: STATISTISCHES BUNDESAMT, SOCIALDATA MUENCHEN, BERECHNUNGEN DES DIW

TABELLE 2.20

PERSONENVERKEHR 1976 NACH ENTFERNUNGSSTUFEN [1]
VERKEHR IN MITTELZENTREN
BERUFSVERKEHR

	ZU FUSS	FAHR-PAD	FAHRER	P K W [2] MIT-FAHRER	INS-GESAMT	OEFFENTLICHE VERKEHRSMITTEL OESPV [3]	EISEN-BAHN 4)	INS-GESAMT	INS-GESAMT
— WEGE IN MILL —									
0,1 - 1 KM	502	93	133	21	154	-	-	-	749
1,1 - 2 KM	141	116	255	40	295	25	-	25	578
2,1 - 3 KM	49	96	274	40	314	43	-	43	502
3,1 - 5 KM	6	60	270	44	314	73	-	73	454
5,1 - 10 KM	5	27	321	45	366	113	12	125	574
10,1 - 15 KM	-	5	187	16	203	43	17	60	267
15,1 - 20 KM	-	-	124	15	139	44	22	66	205
20,1 - 30 KM	-	-	201	13	214	26	35	62	276
30,1 - 40 KM	-	-	53	5	58	4	7	11	69
40,1 - 50 KM	-	-	24	2	26	-	5	5	32
I N S G E S A M T	704	398	1841	242	2083	372	99	471	3655
— ENTFERNUNGSSTRUKTUR DER WEGE IN VH —									
0,1 - 1 KM	71	23	7	8	7	-	-	-	20
1,1 - 2 KM	20	29	14	17	14	7	-	5	16
2,1 - 3 KM	7	24	15	17	15	12	-	9	14
3,1 - 5 KM	1	15	15	18	15	20	-	15	12
5,1 - 10 KM	1	7	17	19	18	30	12	27	14
10,1 - 15 KM	-	1	10	7	10	11	17	13	7
15,1 - 20 KM	-	-	7	6	7	12	22	14	6
20,1 - 30 KM	-	-	11	5	10	7	36	13	8
30,1 - 40 KM	-	-	3	2	3	1	7	2	2
40,1 - 50 KM	-	-	1	1	1	-	5	1	1
I N S G E S A M T	100	100	100	100	100	100	100	100	100

DIW BERLIN 1986
1) WEGE MIT EINER ENTFERNUNG BIS ZU 50 KM 2) VERKEHR MIT PERSONEN- UND KOMBINATIONSKRAFTWAGEN,
KRAFTRAEDERN UND MOPEDS, TAXIS UND MIETWAGEN. 3) U-BAHN, STRASSENBAHN, O-BUS UND KRAFTOMNIBUS.
4) EINSCHLIESSLICH S-BAHN, OHNE MILITAERVERKEHR.
DIE WERTE SIND GERUNDET; ANTEILE UND SUMMEN SIND VON DEN UNGERUNDETEN AUSGANGSWERTEN BERECHNET.

QUELLEN: STATISTISCHES BUNDESAMT, SOCIALDATA MUENCHEN, BERECHNUNGEN DES DIW

TABELLE 2.20

PERSONENVERKEHR 1982 NACH ENTFERNUNGSSTUFEN [1]
VERKEHR IN MITTELZENTREN
BERUFSVERKEHR

	ZU FUSS	FAHR-RAD	FAHRER	PKW [2] MIT-FAHRER	INS-GESAMT	OEFFENTLICHE VERKEHRSMITTEL OESPV [3]	EISEN-BAHN 4)	INS-GESAMT	INS-GESAMT
- WEGE IN MILL -									
0,1 - 1 KM	445	111	158	23	181	-	-	-	738
1,1 - 2 KM	126	147	298	44	342	15	-	15	630
2,1 - 3 KM	42	89	315	29	344	27	-	27	502
3,1 - 5 KM	15	40	361	45	405	45	-	45	505
5,1 - 10 KM	-	24	484	47	531	79	7	86	641
10,1 - 15 KM	-	-	217	20	237	42	46	88	325
15,1 - 20 KM	-	-	136	12	148	17	10	27	175
20,1 - 30 KM	-	-	165	12	177	32	12	44	220
30,1 - 40 KM	-	-	82	-	82	9	11	20	102
40,1 - 50 KM	-	-	33	-	33	-	12	12	45
I N S G E S A M T	628	411	2249	231	2480	265	99	363	3882
- ENTFERNUNGSSTRUKTUR DER WEGE IN VH -									
0,1 - 1 KM	71	27	7	10	7	-	-	-	19
1,1 - 2 KM	20	36	13	19	14	6	-	4	16
2,1 - 3 KM	7	22	14	13	14	10	-	7	13
3,1 - 5 KM	2	10	16	19	16	17	-	12	13
5,1 - 10 KM	-	6	22	20	21	30	7	24	16
10,1 - 15 KM	-	-	10	9	10	16	47	24	8
15,1 - 20 KM	-	-	6	5	6	6	10	7	5
20,1 - 30 KM	-	-	7	5	7	12	12	12	6
30,1 - 40 KM	-	-	4	-	3	3	11	6	3
40,1 - 50 KM	-	-	1	-	1	-	12	3	1
I N S G E S A M T	100	100	100	100	100	100	100	100	100

DIW BERLIN 1986
1) WEGE MIT EINER ENTFERNUNG BIS ZU 50 KM 2) VERKEHR MIT PERSONEN- UND KOMBINATIONSKRAFTWAGEN,
KRAFTRAELDERN UND MOPEDS, TAXIS UND MIETWAGEN. 3) U-BAHN, STRASSENBAHN, O-BUS UND KRAFTOMNIBUS.
4) EINSCHLIESSLICH S-BAHN, OHNE MILITAERVERKEHR.
DIE WERTE SIND GERUNDET; ANTEILE UND SUMMEN SIND VON DEN UNGERUNDETEN AUSGANGSWERTEN BERECHNET.

QUELLEN: STATISTISCHES BUNDESAMT, SOCIALDATA MUENCHEN, BERECHNUNGEN DES DIW

101

TABELLE 2.21

PERSONENVERKEHR 1976 NACH ENTFERNUNGSSTUFEN [1]
VERKEHR IN MITTELZENTREN
AUSBILDUNGSVERKEHR

	ZU FUSS	FAHR-RAD	FAHRER	P K W [2] MIT-FAHRER	INS-GESAMT	OEFFENTLICHE VERKEHRSMITTEL OESPV [3]	EISEN-BAHN [4]	INS-GESAMT	INS-GESAMT
— WEGE IN MILL —									
0,1 - 1 KM	609	101	29	10	39	-	-	-	749
1,1 - 2 KM	201	170	33	23	56	30	-	30	457
2,1 - 3 KM	46	104	35	24	60	95	-	95	304
3,1 - 5 KM	8	49	25	16	41	140	-	140	238
5,1 - 10 KM	-	11	13	13	26	137	6	143	181
10,1 - 15 KM	-	3	8	10	18	50	13	64	84
15,1 - 20 KM	-	-	8	6	14	17	8	25	39
20,1 - 30 KM	-	-	14	6	19	11	11	21	41
30,1 - 40 KM	-	-	8	-	8	-	3	3	11
40,1 - 50 KM	-	-	6	-	6	-	2	2	8
I N S G E S A M T	863	439	178	108	286	480	44	523	2111
— ENTFERNUNGSSTRUKTUR DER WEGE IN VH —									
0,1 - 1 KM	71	23	16	9	14	-	-	-	35
1,1 - 2 KM	23	39	18	21	19	6	-	6	22
2,1 - 3 KM	5	24	20	23	21	20	-	18	14
3,1 - 5 KM	1	11	14	15	14	29	-	27	11
5,1 - 10 KM	-	3	7	12	9	29	15	27	9
10,1 - 15 KM	-	1	4	9	6	10	30	12	4
15,1 - 20 KM	-	-	5	5	5	3	19	5	2
20,1 - 30 KM	-	-	8	5	7	2	24	4	2
30,1 - 40 KM	-	-	4	-	3	-	8	1	1
40,1 - 50 KM	-	-	3	-	2	-	5	0	0
I N S G E S A M T	100	100	100	100	100	100	100	100	100

DIW BERLIN 1986
1) WEGE MIT EINER ENTFERNUNG BIS ZU 50 KM 2) VERKEHR MIT PERSONEN- UND KOMBINATIONSKRAFTWAGEN,
KRAFTRAEDERN UND MOPEDS, TAXIS UND MIETWAGEN. 3) U-BAHN, STRASSENBAHN, O-BUS UND KRAFTOMNIBUS.
4) EINSCHLIESSLICH S-BAHN, OHNE MILITAERVERKEHR.
DIE WERTE SIND GERUNDET; ANTEILE UND SUMMEN SIND VON DEN UNGERUNDETEN AUSGANGSWERTEN BERECHNET.

QUELLEN: STATISTISCHES BUNDESAMT, SOCIALDATA MUENCHEN, BERECHNUNGEN DES DIW

TABELLE 2.21

PERSONENVERKEHR 1982 NACH ENTFERNUNGSSTUFEN [1]
VERKEHR IN MITTELZENTREN
AUSBILDUNGSVERKEHR

	ZU FUSS	FAHR-RAD	FAHRER	PKW [2] MIT-FAHRER	INS-GESAMT	OEFFENTLICHE VERKEHRSMITTEL OESPV [3]	EISEN-BAHN [4]	INS-GESAMT	INS-GESAMT
- WEGE IN MILL -									
0,1 - 1 KM	357	99	33	15	48	4	-	4	508
1,1 - 2 KM	145	153	43	18	61	24	-	24	384
2,1 - 3 KM	41	75	39	17	56	60	-	60	232
3,1 - 5 KM	13	. 44	55	18	72	156	-	156	285
5,1 - 10 KM	-	19	36	10	46	146	10	155	221
10,1 - 15 KM	-	-	13	4	17	27	8	35	51
15,1 - 20 KM	-	-	12	-	12	13	16	29	41
20,1 - 30 KM	-	-	6	-	6	12	4	16	22
30,1 - 40 KM	-	-	4	-	4	-	4	4	8
40,1 - 50 KM	-	-	0	-	0	-	1	1	2
I N S G E S A M T	550	390	241	81	322	443	43	486	1753
- ENTFERNUNGSSTRUKTUR DER WEGE IN VH -									
0,1 - 1 KM	64	25	14	19	15	1	-	1	29
1,1 - 2 KM	26	39	18	22	19	5	-	5	22
2,1 - 3 KM	7	19	16	21	17	14	-	12	13
3,1 - 5 KM	2	11	23	22	23	35	-	32	16
5,1 - 10 KM	-	5	15	12	14	33	22	32	13
10,1 - 15 KM	-	-	5	4	5	6	18	7	3
15,1 - 20 KM	-	-	5	-	4	3	37	6	2
20,1 - 30 KM	-	-	3	-	2	3	9	3	1
30,1 - 40 KM	-	-	2	-	1	-	10	1	0
40,1 - 50 KM	-	-	0	-	0	-	3	0	0
I N S G E S A M T	100	100	100	100	100	100	100	100	100

DIW BERLIN 1986
1) WEGE MIT EINER ENTFERNUNG BIS ZU 50 KM 2) VERKEHR MIT PERSONEN- UND KOMBINATIONSKRAFTWAGEN,
KRAFTRAEDERN UND MOPEDS, TAXIS UND MIETWAGEN. 3) U-BAHN, STRASSENBAHN, O-BUS UND KRAFTOMNIBUS.
4) EINSCHLIESSLICH S-BAHN, OHNE MILITAERVERKEHR.
DIE WERTE SIND GERUNDET; ANTEILE UND SUMMEN SIND VON DEN UNGERUNDETEN AUSGANGSWERTEN BERECHNET.

QUELLEN: STATISTISCHES BUNDESAMT, SOCIALDATA MUENCHEN, BERECHNUNGEN DES DIW

TABELLE 2.22
PERSONENVERKEHR 1976 NACH ENTFERNUNGSSTUFEN [1]
VERKEHR IN MITTELZENTREN
GESCHAEFTS.- UND DIENSTREISEVERKEHR

	ZU FUSS	FAHR- RAD	FAHRER	PKW [2] MIT- FAHRER	INS- GESAMT	OEFFENTLICHE VERKEHRSMITTEL OESPV 3)	EISEN- BAHN 4)	INS- GESAMT	INS- GESAMT
					- WEGE IN MILL -				
0,1 - 1 KM	57	5	140	-	140	-	-	-	202
1,1 - 2 KM	8	6	139	11	150	-	-	-	163
2,1 - 3 KM	-	5	118	6	124	-	-	-	129
3,1 - 5 KM	-	6	188	13	201	-	-	-	206
5,1 - 10 KM	-	-	196	20	215	9	0	9	224
10,1 - 15 KM	-	-	109	8	117	-	-	-	117
15,1 - 20 KM	-	-	88	10	97	-	-	-	97
20,1 - 30 KM	-	-	82	6	88	-	0	0	89
30,1 - 40 KM	-	-	47	6	53	-	5	5	58
40,1 - 50 KM	-	-	19	-	19	-	-	-	19
INSGESAMT	64	22	1126	80	1205	9	6	14	1306
					- ENTFERNUNGSSTRUKTUR DER WEGE IN VH -				
0,1 - 1 KM	88	23	12	-	12	-	-	-	15
1,1 - 2 KM	12	28	12	14	12	-	-	-	13
2,1 - 3 KM	-	23	10	7	10	-	-	-	10
3,1 - 5 KM	-	26	17	16	17	-	-	-	16
5,1 - 10 KM	-	-	17	25	18	100	0	61	17
10,1 - 15 KM	-	-	10	10	10	-	-	-	9
15,1 - 20 KM	-	-	8	12	8	-	-	-	7
20,1 - 30 KM	-	-	7	8	7	-	6	2	7
30,1 - 40 KM	-	-	4	8	4	-	94	37	4
40,1 - 50 KM	-	-	2	-	2	-	-	-	1
INSGESAMT	100	100	100	100	100	100	100	100	100

DIW BERLIN 1986
1) WEGE MIT EINER ENTFERNUNG BIS ZU 50 KM 2) VERKEHR MIT PERSONEN- UND KOMBINATIONSKRAFTWAGEN,
KRAFTRAEDERN UND MOPEDS, TAXIS UND MIETWAGEN. 3) U-BAHN, STRASSENBAHN, O-BUS UND KRAFTOMNIBUS.
4) EINSCHLIESSLICH S-BAHN, OHNE MILITAERVERKEHR.
DIE WERTE SIND GERUNDET; ANTEILE UND SUMMEN SIND VON DEN UNGERUNDETEN AUSGANGSWERTEN BERECHNET.

QUELLEN: STATISTISCHES BUNDESAMT, SOCIALDATA MUENCHEN, BERECHNUNGEN DES DIW

TABELLE 2.22

PERSONENVERKEHR 1982 NACH ENTFERNUNGSSTUFEN [1]
VERKEHR IN MITTELZENTREN
GESCHAEFTS.- UND DIENSTREISEVERKEHR

	ZU FUSS	FAHR-RAD	FAHRER	P K W [2] MIT-FAHRER	INS-GESAMT	OEFFENTLICHE VERKEHRSMITTEL OESPV 3)	EISEN-BAHN 4)	INS-GESAMT	INS-GESAMT
- WEGE IN MILL -									
0,1 - 1 KM	32	7	85	-	85	-	-	-	124
1,1 - 2 KM	14	7	121	-	121	-	-	-	142
2,1 - 3 KM	-	7	107	-	107	-	-	-	114
3,1 - 5 KM	-	1	150	-	150	-	0	0	151
5,1 - 10 KM	-	-	193	64	256	28	-0	28	285
10,1 - 15 KM	-	-	90	-	90	3	-	3	93
15,1 - 20 KM	-	-	67	1	68	10	-	10	78
20,1 - 30 KM	-	-	84	-	84	4	6	10	94
30,1 - 40 KM	-	-	46	-	46	-	6	6	52
40,1 - 50 KM	-	-	26	-	26	-	-	-	26
I N S G E S A M T	46	22	969	65	1034	45	12	58	1160
- ENTFERNUNGSSTRUKTUR DER WEGE IN VH -									
0,1 - 1 KM	69	34	9	-	8	-	-	-	11
1,1 - 2 KM	31	30	13	-	12	-	-	-	12
2,1 - 3 KM	-	32	11	-	10	-	-	-	10
3,1 - 5 KM	-	4	15	-	14	-	1	0	13
5,1 - 10 KM	-	-	20	98	25	62	-0	49	25
10,1 - 15 KM	-	-	9	-	9	7	-	5	8
15,1 - 20 KM	-	-	7	2	7	22	-	18	7
20,1 - 30 KM	-	-	9	-	8	8	50	17	8
30,1 - 40 KM	-	-	5	-	4	-	49	10	5
40,1 - 50 KM	-	-	3	-	3	-	-	-	2
I N S G E S A M T	100	100	100	100	100	100	100	100	100

DIW BERLIN 1986
1) WEGE MIT EINER ENTFERNUNG BIS ZU 50 KM 2) VERKEHR MIT PERSONEN- UND KOMBINATIONSKRAFTWAGEN,
KRAFTRAEDERN UND MOPEDS, TAXIS UND MIETWAGEN. 3) U-BAHN, STRASSENBAHN, O-BUS UND KRAFTOMNIBUS.
4) EINSCHLIESSLICH S-BAHN, OHNE MILITAERVERKEHR.
DIE WERTE SIND GERUNDET; ANTEILE UND SUMMEN SIND VON DEN UNGERUNDETEN AUSGANGSWERTEN BERECHNET.

QUELLEN: STATISTISCHES BUNDESAMT, SOCIALDATA MUENCHEN, BERECHNUNGEN DES DIW

TABELLE 2.23

PERSONENVERKEHR 1976 NACH ENTFERNUNGSSTUFEN [1)
VERKEHR IN MITTELZENTREN
EINKAUFSVERKEHR

| | ZU FUSS | FAHR-RAD | PKW 2) | | | OEFFENTLICHE VERKEHRSMITTEL | | | INS-GESAMT |
			FAHRER	MIT-FAHRER	INS-GESAMT	OESPV 3)	EISEN-BAHN 4)	INS-GESAMT	
- WEGE IN MILL -									
0,1 - 1 KM	1925	220	251	68	319	10	-	10	2474
1,1 - 2 KM	392	159	324	95	420	59	-	59	1030
2,1 - 3 KM	103	71	237	62	299	76	-	76	549
3,1 - 5 KM	23	34	244	100	343	78	-	78	479
5,1 - 10 KM	-	8	186	105	291	64	-0	64	363
10,1 - 15 KM	-	3	72	35	108	20	5	25	135
15,1 - 20 KM	-	-	52	30	82	14	13	27	109
20,1 - 30 KM	-	-	45	29	74	-	9	9	84
30,1 - 40 KM	-	-	20	8	28	-	-	-	28
40,1 - 50 KM	-	-	13	8	21	-	-	-	21
I N S G E S A M T	2443	495	1443	541	1984	322	27	349	5272
- ENTFERNUNGSSTRUKTUR DER WEGE IN VH -									
0,1 - 1 KM	79	44	17	13	16	3	-	3	47
1,1 - 2 KM	16	32	22	18	21	18	-	17	20
2,1 - 3 KM	4	14	16	11	15	24	-	22	10
3,1 - 5 KM	1	7	17	18	17	24	-	22	9
5,1 - 10 KM	-	2	13	19	15	20	-0	18	7
10,1 - 15 KM	-	1	5	7	5	6	17	7	3
15,1 - 20 KM	-	-	4	6	4	4	47	8	2
20,1 - 30 KM	-	-	3	5	4	-	35	3	2
30,1 - 40 KM	-	-	1	2	1	-	-	-	1
40,1 - 50 KM	-	-	1	1	1	-	-	-	0
I N S G E S A M T	100	100	100	100	100	100	100	100	100

DIW BERLIN 1986
1) WEGE MIT EINER ENTFERNUNG BIS ZU 50 KM   2) VERKEHR MIT PERSONEN- UND KOMBINATIONSKRAFTWAGEN,
KRAFTRAEDERN UND MOPEDS, TAXIS UND MIETWAGEN.   3) U-BAHN, STRASSENBAHN, O-BUS UND KRAFTOMNIBUS.
4) EINSCHLIESSLICH S-BAHN, OHNE MILITAERVERKEHR.
DIE WERTE SIND GERUNDET; ANTEILE UND SUMMEN SIND VON DEN UNGERUNDETEN AUSGANGSWERTEN BERECHNET.

QUELLEN: STATISTISCHES BUNDESAMT, SOCIALDATA MUENCHEN, BERECHNUNGEN DES DIW

106

TABELLE 2.23

PERSONENVERKEHR 1982 NACH ENTFERNUNGSSTUFEN [1]
VERKEHR IN MITTELZENTREN
EINKAUFSVERKEHR

| | | | | P K W [2] | | | OEFFENTLICHE VERKEHRSMITTEL | | | |
	ZU FUSS	FAHR- RAD	FAHRER	MIT- FAHRER	INS- GESAMT	OESPV [3]	EISEN- BAHN 4)	INS- GESAMT	INS- GESAMT
		WEGE IN MILL	-						
0,1 - 1 KM	1783	327	240	46	286	12	-	12	2409
1,1 - 2 KM	412	230	326	79	405	25	-	25	1072
2,1 - 3 KM	151	119	292	79	371	69	-	69	710
3,1 - 5 KM	51	57	300	89	390	91	-	91	588
5,1 - 10 KM	-	14	256	90	346	89	0	89	450
10,1 - 15 KM	-	-	80	30	109	35	11	46	155
15,1 - 20 KM	-	-	40	16	56	10	11	22	77
20,1 - 30 KM	-	-	43	18	61	-	6	6	67
30,1 - 40 KM	-	-	15	11	26	-	7	7	34
40,1 - 50 KM	-	-	5	4	9	-	-	-	9
I N S G E S A M T	2398	747	1596	463	2059	332	36	368	5572
	-	ENTFERNUNGSSTRUKTUR DER WEGE IN VH	-						
0,1 - 1 KM	74	44	15	10	14	4	-	3	43
1,1 - 2 KM	17	31	20	17	20	7	-	7	19
2,1 - 3 KM	6	16	18	17	18	21	-	19	13
3,1 - 5 KM	2	8	19	19	19	27	-	25	11
5,1 - 10 KM	-	2	16	19	17	27	0	24	8
10,1 - 15 KM	-	-	5	6	5	11	31	12	3
15,1 - 20 KM	-	-	2	3	3	3	31	6	1
20,1 - 30 KM	-	-	3	4	3	-	17	2	1
30,1 - 40 KM	-	-	1	2	1	-	21	2	1
40,1 - 50 KM	-	-	0	1	0	-	-	-	0
I N S G E S A M T	100	100	100	100	100	100	100	100	100

DIW BERLIN 1986
1) WEGE MIT EINER ENTFERNUNG BIS ZU 50 KM 2) VERKEHR MIT PERSONEN- UND KOMBINATIONSKRAFTWAGEN,
KRAFTRAEDERN UND MOPEDS, TAXIS UND MIETWAGEN. 3) U-BAHN, STRASSENBAHN, O-BUS UND KRAFTOMNIBUS.
4) EINSCHLIESSLICH S-BAHN, OHNE MILITAERVERKEHR.
DIE WERTE SIND GERUNDET; ANTEILE UND SUMMEN SIND VON DEN UNGERUNDETEN AUSGANGSWERTEN BERECHNET.

QUELLEN: STATISTISCHES BUNDESAMT, SOCIALDATA MUENCHEN, BERECHNUNGEN DES DIW

TABELLE 2.24

PERSONENVERKEHR 1976 NACH ENTFERNUNGSSTUFEN [1]
VERKEHR IN MITTELZENTREN
FREIZEITVERKEHR

	ZU FUSS	FAHR-RAD	FAHRER	PKW [2] MIT-FAHRER	INS-GESAMT	OEFFENTLICHE VERKEHRSMITTEL OESPV [3]	EISEN-BAHN [4]	INS-GESAMT	INS-GESAMT
			- WEGE IN MILL -						
0,1 - 1 KM	1506	212	175	88	263	-	-	-	1981
1,1 - 2 KM	600	185	313	192	505	26	-	26	1315
2,1 - 3 KM	279	135	247	201	448	43	-	43	905
3,1 - 5 KM	177	70	240	190	430	71	-	71	748
5,1 - 10 KM	74	46	294	272	566	72	8	80	767
10,1 - 15 KM	6	12	145	152	297	20	8	28	344
15,1 - 20 KM	-	3	87	99	185	11	7	18	206
20,1 - 30 KM	-	-	94	99	193	11	6	17	210
30,1 - 40 KM	-	-	41	41	82	-	3	3	84
40,1 - 50 KM	-	-	19	21	40	-	2	2	42
I N S G E S A M T	2643	662	1655	1354	3009	255	34	289	6602
			- ENTFERNUNGSSTRUKTUR DER WEGE IN VH -						
0,1 - 1 KM	57	32	11	7	9	-	-	-	30
1,1 - 2 KM	23	28	19	14	17	10	-	9	20
2,1 - 3 KM	11	20	15	15	15	17	-	15	14
3,1 - 5 KM	7	11	14	14	14	28	-	25	11
5,1 - 10 KM	3	7	18	20	19	28	23	28	12
10,1 - 15 KM	0	2	9	11	10	8	24	10	5
15,1 - 20 KM	-	0	5	7	6	4	20	6	3
20,1 - 30 KM	-	-	6	7	6	4	17	6	3
30,1 - 40 KM	-	-	2	3	3	-	8	1	1
40,1 - 50 KM	-	-	1	2	1	-	7	1	1
I N S G E S A M T	100	100	100	100	100	100	100	100	100

DIW BERLIN 1986
1) WEGE MIT EINER ENTFERNUNG BIS ZU 50 KM 2) VERKEHR MIT PERSONEN- UND KOMBINATIONSKRAFTWAGEN,
KRAFTRAEDERN UND MOPEDS, TAXIS UND MIETWAGEN. 3) U-BAHN, STRASSENBAHN, O-BUS UND KRAFTOMNIBUS.
4) EINSCHLIESSLICH S-BAHN, OHNE MILITAERVERKEHR.
DIE WERTE SIND GERUNDET; ANTEILE UND SUMMEN SIND VON DEN UNGERUNDETEN AUSGANGSWERTEN BERECHNET.

QUELLEN: STATISTISCHES BUNDESAMT, SOCIALDATA MUENCHEN, BERECHNUNGEN DES DIW

TABELLE 2.24

PERSONENVERKEHR 1982 NACH ENTFERNUNGSSTUFEN [1]
VERKEHR IN MITTELZENTREN
FREIZEITVERKEHR

	ZU FUSS	FAHR-RAD	FAHRER	P K W [2] MIT-FAHRER	INS-GESAMT	OEFFENTLICHE VERKEHRSMITTEL OESPV [3]	EISEN-BAHN [4]	INS-GESAMT	INS-GESAMT
		- WEGE IN MILL -							
0,1 - 1 KM	1325	229	180	80	261	7	-	7	1822
1,1 - 2 KM	558	186	289	155	444	17	-	17	1205
2,1 - 3 KM	275	176	276	152	428	31	-	31	910
3,1 - 5 KM	193	119	360	188	549	47	-	47	908
5,1 - 10 KM	48	92	416	258	674	73	-0	73	886
10,1 - 15 KM	6	27	186	113	299	44	10	54	386
15,1 - 20 KM	-	11	124	89	213	28	12	41	264
20,1 - 30 KM	-	-	99	81	181	21	6	26	207
30,1 - 40 KM	-	-	45	40	85	-	-0	-0	85
40,1 - 50 KM	-	-	37	33	70	-	-	-	70
I N S G E S A M T	2405	841	2013	1188	3201	269	28	296	6744
		- ENTFERNUNGSSTRUKTUR DER WEGE IN VH -							
0,1 - 1 KM	55	27	9	7	8	3	-	2	27
1,1 - 2 KM	23	22	14	13	14	6	-	6	18
2,1 - 3 KM	11	21	14	13	13	12	-	11	13
3,1 - 5 KM	8	14	18	16	17	17	-	16	13
5,1 - 10 KM	2	11	21	22	21	27	-0	25	13
10,1 - 15 KM	0	3	9	9	9	16	35	18	6
15,1 - 20 KM	-	1	6	8	7	11	44	14	4
20,1 - 30 KM	-	-	5	7	6	8	20	9	3
30,1 - 40 KM	-	-	2	3	3	-	-0	-0	1
40,1 - 50 KM	-	-	2	3	2	-	-	-	1
I N S G E S A M T	100	100	100	100	100	100	100	100	100

DIW BERLIN 1986
1) WEGE MIT EINER ENTFERNUNG BIS ZU 50 KM 2) VERKEHR MIT PERSONEN- UND KOMBINATIONSKRAFTWAGEN,
KRAFTRAEDERN UND MOPEDS, TAXIS UND MIETWAGEN. 3) U-BAHN, STRASSENBAHN, O-BUS UND KRAFTOMNIBUS.
4) EINSCHLIESSLICH S-BAHN, OHNE MILITAERVERKEHR.
DIE WERTE SIND GERUNDET; ANTEILE UND SUMMEN SIND VON DEN UNGERUNDETEN AUSGANGSWERTEN BERECHNET.

QUELLEN: STATISTISCHES BUNDESAMT, SOCIALDATA MUENCHEN, BERECHNUNGEN DES DIW

TABELLE 2.25

PERSONENVERKEHR 1976 NACH ENTFERNUNGSSTUFEN [1]
VERKEHR IN SONSTIGEN GEMEINDEN
BERUFSVERKEHR

	ZU FUSS	FAHR- PAD	FAHRER	P K W [2] MIT- FAHRER	INS- GESAMT	OEFFENTLICHE VERKEHRSMITTEL [3] OESPV	EISEN- BAHN 4)	INS- GESAMT	INS- GESAMT
			WEGE IN MILL -						
0,1 - 1 KM	428	154	125	15	140	-	-	-	721
1,1 - 2 KM	65	92	170	26	196	11	-	11	363
2,1 - 3 KM	17	29	149	21	169	21	-	21	237
3,1 - 5 KM	-	40	174	32	206	23	-	23	268
5,1 - 10 KM	-	15	450	58	508	101	23	124	647
10,1 - 15 KM	-	8	369	49	419	121	36	158	584
15,1 - 20 KM	-	-	207	29	237	62	42	104	340
20,1 - 30 KM	-	-	230	23	253	59	48	107	360
30,1 - 40 KM	-	-	112	8	120	32	13	45	165
40,1 - 50 KM	-	-	49	2	51	8	13	21	72
I N S G E S A M T	509	337	2035	264	2299	438	175	613	3758
			ENTFERNUNGSSTRUKTUR DER WEGE IN VH -						
0,1 - 1 KM	84	46	6	6	6	-	-	-	19
1,1 - 2 KM	13	27	8	10	9	2	-	2	10
2,1 - 3 KM	3	9	7	8	7	5	-	3	6
3,1 - 5 KM	-	12	9	12	9	5	-	4	7
5,1 - 10 KM	-	4	22	22	22	23	13	20	17
10,1 - 15 KM	-	2	18	19	18	28	21	26	16
15,1 - 20 KM	-	-	10	11	10	14	24	17	9
20,1 - 30 KM	-	-	11	9	11	13	28	17	10
30,1 - 40 KM	-	-	6	3	5	7	7	7	4
40,1 - 50 KM	-	-	2	1	2	2	7	3	2
I N S G E S A M T	100	100	100	100	100	100	100	100	100

DIW BERLIN 1986
1) WEGE MIT EINER ENTFERNUNG BIS ZU 50 KM 2) VERKEHR MIT PERSONEN- UND KOMBINATIONSKRAFTWAGEN,
KRAFTRAEDERN UND MOPEDS, TAXIS UND MIETWAGEN. 3) U-BAHN, STRASSENBAHN, O-BUS UND KRAFTOMNIBUS.
4) EINSCHLIESSLICH S-BAHN, OHNE MILITAERVERKEHR.
DIE WERTE SIND GERUNDET; ANTEILE UND SUMMEN SIND VON DEN UNGERUNDETEN AUSGANGSWERTEN BERECHNET.

QUELLEN: STATISTISCHES BUNDESAMT, SOCIALDATA MUENCHEN, BERECHNUNGEN DES DIW

110

TABELLE 2.25

PERSONENVERKEHR 1982 NACH ENTFERNUNGSSTUFEN [1]
VERKEHR IN SONSTIGEN GEMEINDEN
BERUFSVERKEHR

	ZU FUSS	FAHR-RAD	FAHRER	PKW [2] MIT-FAHRER	INS-GESAMT	OEFFENTLICHE VERKEHRSMITTEL OESPV [3]	EISEN-BAHN [4]	INS-GESAMT	INS-GESAMT
— WEGE IN MILL —									
0,1 - 1 KM	479	188	194	26	220	-	-	-	887
1,1 - 2 KM	61	67	213	24	237	-	-	-	364
2,1 - 3 KM	17	40	144	17	161	12	-	12	230
3,1 - 5 KM	-	22	279	30	310	47	-	47	379
5,1 - 10 KM	-	19	570	70	641	118	25	143	803
10,1 - 15 KM	-	-	446	58	504	84	34	118	622
15,1 - 20 KM	-	-	230	30	260	48	27	76	336
20,1 - 30 KM	-	-	241	28	270	41	32	73	343
30,1 - 40 KM	-	-	103	9	112	38	24	62	174
40,1 - 50 KM	-	-	55	-	55	15	9	25	79
I N S G E S A M T	557	337	2476	293	2769	402	152	554	4217
— ENTFERNUNGSSTRUKTUR DER WEGE IN VH —									
0,1 - 1 KM	86	56	8	9	8	-	-	-	21
1,1 - 2 KM	11	20	9	8	9	-	-	-	9
2,1 - 3 KM	3	12	6	6	6	3	-	2	5
3,1 - 5 KM	-	7	11	10	11	12	-	8	9
5,1 - 10 KM	-	6	23	24	23	29	16	26	19
10,1 - 15 KM	-	-	18	20	18	21	22	21	15
15,1 - 20 KM	-	-	9	10	9	12	18	14	8
20,1 - 30 KM	-	-	10	10	10	10	21	13	8
30,1 - 40 KM	-	-	4	3	4	9	16	11	4
40,1 - 50 KM	-	-	2	-	2	4	6	4	2
I N S G E S A M T	100	100	100	100	100	100	100	100	100

DIW BERLIN 1986
1) WEGE MIT EINER ENTFERNUNG BIS ZU 50 KM 2) VERKEHR MIT PERSONEN- UND KOMBINATIONSKRAFTWAGEN,
KRAFTRAEDERN UND MOPEDS, TAXIS UND MIETWAGEN. 3) U-BAHN, STRASSENBAHN, O-BUS UND KRAFTOMNIBUS.
4) EINSCHLIESSLICH S-BAHN, OHNE MILITAERVERKEHR.
DIE WERTE SIND GERUNDET; ANTEILE UND SUMMEN SIND VON DEN UNGERUNDETEN AUSGANGSWERTEN BERECHNET.

QUELLEN: STATISTISCHES BUNDESAMT, SOCIALDATA MUENCHEN, BERECHNUNGEN DES DIW

TABELLE 2.26

PERSONENVERKEHR 1976 NACH ENTFERNUNGSSTUFEN [1]
VERKEHR IN SONSTIGEN GEMEINDEN
AUSBILDUNGSVERKEHR

	ZU FUSS	FAHR-RAD	FAHRER	P K W [2] MIT-FAHRER	INS-GESAMT	OEFFENTLICHE VERKEHRSMITTEL OESPV [3]	EISEN-BAHN [4]	INS-GESAMT	INS-GESAMT
- WEGE IN MILL -									
0,1 - 1 KM	544	87	10	-	10	4	-	4	646
1,1 - 2 KM	148	125	15	8	24	54	-	54	351
2,1 - 3 KM	23	64	10	10	20	43	-	43	150
3,1 - 5 KM	-	15	18	12	29	183	17	200	244
5,1 - 10 KM	-	10	41	34	75	275	28	303	388
10,1 - 15 KM	-	-	23	21	44	200	29	229	274
15,1 - 20 KM	-	-	9	5	14	55	19	75	89
20,1 - 30 KM	-	-	12	6	18	19	24	44	61
30,1 - 40 KM	-	-	10	-	10	15	6	21	31
40,1 - 50 KM	-	-	-	-	-	-	2	2	2
I N S G E S A M T	714	301	149	96	245	850	125	975	2235
- ENTFERNUNGSSTRUKTUR DER WEGE IN VH -									
0,1 - 1 KM	76	29	7	-	4	1	-	0	29
1,1 - 2 KM	21	42	10	9	10	6	-	6	16
2,1 - 3 KM	3	21	7	11	8	5	-	4	7
3,1 - 5 KM	-	5	12	12	12	22	14	21	11
5,1 - 10 KM	-	3	27	36	31	32	23	31	17
10,1 - 15 KM	-	-	16	22	18	24	23	23	12
15,1 - 20 KM	-	-	6	5	6	7	15	8	4
20,1 - 30 KM	-	-	8	6	7	2	19	4	3
30,1 - 40 KM	-	-	7	-	4	2	5	2	1
40,1 - 50 KM	-	-	-	-	-	-	1	0	0
I N S G E S A M T	100	100	100	100	100	100	100	100	100

DIW BERLIN 1986
1) WEGE MIT EINER ENTFERNUNG BIS ZU 50 KM 2) VERKEHR MIT PERSONEN- UND KOMBINATIONSKRAFTWAGEN,
KRAFTRAEDERN UND MOPEDS, TAXIS UND MIETWAGEN. 3) U-BAHN, STRASSENBAHN, O-BUS UND KRAFTOMNIBUS.
4) EINSCHLIESSLICH S-BAHN, OHNE MILITAERVERKEHR.
DIE WERTE SIND GERUNDET; ANTEILE UND SUMMEN SIND VON DEN UNGERUNDETEN AUSGANGSWERTEN BERECHNET.

QUELLEN: STATISTISCHES BUNDESAMT, SOCIALDATA MUENCHEN, BERECHNUNGEN DES DIW

TABELLE 2.26

PERSONENVERKEHR 1982 NACH ENTFERNUNGSSTUFEN [1]
VERKEHR IN SONSTIGEN GEMEINDEN
AUSBILDUNGSVERKEHR

	ZU FUSS	FAHR-RAD	FAHRER	P K W [2] MIT-FAHRER	INS-GESAMT	OEFFENTLICHE VERKEHRSMITTEL 3)OESPV	EISEN-BAHN 4)	INS-GESAMT	INS-GESAMT
- WEGE IN MILL -									
0,1 - 1 KM	317	71	20	19	39	9	-	9	436
1,1 - 2 KM	87	56	21	16	37	38	-	38	217
2,1 - 3 KM	14	29	56	16	72	88	-	88	204
3,1 - 5 KM	-	26	22	17	40	159	15	174	240
5,1 - 10 KM	-	15	35	15	50	360	26	386	451
10,1 - 15 KM	-	-	20	17	36	180	69	249	285
15,1 - 20 KM	-	-	14	5	19	102	15	117	136
20,1 - 30 KM	-	-	10	3	13	51	9	59	72
30,1 - 40 KM	-	-	8	-	8	-	2	2	10
40,1 - 50 KM	-	-	-	-	-	-	-	-	-
I N S G E S A M T	417	198	205	107	313	988	135	1123	2051
- ENTFERNUNGSSTRUKTUR DER WEGE IN VH -									
0,1 - 1 KM	76	36	10	17	12	1	-	1	21
1,1 - 2 KM	21	28	10	15	12	4	-	3	11
2,1 - 3 KM	3	15	27	15	23	9	-	8	10
3,1 - 5 KM	-	13	11	16	13	16	11	16	12
5,1 - 10 KM	-	8	17	14	16	36	19	34	22
10,1 - 15 KM	-	-	10	16	12	18	51	22	14
15,1 - 20 KM	-	-	7	4	6	10	11	10	7
20,1 - 30 KM	-	-	5	3	4	5	6	5	4
30,1 - 40 KM	-	-	4	-	2	-	2	0	0
40,1 - 50 KM	-	-	-	-	-	-	-	-	-
I N S G E S A M T	100	100	100	100	100	100	100	100	100

DIW BERLIN 1986
1) WEGE MIT EINER ENTFERNUNG BIS ZU 50 KM 2) VERKEHR MIT PERSONEN- UND KOMBINATIONSKRAFTWAGEN,
KRAFTRAEDERN UND MOPEDS, TAXIS UND MIETWAGEN. 3) U-BAHN, STRASSENBAHN, O-BUS UND KRAFTOMNIBUS.
4) EINSCHLIESSLICH S-BAHN, OHNE MILITAERVERKEHR.
DIE WERTE SIND GERUNDET; ANTEILE UND SUMMEN SIND VON DEN UNGERUNDETEN AUSGANGSWERTEN BERECHNET.

QUELLEN: STATISTISCHES BUNDESAMT, SOCIALDATA MUENCHEN, BERECHNUNGEN DES DIW

113

TABELLE 2.27

PERSONENVERKEHR 1976 NACH ENTFERNUNGSSTUFEN [1]
VERKEHR IN SONSTIGEN GEMEINDEN
GESCHAEFTS.- UND DIENSTREISEVERKEHR

	ZU FUSS	FAHR-RAD	FAHRER	P K W [2] MIT-FAHRER	INS-GESAMT	OEFFENTLICHE VERKEHRSMITTEL OESPV [3]	EISEN-BAHN 4)	INS-GESAMT	INS-GESAMT
	- WEGE IN MILL -								
0,1 - 1 KM	74	3	145	-	145	-	-	-	222
1,1 - 2 KM	-	8	124	12	136	-	-	-	144
2,1 - 3 KM	-	8	109	12	121	-	-	-	129
3,1 - 5 KM	-	6	201	16	216	-	1	1	223
5,1 - 10 KM	-	-	281	18	298	11	-0	11	309
10,1 - 15 KM	-	-	159	14	173	10	-	10	184
15,1 - 20 KM	-	-	105	5	110	-	3	3	113
20,1 - 30 KM	-	-	121	4	124	-	2	2	126
30,1 - 40 KM	-	-	71	2	74	-	-	-	74
40,1 - 50 KM	-	-	44	-	44	-	-	-	44
I N S G E S A M T	74	25	1360	82	1442	21	6	27	1567
	- ENTFERNUNGSSTRUKTUR DER WEGE IN VH -								
0,1 - 1 KM	100	14	11	-	10	-	-	-	14
1,1 - 2 KM	-	31	9	14	9	-	-	-	9
2,1 - 3 KM	-	33	8	14	8	-	-	-	8
3,1 - 5 KM	-	23	15	19	15	-	17	4	14
5,1 - 10 KM	-	-	21	21	21	52	-0	41	20
10,1 - 15 KM	-	-	12	17	12	48	-	37	12
15,1 - 20 KM	-	-	8	6	8	-	45	10	7
20,1 - 30 KM	-	-	9	4	9	-	38	8	8
30,1 - 40 KM	-	-	5	3	5	-	-	-	5
40,1 - 50 KM	-	-	3	-	3	-	-	-	3
I N S G E S A M T	100	100	100	100	100	100	100	100	100

DIW BERLIN 1986
1) WEGE MIT EINER ENTFERNUNG BIS ZU 50 KM 2) VERKEHR MIT PERSONEN- UND KOMBINATIONSKRAFTWAGEN,
KRAFTRAEDERN UND MOPEDS, TAXIS UND MIETWAGEN. 3) U-BAHN, STRASSENBAHN, O-BUS UND KRAFTOMNIBUS.
4) EINSCHLIESSLICH S-BAHN, OHNE MILITAERVERKEHR.
DIE WERTE SIND GERUNDET; ANTEILE UND SUMMEN SIND VON DEN UNGERUNDETEN AUSGANGSWERTEN BERECHNET.

QUELLEN: STATISTISCHES BUNDESAMT, SOCIALDATA MUENCHEN, BERECHNUNGEN DES DIW

TABELLE 2.27

1)

PERSONENVERKEHR 1982 NACH ENTFERNUNGSSTUFEN
VERKEHR IN SONSTIGEN GEMEINDEN
GESCHAEFTS.- UND DIENSTREISEVERKEHR

	ZU FUSS	FAHR-RAD	FAHRER	PKW 2) MIT-FAHRER	INS-GESAMT	OEFFENTLICHE VERKEHRSMITTEL OESPV 3)	EISEN-BAHN 4)	INS-GESAMT	INS-GESAMT
- WEGE IN MILL -									
0,1 - 1 KM	42	2	127	-	127	-	-	-	171
1,1 - 2 KM	6	3	127	-	127	-	-	-	136
2,1 - 3 KM	-	8	74	.	74	-	-	-	82
3,1 - 5 KM	-	3	167	-	167	-	-	-	171
5,1 - 10 KM	-	1	256	1	257	19	-0	19	276
10,1 - 15 KM	-	0	152	58	210	24	-	24	235
15,1 - 20 KM	-	-	96	-	96	8	-	8	104
20,1 - 30 KM	-	-	119	-	119	-	-	-	119
30,1 - 40 KM	-	-	48	-	43	-	7	7	55
40,1 - 50 KM	-	-	49	-	49	-	-	-	49
INSGESAMT	49	18	1215	59	1274	51	7	59	1399
- ENTFERNUNGSSTRUKTUR DER WEGE IN VH -									
0,1 - 1 KM	87	12	10	-	10	-	-	-	12
1,1 - 2 KM	13	17	10	-	10	-	-	-	10
2,1 - 3 KM	-	45	6	-	6	-	-	-	6
3,1 - 5 KM	-	19	14	-	13	-	-	-	12
5,1 - 10 KM	-	4	21	1	20	37	-0	32	20
10,1 - 15 KM	-	2	12	99	16	48	-	42	17
15,1 - 20 KM	-	-	8	-	8	16	-	14	7
20,1 - 30 KM	-	-	10	-	9	-	-	-	9
30,1 - 40 KM	-	-	4	-	4	-	100	13	4
40,1 - 50 KM	-	-	4	-	4	-	-	-	3
INSGESAMT	100	100	100	100	100	100	100	100	100

DIW BERLIN 1986
1) WEGE MIT EINER ENTFERNUNG BIS ZU 50 KM 2) VERKEHR MIT PERSONEN- UND KOMBINATIONSKRAFTWAGEN,
KRAFTRAEDERN UND MOPEDS, TAXIS UND MIETWAGEN. 3) U-BAHN, STRASSENBAHN, O-BUS UND KRAFTOMNIBUS.
4) EINSCHLIESSLICH S-BAHN, OHNE MILITAERVERKEHR.
DIE WERTE SIND GERUNDET; ANTEILE UND SUMMEN SIND VON DEN UNGERUNDETEN AUSGANGSWERTEN BERECHNET.

QUELLEN: STATISTISCHES BUNDESAMT, SOCIALDATA MUENCHEN, BERECHNUNGEN DES DIW

TABELLE 2.28

PERSONENVERKEHR 1976 NACH ENTFERNUNGSSTUFEN [1]
VERKEHR IN SONSTIGEN GEMEINDEN
EINKAUFSVERKEHR

	ZU FUSS	FAHR-RAD	FAHRER	P K W [2] MIT-FAHRER	INS-GESAMT	OEFFENTLICHE VERKEHRSMITTEL OESPV [3]	EISEN-BAHN 4)	INS-GESAMT	INS-GESAMT
– WEGE IN MILL –									
0,1 – 1 KM	1640	354	269	54	323	4	–	4	2322
1,1 – 2 KM	220	132	241	52	293	15	–	15	661
2,1 – 3 KM	47	67	153	38	191	28	–	28	333
3,1 – 5 KM	14	26	187	56	243	37	–	37	319
5,1 – 10 KM	–	10	269	90	358	64	8	72	440
10,1 – 15 KM	–	–	156	62	218	54	20	74	292
15,1 – 20 KM	–	–	77	37	115	41	12	53	168
20,1 – 30 KM	–	–	59	39	98	15	7	22	120
30,1 – 40 KM	–	–	37	18	54	–	2	2	56
40,1 – 50 KM	–	–	10	8	18	–	–	–	18
I N S G E S A M T	1921	589	1459	454	1913	259	48	307	4730
– ENTFERNUNGSSTRUKTUR DER WEGE IN VH –									
0,1 – 1 KM	85	60	18	12	17	2	–	1	49
1,1 – 2 KM	11	22	17	11	15	6	–	5	14
2,1 – 3 KM	2	11	10	8	10	11	–	9	7
3,1 – 5 KM	1	4	13	12	13	14	–	12	7
5,1 – 10 KM	–	2	18	20	19	25	17	23	9
10,1 – 15 KM	–	–	11	14	11	21	41	24	6
15,1 – 20 KM	–	–	5	8	6	16	25	17	4
20,1 – 30 KM	–	–	4	9	5	6	14	7	3
30,1 – 40 KM	–	–	3	4	3	–	3	1	1
40,1 – 50 KM	–	–	1	2	1	–	–	–	0
I N S G E S A M T	100	100	100	100	100	100	100	100	100

DIW BERLIN 1986
1) WEGE MIT EINER ENTFERNUNG BIS ZU 50 KM 2) VERKEHR MIT PERSONEN- UND KOMBINATIONSKRAFTWAGEN,
KRAFTRAEDERN UND MOPEDS, TAXIS UND MIETWAGEN. 3) U-BAHN, STRASSENBAHN, O-BUS UND KRAFTOMNIBUS.
4) EINSCHLIESSLICH S-BAHN, OHNE MILITAERVERKEHR.
DIE WERTE SIND GERUNDET; ANTEILE UND SUMMEN SIND VON DEN UNGERUNDETEN AUSGANGSWERTEN BERECHNET.

QUELLEN: STATISTISCHES BUNDESAMT, SOCIALDATA MUENCHEN, BERECHNUNGEN DES DIW

TABELLE 2.28

PERSONENVERKEHR 1982 NACH ENTFERNUNGSSTUFEN [1]
VERKEHR IN SONSTIGEN GEMEINDEN
EINKAUFSVERKEHR

	ZU FUSS	FAHR- RAD	FAHRER	P K W [2] MIT- FAHRER	INS- GESAMT	OEFFENTLICHE VERKEHRSMITTEL OESPV [3]	EISEN- BAHN 4)	INS- GESAMT	INS- GESAMT
				- WEGE IN MILL -					
0,1 - 1 KM	1489	384	222	39	261	-	-	-	2134
1,1 - 2 KM	205	147	216	40	257	8	-	8	617
2,1 - 3 KM	59	36	136	30	166	15	-	15	275
3,1 - 5 KM	24	42	174	48	222	23	-	23	312
5,1 - 10 KM	-	14	313	117	430	53	-0	53	497
10,1 - 15 KM	-	-	145	51	196	53	-	53	249
15,1 - 20 KM	-	-	102	45	147	16	15	31	178
20,1 - 30 KM	-	-	64	29	93	14	21	35	128
30,1 - 40 KM	-	-	19	16	35	-	-	-	35
40,1 - 50 KM	-	-	19	12	30	-	-	-	30
I N S G E S A M T	1777	623	1410	427	1838	182	36	218	4456
		- ENTFERNUNGSSTRUKTUR DER WEGE IN VH -							
0,1 - 1 KM	84	62	16	9	14	-	-	-	48
1,1 - 2 KM	12	24	15	9	14	5	-	4	14
2,1 - 3 KM	3	6	10	7	9	8	-	7	6
3,1 - 5 KM	1	7	12	11	12	13	-	11	7
5,1 - 10 KM	-	2	22	27	23	29	-0	24	11
10,1 - 15 KM	-	-	10	12	11	29	-	24	6
15,1 - 20 KM	-	-	7	11	8	9	41	14	4
20,1 - 30 KM	-	-	5	7	5	8	59	16	3
30,1 - 40 KM	-	-	1	4	2	-	-	-	1
40,1 - 50 KM	-	-	1	3	2	-	-	-	1
I N S G E S A M T	100	100	100	100	100	100	100	100	100

DIW BERLIN 1986
1) WEGE MIT EINER ENTFERNUNG BIS ZU 50 KM 2) VERKEHR MIT PERSONEN- UND KOMBINATIONSKRAFTWAGEN,
KRAFTRAEDERN UND MOPEDS, TAXIS UND MIETWAGEN. 3) U-BAHN, STRASSENBAHN, O-BUS UND KRAFTOMNIBUS.
4) EINSCHLIESSLICH S-BAHN, OHNE MILITAERVERKEHR.
DIE WERTE SIND GERUNDET; ANTEILE UND SUMMEN SIND VON DEN UNGERUNDETEN AUSGANGSWERTEN BERECHNET.

QUELLEN: STATISTISCHES BUNDESAMT, SOCIALDATA MUENCHEN, BERECHNUNGEN DES DIW

TABELLE 2.29

1)
PERSONENVERKEHR 1976 NACH ENTFERNUNGSSTUFEN
VERKEHR IN SONSTIGEN GEMEINDEN
FREIZEITVERKEHR

	ZU FUSS	FAHR-RAD	FAHRER	P K W [2) MIT-FAHRER	P K W INS-GESAMT	OEFFENTLICHE VERKEHRSMITTEL 3) OESPV	EISEN-BAHN 4)	INS-GESAMT	INS-GESAMT
				- WEGE IN MILL -					
0,1 - 1 KM	1595	288	210	80	290	-	-	-	2173
1,1 - 2 KM	466	184	236	112	348	12	-	12	1011
2,1 - 3 KM	194	64	169	88	258	16	-	16	532
3,1 - 5 KM	112	59	220	133	353	48	-	48	572
5,1 - 10 KM	49	46	332	235	566	55	-	55	716
10,1 - 15 KM	6	8	201	165	366	21	18	39	418
15,1 - 20 KM	-	10	125	126	251	12	4	16	278
20,1 - 30 KM	-	-	116	118	233	11	-	11	244
30,1 - 40 KM	-	-	43	57	100	-	-	-	100
40,1 - 50 KM	-	-	29	36	65	4	-	4	69
I N S G E S A M T	2472	658	1681	1150	2831	178	22	201	6112
				- ENTFERNUNGSSTRUKTUR DER WEGE IN VH -					
0,1 - 1 KM	64	44	12	7	10	-	-	-	36
1,1 - 2 KM	19	28	14	10	12	7	-	6	17
2,1 - 3 KM	8	10	10	8	9	9	-	8	9
3,1 - 5 KM	5	9	13	12	12	27	-	24	9
5,1 - 10 KM	2	7	20	20	20	31	-	27	12
10,1 - 15 KM	0	1	12	14	13	12	81	19	7
15,1 - 20 KM	-	2	7	11	9	7	19	8	5
20,1 - 30 KM	-	-	7	10	8	6	-	5	4
30,1 - 40 KM	-	-	3	5	4	-	-	-	2
40,1 - 50 KM	-	-	2	3	2	2	-	2	1
I N S G E S A M T	100	100	100	100	100	100	100	100	100

DIW BERLIN 1986
1) WEGE MIT EINER ENTFERNUNG BIS ZU 50 KM   2) VERKEHR MIT PERSONEN- UND KOMBINATIONSKRAFTWAGEN,
KRAFTRAEDERN UND MOPEDS, TAXIS UND MIETWAGEN.   3) U-BAHN, STRASSENBAHN, O-BUS UND KRAFTOMNIBUS.
4) EINSCHLIESSLICH S-BAHN, OHNE MILITAERVERKEHR.
DIE WERTE SIND GERUNDET; ANTEILE UND SUMMEN SIND VON DEN UNGERUNDETEN AUSGANGSWERTEN BERECHNET.

QUELLEN: STATISTISCHES BUNDESAMT, SOCIALDATA MUENCHEN, BERECHNUNGEN DES DIW

TABELLE 2.29

PERSONENVERKEHR 1982 NACH ENTFERNUNGSSTUFEN [1]
VERKEHR IN SONSTIGEN GEMEINDEN
FREIZEITVERKEHR

		ZU FUSS	FAHR- RAD	FAHRER	P K W [2] MIT- FAHRER	INS- GESAMT	OEFFENTLICHE VERKEHRSMITTEL [3] OESPV	EISEN- BAHN 4)	INS- GESAMT	INS- GESAMT
		- WEGE IN MILL -								
0,1 - 1 KM		1606	288	234	94	328	-	-	-	2222
1,1 - 2 KM		444	163	258	97	354	-	-	-	962
2,1 - 3 KM		199	76	169	84	253	8	-	8	536
3,1 - 5 KM		121	58	231	127	359	20	-	20	558
5,1 - 10 KM		63	74	397	249	645	54	0	54	837
10,1 - 15 KM		-	27	198	153	351	29	15	44	422
15,1 - 20 KM		-	8	147	113	260	28	11	38	306
20,1 - 30 KM		-	-	112	87	198	16	-	16	215
30,1 - 40 KM		-	-	46	29	76	16	-	16	91
40,1 - 50 KM		-	-	33	22	55	-	-	-	55
I N S G E S A M T		2433	695	1825	1056	2880	170	26	196	6204
		- ENTFERNUNGSSTRUKTUR DER WEGE IN VH -								
0,1 - 1 KM		66	42	13	9	11	-	-	-	36
1,1 - 2 KM		18	24	14	9	12	-	-	-	16
2,1 - 3 KM		8	11	9	8	9	5	-	4	9
3,1 - 5 KM		5	8	13	12	12	12	-	10	9
5,1 - 10 KM		3	11	22	24	22	32	0	28	13
10,1 - 15 KM		-	4	11	15	12	17	59	22	7
15,1 - 20 KM		-	1	8	11	9	16	41	20	5
20,1 - 30 KM		-	-	6	8	7	10	-	8	3
30,1 - 40 KM		-	-	3	3	3	9	-	8	1
40,1 - 50 KM		-	-	2	2	2	-	-	-	1
I N S G E S A M T		100	100	100	100	100	100	100	100	100

DIW BERLIN 1986
1) WEGE MIT EINER ENTFERNUNG BIS ZU 50 KM 2) VERKEHR MIT PERSONEN- UND KOMBINATIONSKRAFTWAGEN,
KRAFTRAEDERN UND MOPEDS, TAXIS UND MIETWAGEN. 3) U-BAHN, STRASSENBAHN, O-BUS UND KRAFTOMNIBUS.
4) EINSCHLIESSLICH S-BAHN, OHNE MILITAERVERKEHR.
DIE WERTE SIND GERUNDET; ANTEILE UND SUMMEN SIND VON DEN UNGERUNDETEN AUSGANGSWERTEN BERECHNET.

QUELLEN: STATISTISCHES BUNDESAMT, SOCIALDATA MUENCHEN, BERECHNUNGEN DES DIW

TABELLE 3.1

PERSONENNAHVERKEHR 1976 NACH BEVOELKERUNGSGRUPPEN
VERKEHR IN GROSSZENTREN
ALLE ZWECKE

	ZU FUSS	FAHR-RAD	FAHRER	PKW 2) MIT-FAHRER	PKW INS-GESAMT	OEFFENTLICHE VERKEHRSMITTEL 3) OFSPV	EISEN-BAHN 4)	INS-GESAMT	INS-GESAMT
	— WEGE JE PERSON —								
KINDER UNTER 6 JAHREN	245	10	—	36	36	43	0	44	334
PKW-BESITZER	—	—	—	—	—	—	—	—	—
PKW IM HAUSHALT	245	12	—	40	40	35	0	36	334
KEIN PKW IM HAUSHALT	242	4	—	19	19	72	1	73	338
SCHUELER U. STUDENTEN	548	134	80	124	204	249	23	272	1157
PKW-BESITZER	240	48	987	43	1031	116	6	122	1441
PKW IM HAUSHALT	576	160	34	144	178	221	22	243	1157
KEIN PKW IM HAUSHALT	523	67	25	75	100	372	30	402	1092
AUSZUBILDENDE	248	80	261	161	422	327	31	358	1109
PKW-BESITZER	160	—	854	32	886	95	—	95	1141
PKW IM HAUSHALT	224	101	99	194	293	445	42	487	1105
KEIN PKW IM HAUSHALT	408	104	114	200	314	228	30	258	1085
ARBEITER	242	39	513	58	571	227	33	260	1112
PKW-BESITZER	150	22	941	30	971	72	8	81	1224
PKW IM HAUSHALT	351	66	155	148	302	292	29	320	1039
KEIN PKW IM HAUSHALT	315	46	73	43	116	430	73	504	982
ANGESTELLTE	281	19	548	103	651	213	28	241	1193
PKW-BESITZER	205	10	924	54	978	45	7	53	1245
PKW IM HAUSHALT	338	27	177	246	423	305	43	348	1137
KEIN PKW IM HAUSHALT	398	31	68	64	132	507	61	568	1129
BEAMTE	282	45	657	89	746	169	43	212	1285
PKW-BESITZER	261	37	869	54	924	77	30	108	1330
PKW IM HAUSHALT	226	12	254	181	435	411	59	469	1142
KEIN PKW IM HAUSHALT	384	84	22	183	205	417	83	500	1173
SELBSTAENDIGE,MITH.FAM	218	22	799	116	915	73	18	91	1246
PKW-BESITZER	117	13	1164	57	1221	18	2	19	1371
PKW IM HAUSHALT	367	13	279	290	569	121	19	140	1090
KEIN PKW IM HAUSHALT	417	90	32	33	65	261	99	360	932
ARBEITSLOSE	375	73	230	65	295	169	4	173	916
PKW-BESITZER	189	41	766	14	780	71	—	71	1081
PKW IM HAUSHALT	415	52	259	192	451	58	—	58	976
KEIN PKW IM HAUSHALT	429	96	—	19	19	267	8	274	819
HAUSFRAUEN	486	36	117	150	267	120	8	127	916
PKW-BESITZER	259	17	666	123	789	42	—	42	1107
PKW IM HAUSHALT	514	43	108	221	329	106	6	111	997
KEIN PKW IM HAUSHALT	491	30	5	41	47	159	13	173	741
RENTNER	402	27	57	42	99	166	16	183	710
PKW-BESITZER	333	45	392	18	410	50	4	54	842
PKW IM HAUSHALT	347	6	36	122	157	78	3	80	590
KEIN PKW IM HAUSHALT	424	27	—	32	32	203	21	224	707
BEVOELKERUNG INSGESAMT	367	48	292	93	386	182	21	202	1003
PKW-BESITZER	198	21	896	47	943	55	8	64	1226
PKW IM HAUSHALT	444	75	90	169	260	183	18	201	979
KEIN PKW IM HAUSHALT	421	40	23	47	71	282	34	316	847

DIW BERLIN 1986
1) WEGE MIT EINER ENTFERNUNG BIS ZU 50 KM 2) VERKEHR MIT PERSONEN- UND KOMBINATIONSKRAFTWAGEN,
KRAFTRAEDERN UND MOPEDS, TAXIS UND MIETWAGEN. 3) U-BAHN, STRASSENBAHN, O-BUS UND KRAFTOMNIBUS.
4) EINSCHLIESSLICH S-BAHN, OHNE MILITAERVERKEHR.
DIE WERTE SIND GERUNDET; ANTEILE UND SUMMEN SIND VON DEN UNGERUNDETEN AUSGANGSWERTEN BERECHNET.

QUELLEN: STATISTISCHES BUNDESAMT, SOCIALDATA MUENCHEN, BERECHNUNGEN DES DIW

TABELLE 3.1

1)

PERSONENNAHVERKEHR 1982 NACH BEVOELKERUNGSGRUPPEN
VERKEHR IN GROSSZENTREN
ALLE ZWECKE

	ZU FUSS	FAHR-RAD	PKW 2) FAHRER	PKW MIT-FAHRER	PKW INS-GESAMT	OEFFENTLICHE VERKEHRSMITTEL 3) OESPV	EISEN-BAHN 4)	INS-GESAMT	INS-GESAMT
	WEGE JE PERSON								
KINDER UNTER 6 JAHREN	180	15	-	42	42	56	0	57	293
PKW-BESITZER	-	-	-	-	-	-	-	-	-
PKW IM HAUSHALT	150	16	-	47	47	46	0	46	260
KEIN PKW IM HAUSHALT	260	11	-	29	29	84	1	85	384
SCHUELER U. STUDENTEN	338	200	151	129	280	268	28	296	1115
PKW-BESITZER	163	102	935	104	1039	66	4	71	1375
PKW IM HAUSHALT	369	240	72	145	217	262	14	276	1101
KEIN PKW IM HAUSHALT	315	116	58	89	147	378	87	465	1043
AUSZUBILDENDE	215	104	323	95	418	272	104	376	1113
PKW-BESITZER	102	3	932	91	1024	59	75	134	1262
PKW IM HAUSHALT	227	93	196	125	321	372	92	465	1106
KEIN PKW IM HAUSHALT	278	182	53	66	119	307	135	442	1022
ARBEITER	209	70	473	80	552	154	51	204	1036
PKW-BESITZER	161	38	799	48	848	42	8	50	1097
PKW IM HAUSHALT	279	146	90	192	282	199	55	254	960
KEIN PKW IM HAUSHALT	250	76	146	64	210	319	122	441	978
ANGESTELLTE	243	55	592	94	686	176	42	218	1202
PKW-BESITZER	190	45	920	53	973	62	24	86	1295
PKW IM HAUSHALT	296	72	211	209	419	259	37	296	1083
KEIN PKW IM HAUSHALT	324	64	122	89	211	387	90	477	1077
BEAMTE	242	58	654	55	709	145	61	205	1214
PKW-BESITZER	230	42	856	37.	893	73	50	124	1288
PKW IM HAUSHALT	143	154	146	254	400	228	130	358	1056
KEIN PKW IM HAUSHALT	356	76	24	21	45	422	69	491	968
SELBSTAENDIGE,MITH.FAM	188	16	897	93	990	43	22	66	1260
PKW-BESITZER	147	13	1033	46	1079	35	7	42	1281
PKW IM HAUSHALT	283	35	528	298	826	48	112	160	1304
KEIN PKW IM HAUSHALT	346	14	465	135	600	95	-	95	1055
ARBEITSLOSE	382	82	263	91	354	103	25	128	945
PKW-BESITZER	253	54	627	30	657	26	-	26	989
PKW IM HAUSHALT	190	116	63	279	343	159	12	170	819
KEIN PKW IM HAUSHALT	618	87	42	35	77	143	56	199	981
HAUSFRAUEN	361	92	114	131	245	125	20	144	841
PKW-BESITZER	203	49	489	142	631	20	9	29	912
PKW IM HAUSHALT	418	141	96	205	302	90	17	108	968
KEIN PKW IM HAUSHALT	338	40	10	29	38	205	27	232	648
RENTNER	329	43	85	31	115	211	22	233	721
PKW-BESITZER	344	62	389	22	411	102	9	111	928
PKW IM HAUSHALT	349	64	47	119	166	90	4	95	674
KEIN PKW IM HAUSHALT	322	35	8	18	26	261	28	289	672
BEVOELKERUNG INSGESAMT	289	78	307	84	391	175	32	208	966
PKW-BESITZER	205	44	793	52	845	58	17	75	1170
PKW IM HAUSHALT	334	144	103	169	272	180	25	204	955
KEIN PKW IM HAUSHALT	325	54	47	41	89	275	52	327	796

DIW BERLIN 1986
1) WEGE MIT EINER ENTFERNUNG BIS ZU 50 KM 2) VERKEHR MIT PERSONEN- UND KOMBINATIONSKRAFTWAGEN,
KRAFTRAEDERN UND MOPEDS, TAXIS UND MIETWAGEN. 3) U-BAHN, STRASSENBAHN, O-BUS UND KRAFTOMNIBUS.
4) EINSCHLIESSLICH S-BAHN, OHNE MILITAERVERKEHR.
DIE WERTE SIND GERUNDET; ANTEILE UND SUMMEN SIND VON DEN UNGERUNDETEN AUSGANGSWERTEN BERECHNET.

QUELLEN: STATISTISCHES BUNDESAMT, SOCIALDATA MUENCHEN, BERECHNUNGEN DES DIW

TABELLE 3.2

PERSONENNAHVERKEHR 1976 NACH BEVOELKERUNGSGRUPPEN [1]
VERKEHR IN OBERZENTREN
ALLE ZWECKE

	ZU FUSS	FAHR-RAD	P K W [2] FAHRER	MIT-FAHRER	INS-GESAMT	OEFFENTLICHE VERKEHRSMITTEL OESPV [3]	EISEN-BAHN [4]	INS-GESAMT	INS-GESAMT
	- WEGE JE PERSON -								
KINDER UNTER 6 JAHREN	226	14	-	37	37	31	0	31	308
PKW-BESITZER	-	-	-	-	-	-	-	-	-
PKW IM HAUSHALT	207	15	-	42	42	27	0	27	291
KEIN PKW IM HAUSHALT	312	11	-	14	14	52	0	52	389
SCHUELER U. STUDENTEN	507	159	89	146	235	210	6	217	1117
PKW-BESITZER	206	6	1185	81	1266	35	13	48	1525
PKW IM HAUSHALT	472	178	34	168	202	211	4	215	1067
KEIN PKW IM HAUSHALT	710	129	20	79	99	253	12	265	1204
AUSZUBILDENDE	286	176	289	127	416	229	26	255	1132
PKW-BESITZER	103	24	965	37	1002	22	-	22	1152
PKW IM HAUSHALT	291	244	139	180	319	268	28	296	1150
KEIN PKW IM HAUSHALT	445	148	23	80	103	330	44	374	1070
ARBEITER	258	62	520	94	614	121	12	133	1067
PKW-BESITZER	164	31	930	30	959	17	4	22	1176
PKW IM HAUSHALT	354	114	119	233	352	151	8	159	979
KEIN PKW IM HAUSHALT	353	79	85	101	186	290	29	318	936
ANGESTELLTE	294	51	641	118	758	133	13	146	1250
PKW-BESITZER	231	43	986	45	1032	17	10	28	1333
PKW IM HAUSHALT	378	38	241	286	527	217	17	234	1177
KEIN PKW IM HAUSHALT	375	96	119	107	226	379	16	395	1092
BEAMTE	333	60	849	112	961	56	27	82	1436
PKW-BESITZER	308	41	998	90	1089	32	29	61	1499
PKW IM HAUSHALT	333	80	417	340	757	171	13	134	1304
KEIN PKW IM HAUSHALT	538	199	52	55	107	183	24	207	1051
SELBSTAENDIGE,MITH.FAM	246	27	867	73	940	26	-	26	1239
PKW-BESITZER	213	20	1200	29	1229	7	-	7	1469
PKW IM HAUSHALT	311	25	194	171	364	34	-	34	734
KEIN PKW IM HAUSHALT	331	107	137	137	273	186	-	186	898
ARBEITSLOSE	441	18	344	100	444	84	13	97	1000
PKW-BESITZER	270	9	986	18	1003	4	-	4	1286
PKW IM HAUSHALT	347	15	73	257	329	91	-	91	782
KEIN PKW IM HAUSHALT	671	29	33	32	65	148	35	182	947
HAUSFRAUEN	432	53	122	174	296	89	4	93	874
PKW-BESITZER	235	11	570	110	680	17	-	17	942
PKW IM HAUSHALT	435	65	129	245	374	84	2	86	959
KEIN PKW IM HAUSHALT	469	42	11	63	73	115	8	123	707
RENTNER	423	24	91	58	149	161	7	168	764
PKW-BESITZER	476	40	480	23	503	64	1	65	1084
PKW IM HAUSHALT	333	27	15	155	170	67	-	67	597
KEIN PKW IM HAUSHALT	429	19	3	45	48	208	10	218	715
BEVOELKERUNG INSGESAMT	369	66	314	111	425	129	8	138	998
PKW-BESITZER	245	33	929	45	974	23	8	31	1284
PKW IM HAUSHALT	392	97	91	192	283	138	5	143	916
KEIN PKW IM HAUSHALT	454	56	31	66	96	217	14	230	837

DIW BERLIN 1986
1) WEGE MIT EINER ENTFERNUNG BIS ZU 50 KM 2) VERKEHR MIT PERSONEN- UND KOMBINATIONSKRAFTWAGEN,
KRAFTRAEDERN UND MOPEDS, TAXIS UND MIETWAGEN. 3) U-BAHN, STRASSENBAHN, O-BUS UND KRAFTOMNIBUS.
4) EINSCHLIESSLICH S-BAHN, OHNE MILITAERVERKEHR.
DIE WERTE SIND GERUNDET; ANTEILE UND SUMMEN SIND VON DEN UNGERUNDETEN AUSGANGSWERTEN BERECHNET.

QUELLEN: STATISTISCHES BUNDESAMT, SOCIALDATA MUENCHEN, BERECHNUNGEN DES DIW

TABELLE 3.2

PERSONENNAHVERKEHR 1982 NACH BEVOELKERUNGSGRUPPEN [1]
VERKEHR IN OBERZENTREN
ALLE ZWECKE

	ZU FUSS	FAHR-RAD	FAHRER	PKW [2] MIT-FAHRER	INS-GESAMT	OEFFENTLICHE VERKEHRSMITTEL OESPV [3]	EISEN-BAHN [4]	INS-GESAMT	INS-GESAMT
- WEGE JE PERSON -									
KINDER UNTER 6 JAHREN	239	17	-	42	42	34	0	34	332
PKW-BESITZER	-	-	-	-	-	-	-	-	-
PKW IM HAUSHALT	232	16	-	47	47	32	0	32	326
KEIN PKW IM HAUSHALT	285	25	-	10	10	47	0	47	368
SCHUELER U. STUDENTEN	402	207	181	123	304	236	5	242	1154
PKW-BESITZER	279	90	691	51	741	26	6	32	1143
PKW IM HAUSHALT	401	209	107	163	270	280	3	283	1163
KEIN PKW IM HAUSHALT	486	277	100	32	133	227	10	237	1133
AUSZUBILDENDE	188	108	330	140	470	221	10	231	996
PKW-BESITZER	94	11	787	116	903	14	-	14	1021
PKW IM HAUSHALT	198	128	220	145	365	277	14	290	981
KEIN PKW IM HAUSHALT	279	172	78	156	235	315	12	327	1013
ARBEITER	201	76	556	67	623	110	0	110	1010
PKW-BESITZER	146	54	831	26	857	29	0	29	1087
PKW IM HAUSHALT	290	104	197	188	386	199	0	200	979
KEIN PKW IM HAUSHALT	267	113	123	53	176	254	-	254	810
ANGESTELLTE	260	74	668	106	773	120	7	127	1240
PKW-BESITZER	224	50	895	66	960	45	8	53	1287
PKW IM HAUSHALT	308	129	267	257	523	180	4	184	1144
KEIN PKW IM HAUSHALT	393	107	213	76	289	366	7	373	1162
BEAMTE	281	76	715	85	800	74	9	83	1240
PKW-BESITZER	262	80	806	70	876	49	10	59	1276
PKW IM HAUSHALT	344	40	197	246	443	168	7	175	1002
KEIN PKW IM HAUSHALT	450	66	104	106	211	301	3	304	1031
SELBSTAENDIGE,MITH.FAM	260	30	745	95	840	25	-	25	1155
PKW-BESITZER	209	21	1012	60	1072	13	-	13	1315
PKW IM HAUSHALT	416	55	191	217	408	62	-	62	941
KEIN PKW IM HAUSHALT	204	30	180	16	196	16	-	16	446
ARBEITSLOSE	321	142	303	75	379	82	6	88	930
PKW-BESITZER	180	142	717	31	748	26	-	26	1096
PKW IM HAUSHALT	278	191	139	120	259	81	18	100	828
KEIN PKW IM HAUSHALT	497	96	61	76	137	137	-	137	867
HAUSFRAUEN	403	63	135	142	278	106	2	107	851
PKW-BESITZER	322	42	475	141	616	27	-	27	1007
PKW IM HAUSHALT	434	80	110	218	328	92	2	94	935
KEIN PKW IM HAUSHALT	391	44	30	27	57	160	2	162	655
RENTNER	381	36	125	44	169	198	2	200	786
PKW-BESITZER	350	32	431	23	453	78	1	79	914
PKW IM HAUSHALT	331	23	56	174	230	99	0	100	684
KEIN PKW IM HAUSHALT	406	41	9	23	32	272	4	275	754
BEVOELKERUNG INSGESAMT	326	87	335	93	428	142	4	145	987
PKW-BESITZER	235	53	771	55	826	40	4	44	1159
PKW IM HAUSHALT	359	121	121	174	295	168	3	171	947
KEIN PKW IM HAUSHALT	397	86	57	36	93	237	4	241	818

DIW BERLIN 1986
1) WEGE MIT EINER ENTFERNUNG BIS ZU 50 KM 2) VERKEHR MIT PERSONEN- UND KOMBINATIONSKRAFTWAGEN, KRAFTRAEDERN UND MOPEDS, TAXIS UND MIETWAGEN. 3) U-BAHN, STRASSENBAHN, O-BUS UND KRAFTOMNIBUS. 4) EINSCHLIESSLICH S-BAHN, OHNE MILITAERVERKEHR.
DIE WERTE SIND GERUNDET; ANTEILE UND SUMMEN SIND VON DEN UNGERUNDETEN AUSGANGSWERTEN BERECHNET.

QUELLEN: STATISTISCHES BUNDESAMT, SOCIALDATA MUENCHEN, BERECHNUNGEN DES DIW

TABELLE 3.3

PERSONENNAHVERKEHR 1976 NACH BEVOELKERUNGSGRUPPEN [1]
VERKEHR IN MITTELZENTREN
ALLE ZWECKE

				PKW [2]			OEFFENTLICHE VERKEHRSMITTEL			
	ZU FUSS	FAHR-RAD	FAHRER	MIT-FAHRER	INS-GESAMT	OESPV 3)	EISEN-BAHN 4)	INS-GESAMT	INS-GESAMT
— WEGE JE PERSON —										
KINDER UNTER 6 JAHREN	214	19	–	42	42	12	0	12	287
PKW-BESITZER	–	–	–	–	–	–	–	–	–
PKW IM HAUSHALT	207	20	–	45	45	11	0	11	284
KEIN PKW IM HAUSHALT	260	12	–	17	17	19	0	20	308
SCHUELER U. STUDENTEN	447	235	63	158	221	144	11	155	1058
PKW-BESITZER	126	24	940	64	1005	30	20	50	1205
PKW IM HAUSHALT	445	256	33	177	210	143	11	154	1066
KEIN PKW IM HAUSHALT	545	166	10	68	78	178	8	186	976
AUSZUBILDENDE	257	224	266	204	469	152	46	198	1147
PKW-BESITZER	146	5	919	93	1012	10	10	20	1183
PKW IM HAUSHALT	233	253	152	247	399	178	50	227	1112
KEIN PKW IM HAUSHALT	456	315	96	136	232	185	64	249	1252
ARBEITER	236	107	509	90	599	84	10	93	1035
PKW-BESITZER	141	46	826	42	869	27	3	29	1085
PKW IM HAUSHALT	302	153	184	214	397	117	11	128	981
KEIN PKW IM HAUSHALT	391	204	84	83	167	183	25	208	970
ANGESTELLTE	277	60	687	111	798	54	20	74	1208
PKW-BESITZER	176	38	1013	42	1055	19	11	30	1299
PKW IM HAUSHALT	362	75	262	255	516	82	26	108	1062
KEIN PKW IM HAUSHALT	563	130	95	114	209	156	49	205	1106
BEAMTE	290	81	847	99	945	29	33	61	1377
PKW-BESITZER	252	45	1014	72	1086	18	30	48	1431
PKW IM HAUSHALT	206	82	325	387	712	58	39	97	1098
KEIN PKW IM HAUSHALT	570	303	122	94	216	75	48	123	1211
SELBSTAENDIGE,MITH.FAM	255	46	799	96	895	14	8	22	1218
PKW-BESITZER	201	18	1142	31	1174	2	–	2	1395
PKW IM HAUSHALT	284	81	318	225	543	12	4	16	924
KEIN PKW IM HAUSHALT	585	123	97	44	140	131	94	225	1072
ARBEITSLOSE	369	33	228	144	371	57	5	62	835
PKW-BESITZER	249	5	526	164	690	17	–	17	961
PKW IM HAUSHALT	303	29	217	248	465	51	12	63	860
KEIN PKW IM HAUSHALT	507	55	26	43	69	91	3	94	725
HAUSFRAUEN	400	69	157	172	329	48	6	54	851
PKW-BESITZER	253	36	566	110	676	12	1	14	978
PKW IM HAUSHALT	384	74	154	235	389	36	6	42	889
KEIN PKW IM HAUSHALT	489	68	17	41	58	89	7	97	712
RENTNER	402	46	128	63	191	62	5	66	705
PKW-BESITZER	359	34	614	60	674	14	5	19	1086
PKW IM HAUSHALT	288	61	48	133	181	34	4	37	567
KEIN PKW IM HAUSHALT	454	44	6	40	46	86	5	91	635
BEVOELKERUNG INSGESAMT	338	101	314	117	431	72	11	83	954
PKW-BESITZER	197	37	895	53	948	19	8	27	1209
PKW IM HAUSHALT	359	139	106	186	292	82	10	92	882
KEIN PKW IM HAUSHALT	467	104	33	57	90	117	15	132	792

DIW BERLIN 1986
1) WEGE MIT EINER ENTFERNUNG BIS ZU 50 KM 2) VERKEHR MIT PERSONEN- UND KOMBINATIONSKRAFTWAGEN,
KRAFTRAEDERN UND MOPEDS, TAXIS UND MIETWAGEN. 3) U-BAHN, STRASSENBAHN, O-BUS UND KRAFTOMNIBUS.
4) EINSCHLIESSLICH S-BAHN, OHNE MILITAERVERKEHR.
DIE WERTE SIND GERUNDET; ANTEILE UND SUMMEN SIND VON DEN UNGERUNDETEN AUSGANGSWERTEN BERECHNET.

QUELLEN: STATISTISCHES BUNDESAMT, SOCIALDATA MUENCHEN, BERECHNUNGEN DES DIW

TABELLE 3.3

PERSONENNAHVERKEHR 1982 NACH BEVOELKERUNGSGRUPPEN [1]
VERKEHR IN MITTELZENTREN
ALLE ZWECKE

	ZU FUSS	FAHR- RAD	FAHRER	PKW [2] MIT- FAHRER	PKW INS- GESAMT	OEFFENTLICHE VERKEHRSMITTEL OESPV [3]	EISEN- BAHN [4]	INS- GESAMT	INS- GESAMT
	- WEGE JE PERSON -								
KINDER UNTER 6 JAHREN	238	21	-	46	46	13	0	13	319
PKW-BESITZER	-	-	-	-	-	-	-	-	-
PKW IM HAUSHALT	234	22	-	51	51	14	0	14	321
KEIN PKW IM HAUSHALT	263	19	-	14	14	12	0	12	308
SCHUELER U. STUDENTEN	374	273	123	140	263	143	13	156	1065
PKW-BESITZER	147	61	686	65	751	27	12	39	999
PKW IM HAUSHALT	387	300	87	162	249	158	12	170	1106
KEIN PKW IM HAUSHALT	413	228	34	46	80	115	20	135	856
AUSZUBILDENDE	224	149	354	139	493	135	30	165	1031
PKW-BESITZER	79	15	740	40	780	11	7	18	892
PKW IM HAUSHALT	264	188	267	178	445	161	31	192	1089
KEIN PKW IM HAUSHALT	274	182	164	134	298	200	56	256	1010
ARBEITER	203	101	585	80	664	60	11	70	1044
PKW-BESITZER	153	67	803	49	852	31	9	40	1113
PKW IM HAUSHALT	275	165	222	216	438	80	8	88	965
KEIN PKW IM HAUSHALT	349	164	137	39	176	149	21	171	859
ANGESTELLTE	249	89	675	114	789	53	19	71	1197
PKW-BESITZER	190	71	880	70	949	20	10	30	1241
PKW IM HAUSHALT	342	133	292	265	557	90	23	113	1146
KEIN PKW IM HAUSHALT	417	106	198	76	274	173	65	238	1036
BEAMTE	250	115	844	82	926	35	29	64	1354
PKW-BESITZER	224	125	943	59	1002	21	26	47	1398
PKW IM HAUSHALT	445	32	278	246	525	69	38	107	1108
KEIN PKW IM HAUSHALT	376	74	56	222	277	215	58	273	1000
SELBSTAENDIGE,MITH.FAM	201	50	845	73	917	6	5	12	1181
PKW-BESITZER	182	32	1035	48	1083	4	3	7	1304
PKW IM HAUSHALT	273	130	291	190	481	8	1	9	894
KEIN PKW IM HAUSHALT	218	21	223	7	231	31	43	74	543
ARBEITSLOSE	285	109	323	77	400	31	-	31	826
PKW-BESITZER	209	40	540	51	590	4	-	4	843
PKW IM HAUSHALT	304	141	240	156	397	21	-	21	862
KEIN PKW IM HAUSHALT	404	194	29	14	43	98	-	98	740
HAUSFRAUEN	354	121	187	151	339	48	4	52	865
PKW-BESITZER	256	62	604	114	718	19	1	20	1057
PKW IM HAUSHALT	378	153	140	220	360	37	4	40	931
KEIN PKW IM HAUSHALT	359	87	49	28	77	89	5	94	616
RENTNER	383	53	134	47	181	66	9	76	694
PKW-BESITZER	318	56	475	19	494	17	9	27	894
PKW IM HAUSHALT	322	49	42	132	174	42	3	44	589
KEIN PKW IM HAUSHALT	434	54	14	30	44	97	11	108	640
BEVOELKERUNG INSGESAMT	302	121	353	101	455	68	11	79	955
PKW-BESITZER	198	66	793	57	850	21	9	30	1145
PKW IM HAUSHALT	343	179	129	174	303	87	9	96	920
KEIN PKW IM HAUSHALT	393	100	56	38	94	108	17	125	712

DIW BERLIN 1986
1) WEGE MIT EINER ENTFERNUNG BIS ZU 50 KM 2) VERKEHR MIT PERSONEN- UND KOMBINATIONSKRAFTWAGEN,
KRAFTRAEDLERN UND MOPEDS, TAXIS UND MIETWAGEN. 3) U-BAHN, STRASSENBAHN, O-BUS UND KRAFTOMNIBUS.
4) EINSCHLIESSLICH S-BAHN, OHNE MILITAERVERKEHR.
DIE WERTE SIND GERUNDET; ANTEILE UND SUMMEN SIND VON DEN UNGERUNDETEN AUSGANGSWERTEN BERECHNET.

QUELLEN: STATISTISCHES BUNDESAMT, SOCIALDATA MUENCHEN, BERECHNUNGEN DES DIW

125

TABELLE 3.4

1)

PERSONENNAHVERKEHR 1976 NACH BEVOELKERUNGSGRUPPEN
VERKEHR IN SONSTIGEN GEMEINDEN
ALLE ZWECKE

- WEGE JE PERSON -

	ZU FUSS	FAHR-RAD	FAHRER	PKW 2) MIT-FAHRER	INS-GESAMT	OEFFENTLICHE VERKEHRSMITTEL OESPV 3)	EISEN-BAHN 4)	INS-GESAMT	INS-GESAMT
KINDER UNTER 6 JAHREN	181	17	-	32	32	11	0	11	242
PKW-BESITZER	-	-	-	-	-	-	-	-	-
PKW IM HAUSHALT	175	17	-	34	34	11	0	11	238
KEIN PKW IM HAUSHALT	238	17	-	15	15	11	0	11	280
SCHUELER U. STUDENTEN	362	186	43	123	166	218	30	248	962
PKW-BESITZER	140	19	922	90	1013	15	10	25	1196
PKW IM HAUSHALT	335	191	22	135	157	221	29	249	931
KEIN PKW IM HAUSHALT	555	191	8	62	70	241	37	279	1095
AUSZUBILDENDE	205	190	217	127	344	182	71	253	991
PKW-BESITZER	52	3	816	87	903	15	16	31	988
PKW IM HAUSHALT	211	239	78	142	270	205	80	285	955
KEIN PKW IM HAUSHALT	324	198	126	113	239	256	90	346	1107
ARBEITER	187	83	563	81	644	77	22	99	1013
PKW-BESITZER	119	41	851	34	885	27	11	38	1082
PKW IM HAUSHALT	238	101	220	192	412	153	24	177	928
KEIN PKW IM HAUSHALT	328	189	124	85	209	132	54	186	911
ANGESTELLTE	216	54	694	120	814	66	34	100	1184
PKW-BESITZER	154	26	963	55	1018	22	19	41	1239
PKW IM HAUSHALT	263	91	252	283	535	124	38	162	1051
KEIN PKW IM HAUSHALT	485	130	173	94	266	186	126	311	1193
BEAMTE	196	67	870	88	958	32	30	62	1283
PKW-BESITZER	181	44	989	56	1045	19	20	39	1309
PKW IM HAUSHALT	189	49	284	414	697	106	66	172	1107
KEIN PKW IM HAUSHALT	363	336	140	127	267	100	106	207	1174
SELBSTAENDIGE,MITH.FAM	198	40	803	87	890	13	0	14	1141
PKW-BESITZER	138	16	1072	57	1130	2	1	3	1287
PKW IM HAUSHALT	304	91	331	160	491	25	-	25	911
KEIN PKW IM HAUSHALT	314	36	216	41	256	76	-	76	682
ARBEITSLOSE	264	66	299	99	398	58	8	66	795
PKW-BESITZER	228	32	635	95	730	-	-	-	989
PKW IM HAUSHALT	184	71	195	157	352	86	3	89	695
KEIN PKW IM HAUSHALT	411	105	6	32	38	94	26	121	675
HAUSFRAUEN	313	99	162	138	301	35	5	40	753
PKW-BESITZER	170	35	673	162	836	4	2	6	1046
PKW IM HAUSHALT	292	99	146	172	318	30	5	35	743
KEIN PKW IM HAUSHALT	425	123	19	36	55	59	9	68	671
RENTNER	367	37	90	48	138	39	5	44	586
PKW-BESITZER	288	38	486	26	512	-	3	3	842
PKW IM HAUSHALT	300	32	23	73	96	19	4	23	450
KEIN PKW IM HAUSHALT	424	39	12	41	53	60	6	66	582
BEVOELKERUNG INSGESAMT	271	92	321	98	420	84	18	102	885
PKW-BESITZER	151	32	889	54	943	17	11	28	1154
PKW IM HAUSHALT	282	118	97	143	240	113	18	131	770
KEIN PKW IM HAUSHALT	419	115	47	55	102	109	29	138	774

DIW BERLIN 1986
1) WEGE MIT EINER ENTFERNUNG BIS ZU 50 KM 2) VERKEHR MIT PERSONEN- UND KOMBINATIONSKRAFTWAGEN,
KRAFTRAEDERN UND MOPEDS, TAXIS UND MIETWAGEN. 3) U-BAHN, STRASSENBAHN, O-BUS UND KRAFTOMNIBUS.
4) EINSCHLIESSLICH S-BAHN, OHNE MILITAERVERKEHR.
DIE WERTE SIND GERUNDET; ANTEILE UND SUMMEN SIND VON DEN UNGERUNDETEN AUSGANGSWERTEN BERECHNET.

QUELLEN: STATISTISCHES BUNDESAMT, SOCIALDATA MUENCHEN, BERECHNUNGEN DES DIW

TABELLE 3.4

1)

PERSONENNAHVERKEHR 1982 NACH BEVOELKERUNGSGRUPPEN
VERKEHR IN SONSTIGEN GEMEINDEN
ALLE ZWECKE

| | ZU FUSS | FAHR-RAD | PKW 2) | | | OEFFENTLICHE VERKEHRSMITTEL | | | INS-GESAMT |
			FAHRER	MIT-FAHRER	INS-GESAMT	OESPV 3)	EISEN-BAHN 4)	INS-GESAMT	
— WEGE JE PERSON —									
KINDER UNTER 6 JAHREN	213	17	-	39	39	15	0	15	283
PKW-BESITZER	-	-	-	-	-	-	-	-	-
PKW IM HAUSHALT	220	17	-	42	42	16	0	16	294
KEIN PKW IM HAUSHALT	163	12	-	17	17	7	0	7	199
SCHUELER U. STUDENTEN	310	183	105	125	229	283	35	318	1040
PKW-BESITZER	137	61	672	92	765	30	27	57	1019
PKW IM HAUSHALT	333	197	67	139	206	319	38	357	1093
KEIN PKW IM HAUSHALT	257	158	38	54	93	187	24	211	718
AUSZUBILDENDE	163	79	347	146	492	163	55	218	953
PKW-BESITZER	91	26	779	91	870	8	12	19	1006
PKW IM HAUSHALT	186	102	238	170	408	208	69	277	973
KEIN PKW IM HAUSHALT	168	55	193	113	306	195	53	248	777
ARBEITER	192	74	528	88	616	79	15	95	977
PKW-BESITZER	140	56	707	43	750	56	10	65	1012
PKW IM HAUSHALT	289	110	210	230	440	109	20	130	969
KEIN PKW IM HAUSHALT	283	102	194	68	262	143	33	176	822
ANGESTELLTE	204	72	739	94	834	51	25	75	1185
PKW-BESITZER	188	53	899	56	955	27	18	45	1241
PKW IM HAUSHALT	252	120	355	233	589	108	40	148	1109
KEIN PKW IM HAUSHALT	210	105	357	44	400	113	39	152	867
BEAMTE	223	81	752	77	829	22	45	67	1199
PKW-BESITZER	218	77	799	73	871	20	42	63	1229
PKW IM HAUSHALT	197	172	277	207	484	9	20	29	883
KEIN PKW IM HAUSHALT	328	71	378	23	401	62	121	183	982
SELBSTAENDIGE,MITH.FAM	154	37	809	74	883	7	1	8	1081
PKW-BESITZER	135	20	988	46	1034	7	0	7	1196
PKW IM HAUSHALT	170	78	496	158	654	-	1	1	902
KEIN PKW IM HAUSHALT	272	52	219	60	279	30	4	34	637
ARBEITSLOSE	208	60	292	87	379	32	12	44	691
PKW-BESITZER	134	14	524	47	571	-	-	-	720
PKW IM HAUSHALT	223	80	146	94	240	59	9	68	612
KEIN PKW IM HAUSHALT	339	120	93	160	253	42	47	89	801
HAUSFRAUEN	340	120	180	125	305	22	5	27	792
PKW-BESITZER	266	77	481	110	591	3	5	8	942
PKW IM HAUSHALT	375	141	155	155	309	18	5	23	847
KEIN PKW IM HAUSHALT	285	87	60	49	109	47	5	52	534
RENTNER	314	48	118	52	171	38	7	45	578
PKW-BESITZER	275	45	385	29	414	5	4	9	742
PKW IM HAUSHALT	259	46	19	105	124	20	3	24	453
KEIN PKW IM HAUSHALT	375	51	12	33	45	71	10	81	553
BEVOELKERUNG INSGESAMT	253	90	344	94	438	87	17	104	885
PKW-BESITZER	177	52	746	55	801	28	13	41	1071
PKW IM HAUSHALT	296	123	126	139	265	130	20	150	834
KEIN PKW IM HAUSHALT	295	83	87	51	137	91	18	109	625

DIW BERLIN 1986
1) WEGE MIT EINER ENTFERNUNG BIS ZU 50 KM 2) VERKEHR MIT PERSONEN- UND KOMBINATIONSKRAFTWAGEN,
KRAFTRAEDERN UND MOPEDS, TAXIS UND MIETWAGEN. 3) U-BAHN, STRASSENBAHN, O-BUS UND KRAFTOMNIBUS.
4) EINSCHLIESSLICH S-BAHN, OHNE MILITAERVERKEHR.
DIE WERTE SIND GERUNDET; ANTEILE UND SUMMEN SIND VON DEN UNGERUNDETEN AUSGANGSWERTEN BERECHNET.

QUELLEN: STATISTISCHES BUNDESAMT, SOCIALDATA MUENCHEN, BERECHNUNGEN DES DIW

TABELLE 3.5

PERSONENNAHVERKEHR 1976 NACH BEVOELKERUNGSGRUPPEN [1]
BUNDESREPUBLIK INSGESAMT
BERUFSVERKEHR

	ZU FUSS	FAHR-RAD	FAHRER	PKW [2] MIT-FAHRER	PKW [2] INS-GESAMT	OEFFENTLICHE VERKEHRSMITTEL OESPV 3)	OEFFENTLICHE VERKEHRSMITTEL EISEN-BAHN 4)	OEFFENTLICHE VERKEHRSMITTEL INS-GESAMT	INS-GESAMT
- WEGE JE PERSON -									
KINDER UNTER 6 JAHREN	-	-	-	-	-	-	-	-	-
PKW-BESITZER	-	-	-	-	-	-	-	-	-
PKW IM HAUSHALT	-	-	-	-	-	-	-	-	-
KEIN PKW IM HAUSHALT	-	-	-	-	-	-	-	-	-
SCHUELER U. STUDENTEN	1	1	4	1	5	3	1	3	11
PKW-BESITZER	5	0	72	3	74	6	3	9	89
PKW IM HAUSHALT	1	1	2	1	3	2	0	2	8
KEIN PKW IM HAUSHALT	2	0	0	1	1	5	2	8	11
AUSZUBILDENDE	31	44	50	18	68	66	14	80	223
PKW-BESITZER	20	-	190	1	191	11	-	11	222
PKW IM HAUSHALT	28	52	20	24	45	83	16	99	224
KEIN PKW IM HAUSHALT	49	57	13	15	29	65	20	85	219
ARBEITER	72	51	224	27	251	82	16	97	470
PKW-BESITZER	38	22	367	9	376	22	6	28	465
PKW IM HAUSHALT	101	72	75	74	149	126	16	142	464
KEIN PKW IM HAUSHALT	121	95	39	23	62	175	37	212	490
ANGESTELLTE	78	24	241	31	272	75	21	96	470
PKW-BESITZER	44	13	366	12	378	17	11	28	463
PKW IM HAUSHALT	104	36	79	80	158	125	25	150	449
KEIN PKW IM HAUSHALT	163	46	37	24	61	213	52	265	533
BEAMTE	57	30	279	17	296	34	22	57	439
PKW-BESITZER	52	22	333	10	344	15	18	33	450
PKW IM HAUSHALT	52	29	131	88	218	98	39	137	435
KEIN PKW IM HAUSHALT	96	80	16	11	27	120	42	162	371
SELBSTAENDIGE,MITH.FAM	46	10	182	20	202	10	3	13	271
PKW-BESITZER	42	5	258	7	265	2	0	2	314
PKW IM HAUSHALT	57	16	56	50	106	18	0	19	199
KEIN PKW IM HAUSHALT	35	27	28	12	41	50	39	89	191
ARBEITSLOSE	7	1	27	8	35	4	0	4	48
PKW-BESITZER	4	-	80	-	80	-	-	-	84
PKW IM HAUSHALT	-	3	12	23	35	3	1	4	42
KEIN PKW IM HAUSHALT	14	1	-	2	2	8	-	8	24
HAUSFRAUEN	10	4	11	3	15	4	0	4	33
PKW-BESITZER	5	1	40	4	44	2	-	2	52
PKW IM HAUSHALT	9	4	11	4	15	3	0	4	32
KEIN PKW IM HAUSHALT	14	4	3	2	4	5	0	5	28
RENTNER	6	2	8	0	9	3	0	3	19
PKW-BESITZER	5	1	43	1	43	1	2	2	52
PKW IM HAUSHALT	3	4	5	0	5	0	-	0	12
KEIN PKW IM HAUSHALT	7	1	0	0	1	4	0	4	13
BEVOELKERUNG INSGESAMT	31	15	96	12	107	28	7	35	189
PKW-BESITZER	36	13	291	8	299	14	7	21	369
PKW IM HAUSHALT	23	13	20	17	37	25	4	30	102
KEIN PKW IM HAUSHALT	40	22	10	6	17	50	12	62	141

DIW BERLIN 1986
1) WEGE MIT EINER ENTFERNUNG BIS ZU 50 KM 2) VERKEHR MIT PERSONEN- UND KOMBINATIONSKRAFTWAGEN,
KRAFTRAEDERN UND MOPEDS, TAXIS UND MIETWAGEN. 3) U-BAHN, STRASSENBAHN, O-BUS UND KRAFTOMNIBUS.
4) EINSCHLIESSLICH S-BAHN, OHNE MILITAERVERKEHR.
DIE WERTE SIND GERUNDET; ANTEILE UND SUMMEN SIND VON DEN UNGERUNDETEN AUSGANGSWERTEN BERECHNET.

QUELLEN: STATISTISCHES BUNDESAMT, SOCIALDATA MUENCHEN, BERECHNUNGEN DES DIW

TABELLE 3.5

PERSONENNAHVERKEHR 1982 NACH BEVOELKERUNGSGRUPPEN [1]
BUNDESREPUBLIK INSGESAMT
BERUFSVERKEHR

	ZU FUSS	FAHR-RAD	FAHRER	PKW [2] MIT-FAHRER	PKW INS-GESAMT	OEFFENTLICHE VERKEHRSMITTEL OESPV [3]	EISEN-BAHN [4]	INS-GESAMT	INS-GESAMT
— WEGE JE PERSON —									
KINDER UNTER 6 JAHREN	-	-	-	-	-	-	-	-	-
PKW-BESITZER	-	-	-	-	-	-	-	-	-
PKW IM HAUSHALT	-	-	-	-	-	-	-	-	-
KEIN PKW IM HAUSHALT	-	-	-	-	-	-	-	-	-
SCHUELER U. STUDENTEN	2	5	9	2	11	2	1	3	21
PKW-BESITZER	2	8	70	1	70	1	-	1	81
PKW IM HAUSHALT	2	4	3	3	6	2	0	2	14
KEIN PKW IM HAUSHALT	6	7	3	1	4	3	2	6	23
AUSZUBILDENDE	29	25	63	16	79	44	10	54	186
PKW-BESITZER	4	5	151	8	159	1	9	10	178
PKW IM HAUSHALT	37	34	42	20	62	54	12	66	199
KEIN PKW IM HAUSHALT	31	23	22	12	34	65	3	67	155
ARBEITER	60	44	255	30	285	61	15	75	464
PKW-BESITZER	37	29	357	15	372	25	6	31	469
PKW IM HAUSHALT	102	63	89	80	169	101	17	118	453
KEIN PKW IM HAUSHALT	94	74	88	23	111	141	42	183	462
ANGESTELLTE	73	34	267	26	293	61	20	81	480
PKW-BESITZER	53	24	356	12	367	23	13	36	481
PKW IM HAUSHALT	106	62	109	73	182	112	23	136	486
KEIN PKW IM HAUSHALT	117	35	79	21	100	167	50	216	468
BEAMTE	63	37	270	17	286	37	27	65	452
PKW-BESITZER	56	36	304	13	317	20	24	45	455
PKW IM HAUSHALT	91	49	85	65	150	78	40	119	409
KEIN PKW IM HAUSHALT	117	35	51	14	64	194	49	244	460
SELBSTAENDIGE,MITH.FAM	52	11	256	20	276	7	3	10	349
PKW-BESITZER	52	7	329	8	338	4	0	5	401
PKW IM HAUSHALT	52	28	72	67	139	7	13	20	239
KEIN PKW IM HAUSHALT	46	4	82	5	87	29	6	35	172
ARBEITSLOSE	9	6	40	4	44	5	2	8	67
PKW-BESITZER	4	-	74	2	76	-	-	-	80
PKW IM HAUSHALT	13	10	25	1	27	8	2	10	60
KEIN PKW IM HAUSHALT	12	9	8	9	17	10	6	16	54
HAUSFRAUEN	9	6	14	4	18	5	1	6	39
PKW-BESITZER	7	5	50	6	56	2	1	3	71
PKW IM HAUSHALT	11	8	10	5	15	5	2	7	41
KEIN PKW IM HAUSHALT	7	3	2	1	3	6	-	6	19
RENTNER	4	2	10	1	11	1	1	2	18
PKW-BESITZER	6	2	35	0	35	1	2	2	45
PKW IM HAUSHALT	1	2	5	3	7	3	0	3	14
KEIN PKW IM HAUSHALT	4	1	1	0	1	1	0	1	7
BEVOELKERUNG INSGESAMT	28	17	110	12	121	23	7	30	196
PKW-BESITZER	36	19	268	10	278	15	8	23	356
PKW IM HAUSHALT	23	16	24	17	41	22	5	26	106
KEIN PKW IM HAUSHALT	26	14	20	5	25	35	10	45	111

DIW BERLIN 1986
1) WEGE MIT EINER ENTFERNUNG BIS ZU 50 KM 2) VERKEHR MIT PERSONEN- UND KOMBINATIONSKRAFTWAGEN,
KRAFTRAEDERN UND MOPEDS, TAXIS UND MIETWAGEN. 3) U-BAHN, STRASSENBAHN, O-BUS UND KRAFTOMNIBUS.
4) EINSCHLIESSLICH S-BAHN, OHNE MILITAERVERKEHR.
DIE WERTE SIND GERUNDET; ANTEILE UND SUMMEN SIND VON DEN UNGERUNDETEN AUSGANGSWERTEN BERECHNET.

QUELLEN: STATISTISCHES BUNDESAMT, SOCIALDATA MUENCHEN, BERECHNUNGEN DES DIW

TABELLE 3.6

PERSONENNAHVERKEHR 1976 NACH BEVOELKERUNGSGRUPPEN [1]
BUNDESREPUBLIK INSGESAMT
AUSBILDUNGSVERKEHR

	ZU FUSS	FAHR-RAD	FAHRER	PKW [2] MIT-FAHRER	INS-GESANT	OEFFENTLICHE VERKEHRSMITTEL OESPV [3]	EISEN-BAHN [4]	INS-GESANT	INS-GESANT
— WEGE JE PERSON —									
KINDER UNTER 6 JAHREN	-	-	-	-	-	-	-	-	-
PKW-BESITZER	-	-	-	-	-	-	-	-	-
PKW IM HAUSHALT	-	-	-	-	-	-	-	-	-
KEIN PKW IM HAUSHALT	-	-	-	-	-	-	-	-	-
SCHUELER U. STUDENTEN	212	80	14	21	35	148	14	162	489
PKW-BESITZER	16	7	245	6	251	22	9	30	306
PKW IM HAUSHALT	209	87	6	24	30	152	14	166	492
KEIN PKW IM HAUSHALT	270	59	3	11	13	159	15	175	517
AUSZUBILDENDE	28	36	55	18	73	88	31	118	255
PKW-BESITZER	16	-	191	3	195	4	8	12	222
PKW IM HAUSHALT	26	45	27	26	54	105	35	140	265
KEIN PKW IM HAUSHALT	46	44	14	4	18	112	37	149	257
ARBEITER	2	0	6	1	7	0	0	0	10
PKW-BESITZER	3	-	9	0	9	-	-	-	12
PKW IM HAUSHALT	3	1	5	1	6	1	0	1	10
KEIN PKW IM HAUSHALT	1	1	-	2	2	1	0	1	4
ANGESTELLTE	2	0	8	0	8	1	0	1	11
PKW-BESITZER	1	0	10	0	10	0	0	0	12
PKW IM HAUSHALT	2	1	7	1	8	2	1	3	14
KEIN PKW IM HAUSHALT	2	-	1	0	1	1	-	1	5
BEAMTE	2	-	12	2	14	1	0	1	17
PKW-BESITZER	1	-	15	1	15	0	0	0	17
PKW IM HAUSHALT	2	-	3	14	17	-	-	-	19
KEIN PKW IM HAUSHALT	9	-	1	2	3	4	-	4	16
SELBSTAENDIGE,MITH.FAM	2	-	9	0	9	0	-	0	12
PKW-BESITZER	3	-	13	1	13	-	-	-	16
PKW IM HAUSHALT	1	-	3	0	3	1	-	1	5
KEIN PKW IM HAUSHALT	-	-	-	-	-	-	-	-	-
ARBEITSLOSE	5	1	7	2	9	6	-	6	21
PKW-BESITZER	-	1	12	-	12	-	-	-	13
PKW IM HAUSHALT	3	2	10	4	14	11	-	11	30
KEIN PKW IM HAUSHALT	11	-	-	3	3	5	-	5	19
HAUSFRAUEN	4	1	7	1	8	1	0	1	13
PKW-BESITZER	2	-	21	2	23	0	-	0	26
PKW IM HAUSHALT	5	1	8	1	9	0	0	0	15
KEIN PKW IM HAUSHALT	3	1	1	0	1	2	-	2	6
RENTNER	1	0	0	0	0	0	-	0	1
PKW-BESITZER	0	-	2	-	2	1	-	1	3
PKW IM HAUSHALT	1	-	-	0	0	0	-	0	1
KEIN PKW IM HAUSHALT	1	0	-	-	-	0	-	0	1
BEVOELKERUNG INSGESAMT	42	16	8	5	13	30	3	33	104
PKW-BESITZER	2	0	19	1	19	1	0	1	23
PKW IM HAUSHALT	72	30	6	9	15	54	6	60	177
KEIN PKW IM HAUSHALT	34	8	1	2	3	21	3	24	69

DIW BERLIN 1986
1) WEGE MIT EINER ENTFERNUNG BIS ZU 50 KM 2) VERKEHR MIT PERSONEN- UND KOMBINATIONSKRAFTWAGEN, KRAFTRAEDERN UND MOPEDS, TAXIS UND MIETWAGEN. 3) U-BAHN, STRASSENBAHN, O-BUS UND KRAFTOMNIBUS.
4) EINSCHLIESSLICH S-BAHN, OHNE MILITAERVERKEHR.
DIE WERTE SIND GERUNDET; ANTEILE UND SUMMEN SIND VON DEN UNGERUNDETEN AUSGANGSWERTEN BERECHNET.

QUELLEN: STATISTISCHES BUNDESAMT, SOCIALDATA MUENCHEN, BERECHNUNGEN DES DIW

TABELLE 3.6

PERSONENNAHVERKEHR 1982 NACH BEVOELKERUNGSGRUPPEN [1]
BUNDESREPUBLIK INSGESAMT
AUSBILDUNGSVERKEHR

	ZU FUSS	FAHR-RAD	FAHRER	PKW [2] MIT-FAHRER	PKW INS-GESAMT	OEFFENTLICHE VERKEHRSMITTEL OESPV [3]	EISEN-BAHN [4]	INS-GESAMT	INS-GESAMT
				- WEGE JE PERSON -					
KINDER UNTER 6 JAHREN	-	-	-	-	-	-	-	-	-
PKW-BESITZER	-	-	-	-	-	-	-	-	-
PKW IM HAUSHALT	-	-	-	-	-	-	-	-	-
KEIN PKW IM HAUSHALT	-	-	-	-	-	-	-	-	-
SCHUELER U. STUDENTEN	137	75	28	17	46	177	16	193	450
PKW-BESITZER	28	23	174	16	191	22	10	32	273
PKW IM HAUSHALT	149	84	17	20	37	202	16	218	488
KEIN PKW IM HAUSHALT	133	57	9	4	13	138	18	156	359
AUSZUBILDENDE	38	25	77	27	104	101	31	132	299
PKW-BESITZER	26	1	165	7	172	14	8	21	220
PKW IM HAUSHALT	40	34	54	32	85	126	32	158	317
KEIN PKW IM HAUSHALT	48	24	47	36	83	123	55	178	334
ARBEITER	1	0	7	0	7	0	-	0	8
PKW-BESITZER	0	0	9	0	9	0	-	0	10
PKW IM HAUSHALT	1	1	4	1	5	0	-	0	8
KEIN PKW IM HAUSHALT	0	0	2	0	2	1	-	1	3
ANGESTELLTE	1	1	7	1	8	1	0	1	11
PKW-BESITZER	1	0	9	0	9	1	0	1	11
PKW IM HAUSHALT	2	1	4	2	6	1	1	2	11
KEIN PKW IM HAUSHALT	1	1	2	1	3	4	-	4	9
BEAMTE	1	0	10	1	10	0	0	0	12
PKW-BESITZER	1	0	9	1	10	0	0	0	12
PKW IM HAUSHALT	1	2	21	0	21	-	-	-	24
KEIN PKW IM HAUSHALT	-	-	-	-	-	-	-	-	-
SELBSTAENDIGE,MITH.FAM	1	-	7	1	7	-	-	-	8
PKW-BESITZER	1	-	5	0	5	-	-	-	6
PKW IM HAUSHALT	-	-	15	3	18	-	-	-	18
KEIN PKW IM HAUSHALT	-	-	1	2	2	-	-	-	2
ARBEITSLOSE	4	4	11	2	13	4	3	8	28
PKW-BESITZER	-	2	19	1	20	-	-	-	22
PKW IM HAUSHALT	7	5	9	6	16	6	2	8	36
KEIN PKW IM HAUSHALT	5	5	-	-	-	8	10	18	28
HAUSFRAUEN	2	1	4	2	6	0	0	1	10
PKW-BESITZER	3	-	14	1	15	-	-	-	18
PKW IM HAUSHALT	3	2	4	2	6	0	0	0	11
KEIN PKW IM HAUSHALT	1	1	1	1	1	1	-	1	5
RENTNER	0	-	0	0	1	1	0	1	2
PKW-BESITZER	0	-	1	-	1	1	-	1	3
PKW IM HAUSHALT	1	-	-	0	0	0	-	0	1
KEIN PKW IM HAUSHALT	0	-	-	1	1	1	0	1	2
BEVOELKERUNG INSGESAMT	25	14	11	4	15	33	4	37	91
PKW-BESITZER	2	1	18	1	19	1	1	2	24
PKW IM HAUSHALT	50	29	10	9	18	69	6	76	173
KEIN PKW IM HAUSHALT	16	7	2	2	4	19	4	23	50

DIW BERLIN 1986
1) WEGE MIT EINER ENTFERNUNG BIS ZU 50 KM 2) VERKEHR MIT PERSONEN- UND KOMBINATIONSKRAFTWAGEN,
KRAFTRAEDERN UND MOPEDS, TAXIS UND MIETWAGEN. 3) U-BAHN, STRASSENBAHN, O-BUS UND KRAFTOMNIBUS.
4) EINSCHLIESSLICH S-BAHN, OHNE MILITAERVERKEHR.
DIE WERTE SIND GERUNDET; ANTEILE UND SUMMEN SIND VON DEN UNGERUNDETEN AUSGANGSWERTEN BERECHNET.

QUELLEN: STATISTISCHES BUNDESAMT, SOCIALDATA MUENCHEN, BERECHNUNGEN DES DIW

TABELLE 3.7

PERSONENNAHVERKEHR 1976 NACH BEVOELKERUNGSGRUPPEN [1]
BUNDESREPUBLIK INSGESAMT
GESCHAEFTS.- UND DIENSTREISEVERKEHR

	ZU FUSS	FAHR-RAD	PKW [2] FAHRER	PKW [2] MIT-FAHRER	PKW [2] INS-GESAMT	OEFFENTLICHE VERKEHRSMITTEL OESPV 3)	OEFFENTLICHE VERKEHRSMITTEL EISEN-BAHN 4)	OEFFENTLICHE VERKEHRSMITTEL INS-GESAMT	INS-GESAMT
- WEGE JE PERSON -									
KINDER UNTER 6 JAHREN	-	-	-	-	-	-	-	-	-
PKW-BESITZER	-	-	-	-	-	-	-	-	-
PKW IM HAUSHALT	-	-	-	-	-	-	-	-	-
KEIN PKW IM HAUSHALT	-	-	-	-	-	-	-	-	-
SCHUELER U. STUDENTEN	1	1	2	1	3	0	0	0	5
PKW-BESITZER	3	-	53	1	54	1	0	1	58
PKW IM HAUSHALT	1	1	0	1	1	0	0	0	3
KEIN PKW IM HAUSHALT	1	1	-	0	0	0	-	0	3
AUSZUBILDENDE	5	4	12	10	23	1	0	1	32
PKW-BESITZER	0	-	53	20	73	-	-	-	74
PKW IM HAUSHALT	5	6	4	8	12	1	0	1	24
KEIN PKW IM HAUSHALT	10	0	-	9	9	-	-	-	19
ARBEITER	4	1	89	7	96	5	1	6	106
PKW-BESITZER	3	1	141	6	147	5	0	5	156
PKW IM HAUSHALT	2	0	29	7	36	3	0	4	42
KEIN PKW IM HAUSHALT	6	1	30	8	38	7	1	9	54
ANGESTELLTE	7	1	126	4	130	3	0	4	143
PKW-BESITZER	8	0	193	3	196	2	0	2	206
PKW IM HAUSHALT	6	1	35	3	38	2	1	4	48
KEIN PKW IM HAUSHALT	7	6	28	9	37	10	0	10	60
BEAMTE	14	3	115	12	128	6	5	10	155
PKW-BESITZER	15	2	135	13	148	4	4	9	174
PKW IM HAUSHALT	9	3	16	21	37	5	3	8	56
KEIN PKW IM HAUSHALT	11	12	49	3	53	13	9	22	98
SELBSTAENDIGE,MITH.FAM	14	2	357	12	368	2	-	2	386
PKW-BESITZER	15	1	518	9	527	1	-	1	544
PKW IM HAUSHALT	15	1	84	19	104	-	-	-	119
KEIN PKW IM HAUSHALT	6	11	59	-	59	21	-	21	97
ARBEITSLOSE	1	1	17	-	17	-	3	3	22
PKW-BESITZER	1	-	19	-	19	-	-	-	20
PKW IM HAUSHALT	2	2	34	-	34	-	-	-	39
KEIN PKW IM HAUSHALT	-	-	-	-	-	-	9	9	9
HAUSFRAUEN	1	1	5	2	7	0	-	0	9
PKW-BESITZER	1	2	17	7	23	-	-	-	26
PKW IM HAUSHALT	1	0	5	2	6	0	-	0	8
KEIN PKW IM HAUSHALT	1	2	1	0	2	1	-	1	5
RENTNER	2	0	6	1	6	1	-	1	9
PKW-BESITZER	1	-	31	2	33	2	-	2	36
PKW IM HAUSHALT	3	0	2	0	3	3	-	3	8
KEIN PKW IM HAUSHALT	1	0	-	1	1	0	-	0	2
BEVOELKERUNG INSGESAMT	4	1	60	4	63	2	0	2	70
PKW-BESITZER	7	1	182	6	189	3	1	3	200
PKW IM HAUSHALT	2	1	10	3	13	1	0	1	17
KEIN PKW IM HAUSHALT	3	2	9	2	11	3	1	3	19

DIW BERLIN 1986
1) WEGE MIT EINER ENTFERNUNG BIS ZU 50 KM 2) VERKEHR MIT PERSONEN- UND KOMBINATIONSKRAFTWAGEN,
KRAFTRAEDERN UND MOPEDS, TAXIS UND MIETWAGEN. 3) U-BAHN, STRASSENBAHN, O-BUS UND KRAFTOMNIBUS.
4) EINSCHLIESSLICH S-BAHN, OHNE MILITAERVERKEHR.
DIE WERTE SIND GERUNDET; ANTEILE UND SUMMEN SIND VON DEN UNGERUNDETEN AUSGANGSWERTEN BERECHNET.

QUELLEN: STATISTISCHES BUNDESAMT, SOCIALDATA MUENCHEN, BERECHNUNGEN DES DIW

TABELLE 3.7

1)

PERSONENNAHVERKEHR 1982 NACH BEVOELKERUNGSGRUPPEN
BUNDESREPUBLIK INSGESAMT
GESCHAEFTS.- UND DIENSTREISEVERKEHR

	ZU FUSS	FAHR-RAD	FAHRER	PKW 2) MIT-FAHRER	INS-GESAMT	OEFFENTLICHE VERKEHRSMITTEL OESPV 3)	EISEN-BAHN 4)	INS-GESAMT	INS-GESAMT
- WEGE JE PERSON -									
KINDER UNTER 6 JAHREN	-	-	-	-	-	-	-	-	-
PKW-BESITZER	-	-	-	-	-	-	-	-	-
PKW IM HAUSHALT	-	-	-	-	-	-	-	-	-
KEIN PKW IM HAUSHALT	-	-	-	-	-	-	-	-	-
SCHUELER U. STUDENTEN	1	1	6	2	7	1	0	1	11
PKW-BESITZER	1	0	47	0	47	0	1	1	50
PKW IM HAUSHALT	1	2	2	2	4	1	0	1	7
KEIN PKW IM HAUSHALT	-	0	3	-	3	-	2	2	5
AUSZUBILDENDE	3	0	14	7	21	1	0	1	26
PKW-BESITZER	3	-	21	9	30	-	-	-	34
PKW IM HAUSHALT	3	1	15	3	18	1	0	1	23
KEIN PKW IM HAUSHALT	3	-	4	17	21	2	-	2	27
ARBEITER	2	0	52	6	59	7	1	8	69
PKW-BESITZER	3	0	77	4	81	11	1	12	97
PKW IM HAUSHALT	0	0	9	13	22	1	-	1	24
KEIN PKW IM HAUSHALT	2	0	16	5	21	1	-	1	24
ANGESTELLTE	4	1	131	5	136	3	0	3	144
PKW-BESITZER	4	1	177	4	181	3	0	4	189
PKW IM HAUSHALT	4	1	35	4	40	2	-	2	47
KEIN PKW IM HAUSHALT	2	1	57	15	72	3	2	5	80
BEAMTE	12	3	102	5	107	4	4	9	131
PKW-BESITZER	10	3	116	4	120	4	5	8	142
PKW IM HAUSHALT	8	3	19	13	31	8	6	14	57
KEIN PKW IM HAUSHALT	32	3	28	4	31	8	-	8	74
SELBSTAENDIGE,MITH.FAM	9	2	366	13	379	2	2	4	394
PKW-BESITZER	10	1	456	8	465	3	2	4	480
PKW IM HAUSHALT	9	5	158	29	187	3	-	3	204
KEIN PKW IM HAUSHALT	1	4	108	11	118	-	4	4	128
ARBEITSLOSE	2	3	23	5	27	3	-	3	35
PKW-BESITZER	3	-	45	-	45	-	-	-	47
PKW IM HAUSHALT	1	4	9	4	12	5	-	5	23
KEIN PKW IM HAUSHALT	0	6	8	13	20	7	-	7	34
HAUSFRAUEN	2	1	7	1	8	0	-	0	10
PKW-BESITZER	1	0	25	1	26	0	-	0	27
PKW IM HAUSHALT	2	1	5	2	6	0	-	0	9
KEIN PKW IM HAUSHALT	1	1	1	-	1	0	-	0	4
RENTNER	1	0	8	0	8	1	0	1	11
PKW-BESITZER	2	1	28	1	29	0	-	0	32
PKW IM HAUSHALT	1	-	4	1	5	1	-	1	7
KEIN PKW IM HAUSHALT	1	0	0	0	1	1	0	1	3
BEVOELKERUNG INSGESAMT	3	1	54	3	58	2	0	3	64
PKW-BESITZER	4	1	135	4	138	5	1	6	149
PKW IM HAUSHALT	2	1	11	4	14	1	0	1	18
KEIN PKW IM HAUSHALT	2	1	9	3	12	1	0	1	16

DIW BERLIN 1986
1) WEGE MIT EINER ENTFERNUNG BIS ZU 50 KM 2) VERKEHR MIT PERSONEN- UND KOMBINATIONSKRAFTWAGEN,
KRAFTRAEDERN UND MOPEDS, TAXIS UND MIETWAGEN. 3) U-BAHN, STRASSENBAHN, O-BUS UND KRAFTOMNIBUS.
4) EINSCHLIESSLICH S-BAHN, OHNE MILITAERVERKEHR.
DIE WERTE SIND GERUNDET; ANTEILE UND SUMMEN SIND VON DEN UNGERUNDETEN AUSGANGSWERTEN BERECHNET.

QUELLEN: STATISTISCHES BUNDESAMT, SOCIALDATA MUENCHEN, BERECHNUNGEN DES DIW

TABELLE 3.8

PERSONENNAHVERKEHR 1976 NACH BEVOELKERUNGSGRUPPEN [1)]
BUNDESREPUBLIK INSGESAMT
EINKAUFSVERKEHR

| | ZU FUSS | FAHR-RAD | P K W [2)] | | | OEFFENTLICHE VERKEHRSMITTEL | | | INS-GESAMT |
			FAHRER	MIT-FAHRER	INS-GESAMT	OFSPV [3)]	EISEN-BAHN [4)]	INS-GESAMT	
— WEGE JE PERSON —									
KINDER UNTER 6 JAHREN	70	5	-	8	8	5	-	5	88
PKW-BESITZER	-	-	-	-	-	-	-	-	-
PKW IM HAUSHALT	65	6	-	9	9	4	-	4	83
KEIN PKW IM HAUSHALT	104	4	-	1	1	9	-	9	119
SCHUELER U. STUDENTEN	69	31	13	24	37	15	1	16	153
PKW-BESITZER	70	1	217	13	230	7	1	7	308
PKW IM HAUSHALT	62	33	6	28	34	12	1	13	142
KEIN PKW IM HAUSHALT	105	26	3	4	7	31	2	32	171
AUSZUBILDENDE	49	22	32	15	47	14	1	15	133
PKW-BESITZER	9	-	117	4	121	6	-	6	137
PKW IM HAUSHALT	47	30	12	20	32	16	2	18	127
KEIN PKW IM HAUSHALT	94	17	17	10	27	11	1	11	149
ARBEITER	69	13	87	14	101	10	1	11	194
PKW-BESITZER	33	5	140	5	145	2	1	3	187
PKW IM HAUSHALT	108	23	40	37	77	15	0	16	224
KEIN PKW IM HAUSHALT	112	23	9	13	22	24	2	26	183
ANGESTELLTE	80	8	111	19	130	16	2	18	235
PKW-BESITZER	46	3	161	8	169	3	1	3	223
PKW IM HAUSHALT	121	15	52	48	100	22	3	25	260
KEIN PKW IM HAUSHALT	137	16	17	13	29	55	5	60	242
BEAMTE	80	14	170	12	182	8	4	12	288
PKW-BESITZER	67	6	203	9	212	5	2	7	291
PKW IM HAUSHALT	116	15	85	48	134	22	2	24	288
KEIN PKW IM HAUSHALT	149	64	4	9	14	24	14	38	265
SELBSTAENDIGE,MITH.FAM	76	15	125	13	138	6	1	7	236
PKW-BESITZER	34	4	148	4	152	1	0	1	191
PKW IM HAUSHALT	139	35	101	33	135	9	2	11	320
KEIN PKW IM HAUSHALT	190	23	18	12	30	41	5	46	289
ARBEITSLOSE	197	24	105	33	138	43	0	44	403
PKW-BESITZER	120	9	248	21	269	10	-	10	408
PKW IM HAUSHALT	163	15	88	71	160	36	-	36	374
KEIN PKW IM HAUSHALT	286	43	10	10	19	75	1	76	424
HAUSFRAUEN	245	47	76	56	131	42	3	45	468
PKW-BESITZER	124	19	334	37	371	8	1	8	522
PKW IM HAUSHALT	241	51	71	77	148	37	3	40	481
KEIN PKW IM HAUSHALT	292	45	6	13	19	62	4	67	423
RENTNER	221	19	44	15	59	56	4	60	359
PKW-BESITZER	182	24	235	11	246	18	2	20	472
PKW IM HAUSHALT	161	15	15	37	51	23	2	26	253
KEIN PKW IM HAUSHALT	251	19	3	9	12	76	5	82	364
BEVOELKERUNG INSGESAMT	125	22	67	24	91	24	2	26	264
PKW-BESITZER	59	7	174	9	183	4	1	5	255
PKW IM HAUSHALT	123	30	33	41	74	19	2	21	248
KEIN PKW IM HAUSHALT	202	26	6	10	16	54	4	58	302

DIW BERLIN 1986
1) WEGE MIT EINER ENTFERNUNG BIS ZU 50 KM 2) VERKEHR MIT PERSONEN- UND KOMBINATIONSKRAFTWAGEN, KRAFTRAEDERN UND MOPEDS, TAXIS UND MIETWAGEN. 3) U-BAHN, STRASSENBAHN, O-BUS UND KRAFTOMNIBUS. 4) EINSCHLIESSLICH S-BAHN, OHNE MILITAERVERKEHR.
DIE WERTE SIND GERUNDET; ANTEILE UND SUMMEN SIND VON DEN UNGERUNDETEN AUSGANGSWERTEN BERECHNET.

QUELLEN: STATISTISCHES BUNDESAMT, SOCIALDATA MUENCHEN, BERECHNUNGEN DES DIW

TABELLE 3.8

1)

PERSONENNAHVERKEHR 1982 NACH BEVOELKERUNGSGRUPPEN
BUNDESREPUBLIK INSGESAMT
EINKAUFSVERKEHR

	ZU FUSS	FAHR-RAD	FAHRER	PKW 2) MIT-FAHRER	PKW INS-GESAMT	OEFFENTLICHE VERKEHRSMITTEL OESPV 3)	EISEN-BAHN 4)	INS-GESAMT	INS-GESAMT
- WEGE JE PERSON -									
KINDER UNTER 6 JAHREN	70	6	-	9	9	5	-	5	89
PKW-BESITZER	-	-	-	-	-	-	-	-	-
PKW IM HAUSHALT	66	6	-	10	10	5	-	5	87
KEIN PKW IM HAUSHALT	91	5	-	3	3	5	-	5	104
SCHUELER U. STUDENTEN	70	37	25	22	48	14	2	16	170
PKW-BESITZER	68	15	154	12	166	7	0	7	255
PKW IM HAUSHALT	65	40	15	26	41	14	2	16	162
KEIN PKW IM HAUSHALT	93	37	7	9	16	17	2	20	166
AUSZUBILDENDE	46	16	54	15	70	11	3	14	146
PKW-BESITZER	29	-	144	11	155	2	1	2	186
PKW IM HAUSHALT	46	16	34	19	53	11	4	15	130
KEIN PKW IM HAUSHALT	65	37	13	8	21	21	3	24	147
ARBEITER	60	18	91	13	105	9	1	10	193
PKW-BESITZER	35	9	130	6	137	2	0	2	183
PKW IM HAUSHALT	94	38	35	42	77	11	1	13	221
KEIN PKW IM HAUSHALT	111	26	21	4	25	31	2	33	195
ANGESTELLTE	78	16	114	17	131	14	1	15	240
PKW-BESITZER	58	9	146	10	157	4	1	5	228
PKW IM HAUSHALT	99	30	71	44	116	20	3	23	268
KEIN PKW IM HAUSHALT	141	32	22	6	27	54	2	56	257
BEAMTE	71	21	149	14	163	8	3	10	265
PKW-BESITZER	63	22	171	9	180	5	2	7	273
PKW IM HAUSHALT	119	16	26	52	79	18	3	21	234
KEIN PKW IM HAUSHALT	103	19	11	27	38	27	9	36	201
SELBSTAENDIGE,MITH.FAM	66	12	84	10	94	3	-	3	175
PKW-BESITZER	43	5	93	6	99	1	-	1	148
PKW IM HAUSHALT	118	33	71	24	95	7	-	7	253
KEIN PKW IM HAUSHALT	130	17	37	10	47	6	-	6	200
ARBEITSLOSE	150	36	92	18	109	18	2	20	316
PKW-BESITZER	89	25	186	15	201	8	-	8	323
PKW IM HAUSHALT	133	44	47	28	75	13	1	14	266
KEIN PKW IM HAUSHALT	264	41	8	8	16	41	6	46	367
HAUSFRAUEN	215	69	79	45	124	37	3	40	448
PKW-BESITZER	124	37	242	29	272	10	1	11	442
PKW IM HAUSHALT	236	89	67	68	135	28	3	31	491
KEIN PKW IM HAUSHALT	217	45	20	8	28	69	5	74	365
RENTNER	208	27	51	15	66	74	5	79	381
PKW-BESITZER	162	26	186	7	193	29	2	31	412
PKW IM HAUSHALT	170	30	13	53	66	36	2	38	304
KEIN PKW IM HAUSHALT	240	27	6	7	13	106	8	114	393
BEVOELKERUNG INSGESAMT	117	31	70	21	91	26	2	28	267
PKW-BESITZER	68	14	151	10	161	7	1	7	250
PKW IM HAUSHALT	120	44	34	38	72	18	2	19	256
KEIN PKW IM HAUSHALT	186	32	12	7	19	67	5	72	309

DIW BERLIN 1986
1) WEGE MIT EINER ENTFERNUNG BIS ZU 50 KM 2) VERKEHR MIT PERSONEN- UND KOMBINATIONSKRAFTWAGEN,
KRAFTRAEDERN UND MOPEDS, TAXIS UND MIETWAGEN. 3) U-BAHN, STRASSENBAHN, O-BUS UND KRAFTOMNIBUS.
4) EINSCHLIESSLICH S-BAHN, OHNE MILITAERVERKEHR.
DIE WERTE SIND GERUNDET; ANTEILE UND SUMMEN SIND VON DEN UNGERUNDETEN AUSGANGSWERTEN BERECHNET.

QUELLEN: STATISTISCHES BUNDESAMT, SOCIALDATA MUENCHEN, BERECHNUNGEN DES DIW

TABELLE 3.9

PERSONENNAHVERKEHR 1976 NACH BEVOELKERUNGSGRUPPEN [1]
BUNDESREPUBLIK INSGESAMT
FREIZEITVERKEHR

	ZU FUSS	FAHR-RAD	FAHRER	PKW [2] MIT-FAHRER	INS-GESAMT	OEFFENTLICHE VERKEHRSMITTEL OESPV [3]	EISEN-BAHN 4)	INS-GESAMT	INS-GESAMT
				- WEGE JE PERSON -					
KINDER UNTER 6 JAHREN	138	11	-	29	29	14	0	14	191
PKW-BESITZER	-	-	-	-	-	-	-	-	-
PKW IM HAUSHALT	135	12	-	31	31	12	0	12	189
KEIN PKW IM HAUSHALT	156	7	-	15	15	25	0	25	203
SCHUELER U. STUDENTEN	157	78	28	92	120	31	3	34	389
PKW-BESITZER	75	15	409	46	456	10	0	10	556
PKW IM HAUSHALT	153	85	15	101	116	26	3	29	383
KEIN PKW IM HAUSHALT	197	61	8	54	62	57	3	60	380
AUSZUBILDENDE	128	74	101	94	195	36	3	39	436
PKW-BESITZER	61	7	328	40	368	8	1	9	444
PKW IM HAUSHALT	126	91	50	111	161	37	3	40	417
KEIN PKW IM HAUSHALT	197	85	52	89	141	60	6	66	488
ARBEITER	76	16	125	34	159	12	1	13	263
PKW-BESITZER	60	10	210	14	225	3	0	3	297
PKW IM HAUSHALT	78	19	35	81	116	15	1	16	229
KEIN PKW IM HAUSHALT	110	26	16	34	49	30	3	33	218
ANGESTELLTE	97	13	164	58	222	13	1	14	346
PKW-BESITZER	85	13	244	26	270	3	0	4	371
PKW IM HAUSHALT	98	11	65	136	201	14	1	14	324
KEIN PKW IM HAUSHALT	142	21	23	46	69	51	3	54	286
BEAMTE	115	19	245	53	298	10	2	12	445
PKW-BESITZER	108	12	294	34	329	6	2	8	457
PKW IM HAUSHALT	56	15	88	178	267	19	-	19	356
KEIN PKW IM HAUSHALT	207	68	15	95	110	33	1	35	420
SELBSTAENDIGE,MITH.FAM	85	11	138	48	185	7	1	8	289
PKW-BESITZER	69	6	189	26	214	2	0	2	292
PKW IM HAUSHALT	96	17	57	99	156	8	2	10	279
KEIN PKW IM HAUSHALT	189	24	18	27	45	43	9	52	310
ARBEITSLOSE	137	23	112	62	174	33	3	36	370
PKW-BESITZER	109	11	319	70	388	7	-	7	515
PKW IM HAUSHALT	119	24	52	108	160	20	4	24	327
KEIN PKW IM HAUSHALT	173	32	5	17	22	64	5	69	296
HAUSFRAUEN	128	19	48	96	144	15	2	17	308
PKW-BESITZER	91	6	207	80	288	4	0	5	389
PKW IM HAUSHALT	121	20	46	127	174	10	1	11	326
KEIN PKW IM HAUSHALT	157	20	3	29	32	29	5	34	243
RENTNER	167	14	37	37	74	37	3	40	296
PKW-BESITZER	172	14	203	23	225	6	0	7	418
PKW IM HAUSHALT	140	17	10	74	84	13	1	13	254
KEIN PKW IM HAUSHALT	174	13	2	29	31	53	5	58	277
BEVOELKERUNG INSGESAMT	124	28	83	62	144	20	2	22	319
PKW-BESITZER	85	11	233	27	260	4	0	4	359
PKW IM HAUSHALT	128	41	29	99	128	17	2	19	317
KEIN PKW IM HAUSHALT	162	25	8	35	43	44	4	48	279

DIW BERLIN 1986
1) WEGE MIT EINER ENTFERNUNG BIS ZU 50 KM 2) VERKEHR MIT PERSONEN- UND KOMBINATIONSKRAFTWAGEN,
KRAFTRAEDERN UND MOPEDS, TAXIS UND MIETWAGEN. 3) U-BAHN, STRASSENBAHN, O-BUS UND KRAFTOMNIBUS.
4) EINSCHLIESSLICH S-BAHN, OHNE MILITAERVERKEHR.
DIE WERTE SIND GERUNDET; ANTEILE UND SUMMEN SIND VON DEN UNGERUNDETEN AUSGANGSWERTEN BERECHNET.

QUELLEN: STATISTISCHES BUNDESAMT, SOCIALDATA MUENCHEN, BERECHNUNGEN DES DIW

136

TABELLE 3.9

PERSONENNAHVERKEHR 1982 NACH BEVOELKERUNGSGRUPPEN [1]
BUNDESREPUBLIK INSGESAMT
FREIZEITVERKEHR

	ZU FUSS	FAHR-RAD	FAHRER	P K W [2] MIT-FAHRER	INS-GESAMT	OEFFENTLICHE VERKEHRSMITTEL OESPV [3]	EISEN-BAHN [4]	INS-GESAMT	INS-GESAMT
				WEGE JE PERSON					
KINDER UNTER 6 JAHREN	151	12	-	32	32	16	0	16	212
PKW-BESITZER	-	-	-	-	-	-	-	-	-
PKW IM HAUSHALT	154	12	-	35	35	15	0	15	217
KEIN PKW IM HAUSHALT	132	11	-	14	14	22	0	22	179
SCHUELER U. STUDENTEN	142	102	63	86	149	32	3	35	427
PKW-BESITZER	85	79	279	45	324	4	2	6	444
PKW IM HAUSHALT	150	111	45	100	145	31	2	33	438
KEIN PKW IM HAUSHALT	133	97	33	40	73	54	7	61	363
AUSZUBILDENDE	78	43	135	71	206	19	4	23	350
PKW-BESITZER	26	10	308	43	351	1	-	1	389
PKW IM HAUSHALT	91	50	98	91	189	23	3	26	356
KEIN PKW IM HAUSHALT	97	60	48	39	87	29	9	39	283
ARBEITER	78	20	137	32	169	11	1	12	278
PKW-BESITZER	73	19	194	18	212	4	1	5	309
PKW IM HAUSHALT	85	28	59	79	138	11	1	12	262
KEIN PKW IM HAUSHALT	86	15	27	23	51	32	3	35	187
ANGESTELLTE	82	23	157	53	210	11	1	12	326
PKW-BESITZER	80	23	208	36	243	3	1	4	350
PKW IM HAUSHALT	88	22	71	119	190	9	1	10	310
KEIN PKW IM HAUSHALT	81	23	41	33	74	51	5	56	233
BEAMTE	100	25	226	40	266	9	1	10	401
PKW-BESITZER	101	26	255	35	290	5	0	6	422
PKW IM HAUSHALT	81	21	79	109	189	10	-	10	301
KEIN PKW IM HAUSHALT	116	16	27	40	67	50	6	56	255
SELBSTAENDIGE,MITH.FAM	63	12	111	35	147	4	0	4	225
PKW-BESITZER	57	10	131	25	156	3	0	4	227
PKW IM HAUSHALT	76	17	71	71	142	3	0	3	238
KEIN PKW IM HAUSHALT	87	8	39	31	69	7	1	9	173
ARBEITSLOSE	120	46	133	54	187	23	2	25	378
PKW-BESITZER	92	23	254	25	279	2	-	2	395
PKW IM HAUSHALT	98	60	71	102	173	34	3	37	367
KEIN PKW IM HAUSHALT	190	64	30	37	68	42	3	46	368
HAUSFRAUEN	131	29	61	86	147	18	2	20	326
PKW-BESITZER	129	20	195	84	279	3	1	4	433
PKW IM HAUSHALT	139	36	50	116	166	11	1	12	352
KEIN PKW IM HAUSHALT	114	19	16	25	40	39	4	43	217
RENTNER	140	17	47	27	74	44	4	49	279
PKW-BESITZER	148	20	174	15	189	12	2	14	372
PKW IM HAUSHALT	132	15	15	69	85	10	1	11	242
KEIN PKW IM HAUSHALT	139	16	3	18	21	70	6	76	252
BEVOELKERUNG INSGESAMT	114	36	94	54	148	21	2	23	321
PKW-BESITZER	88	20	202	31	233	5	1	5	346
PKW IM HAUSHALT	131	54	45	92	137	18	1	20	341
KEIN PKW IM HAUSHALT	123	28	17	25	42	52	5	57	249

DIW BERLIN 1986
1) WEGE MIT EINER ENTFERNUNG BIS ZU 50 KM 2) VERKEHR MIT PERSONEN- UND KOMBINATIONSKRAFTWAGEN, KRAFTRAEDERN UND MOPEDS, TAXIS UND MIETWAGEN. 3) U-BAHN, STRASSENBAHN, O-BUS UND KRAFTOMNIBUS. 4) EINSCHLIESSLICH S-BAHN, OHNE MILITAERVERKEHR.
DIE WERTE SIND GERUNDET; ANTEILE UND SUMMEN SIND VON DEN UNGERUNDETEN AUSGANGSWERTEN BERECHNET.

QUELLEN: STATISTISCHES BUNDESAMT, SOCIALDATA MUENCHEN, BERECHNUNGEN DES DIW

TABELLE 3.10

PERSONENNAHVERKEHR 1976 NACH BEVOELKERUNGSGRUPPEN [1]
VERKEHR IN GROSSZENTREN
BERUFSVERKEHR

	ZU FUSS	FAHR-RAD	FAHRER	PKW [2] MIT-FAHRER	INS-GESAMT	OEFFENTLICHE VERKEHRSMITTEL OESPV [3]	EISEN-BAHN [4]	INS-GESAMT	INS-GESAMT
					WEGE JE PERSON				
KINDER UNTER 6 JAHREN	-	-	-	-	-	-	-	-	-
PKW-BESITZER	-	-	-	-	-	-	-	-	-
PKW IM HAUSHALT	-	-	-	-	-	-	-	-	-
KEIN PKW IM HAUSHALT	-	-	-	-	-	-	-	-	-
SCHUELER U. STUDENTEN	2	1	7	1	8	7	2	10	20
PKW-BESITZER	8	-	82	4	86	27	-	27	121
PKW IM HAUSHALT	1	2	3	1	4	4	0	4	11
KEIN PKW IM HAUSHALT	0	-	1	1	2	15	10	24	26
AUSZUBILDENDE	15	11	63	10	73	112	2	113	212
PKW-BESITZER	10	-	232	6	238	28	-	28	276
PKW IM HAUSHALT	15	12	21	14	35	161	3	164	227
KEIN PKW IM HAUSHALT	18	20	6	5	11	55	-	55	104
ARBEITER	74	23	218	12	230	153	28	181	509
PKW-BESITZER	27	16	397	5	402	38	8	46	490
PKW IM HAUSHALT	113	31	81	40	121	193	25	218	483
KEIN PKW IM HAUSHALT	124	28	26	5	31	309	63	372	556
ANGESTELLTE	69	8	213	26	240	140	25	165	482
PKW-BESITZER	42	3	368	14	382	33	7	39	467
PKW IM HAUSHALT	83	14	54	64	119	226	37	263	479
KEIN PKW IM HAUSHALT	116	14	21	15	36	301	52	353	519
BEAMTE	34	24	279	10	289	112	32	144	491
PKW-BESITZER	42	20	369	6	375	44	18	62	499
PKW IM HAUSHALT	11	-	130	52	182	274	53	327	520
KEIN PKW IM HAUSHALT	14	46	-	10	10	303	77	379	449
SELBSTAENDIGE,MITH.FAM	23	6	214	42	256	24	11	36	321
PKW-BESITZER	23	9	314	5	319	9	-	9	361
PKW IM HAUSHALT	20	-	74	133	208	60	-	60	288
KEIN PKW IM HAUSHALT	27	6	3	25	28	21	99	120	180
ARBEITSLOSE	-	-	31	4	35	4	-	4	39
PKW-BESITZER	-	-	135	-	135	-	-	-	135
PKW IM HAUSHALT	-	-	10	5	14	-	-	-	14
KEIN PKW IM HAUSHALT	-	-	-	6	6	8	-	8	14
HAUSFRAUEN	15	0	5	2	8	3	1	4	27
PKW-BESITZER	8	3	33	3	36	1	-	1	48
PKW IM HAUSHALT	14	0	4	3	7	4	1	5	26
KEIN PKW IM HAUSHALT	19	-	2	1	3	3	-	3	25
RENTNER	5	0	6	1	6	1	-	1	13
PKW-BESITZER	20	-	33	2	35	-	-	-	55
PKW IM HAUSHALT	4	3	11	-	11	-	-	-	18
KEIN PKW IM HAUSHALT	2	-	-	1	1	1	-	1	4
BEVOELKERUNG INSGESAMT	29	7	97	10	107	57	11	68	210
PKW-BESITZER	30	8	312	7	319	27	6	33	391
PKW IM HAUSHALT	24	5	20	18	38	52	7	60	126
KEIN PKW IM HAUSHALT	35	7	6	4	10	85	19	104	155

DIW BERLIN 1986
1) WEGE MIT EINER ENTFERNUNG BIS ZU 50 KM 2) VERKEHR MIT PERSONEN- UND KOMBINATIONSKRAFTWAGEN,
KRAFTRAEDERN UND MOPEDS, TAXIS UND MIETWAGEN. 3) U-BAHN, STRASSENBAHN, O-BUS UND KRAFTOMNIBUS.
4) EINSCHLIESSLICH S-BAHN, OHNE MILITAERVERKEHR.
DIE WERTE SIND GERUNDET; ANTEILE UND SUMMEN SIND VON DEN UNGERUNDETEN AUSGANGSWERTEN BERECHNET.

QUELLEN: STATISTISCHES BUNDESAMT, SOCIALDATA MUENCHEN, BERECHNUNGEN DES DIW

138

TABELLE 3.10

PERSONENNAHVERKEHR 1982 NACH BEVOELKERUNGSGRUPPEN [1)]
VERKEHR IN GROSSZENTREN
BERUFSVERKEHR

	ZU FUSS	FAHR-RAD	FAHRER	PKW [2)] MIT-FAHRER	INS-GESAMT	OEFFENTLICHE VERKEHRSMITTEL OESPV	[3)]EISEN-BAHN [4)]	INS-GESAMT	INS-GESAMT
			- WEGE JE PERSON -						
KINDER UNTER 6 JAHREN	-	-	-	-	-	-	-	-	-
PKW-BESITZER	-	-	-	-	-	-	-	-	-
PKW IM HAUSHALT	-	-	-	-	-	-	-	-	-
KEIN PKW IM HAUSHALT	-	-	-	-	-	-	-	-	-
SCHUELER U. STUDENTEN	4	3	6	1	7	4	3	7	21
PKW-BESITZER	-	11	42	-	42	-	-	-	53
PKW IM HAUSHALT	3	3	2	2	4	5	0	5	15
KEIN PKW IM HAUSHALT	9	-	1	-	1	4	13	16	27
AUSZUBILDENDE	9	14	36	6	42	54	26	80	145
PKW-BESITZER	-	-	121	-	121	-	34	34	155
PKW IM HAUSHALT	3	10	16	13	29	54	47	101	143
KEIN PKW IM HAUSHALT	22	27	-	3	3	89	-	89	141
ARBEITER	45	32	204	26	230	98	46	144	450
PKW-BESITZER	17	11	353	5	358	26	6	32	417
PKW IM HAUSHALT	80	60	32	81	113	146	53	199	452
KEIN PKW IM HAUSHALT	70	51	54	26	80	192	113	305	505
ANGESTELLTE	69	19	210	22	232	121	34	155	475
PKW-BESITZER	54	12	329	6	335	48	22	70	472
PKW IM HAUSHALT	84	38	70	53	123	186	25	211	457
KEIN PKW IM HAUSHALT	93	21	38	33	71	242	74	316	502
BEAMTE	54	21	231	5	236	90	53	143	454
PKW-BESITZER	43	14	303	0	304	34	45	79	439
PKW IM HAUSHALT	30	49	20	47	67	183	123	306	452
KEIN PKW IM HAUSHALT	117	36	24	-	24	292	50	342	519
SELBSTAENDIGE,MITH.FAM	36	6	257	20	277	26	17	43	362
PKW-BESITZER	38	6	311	13	324	18	-	18	387
PKW IM HAUSHALT	25	-	50	54	103	35	112	148	275
KEIN PKW IM HAUSHALT	38	7	176	17	193	73	-	73	311
ARBEITSLOSE	14	4	52	4	56	15	3	18	92
PKW-BESITZER	-	-	121	-	121	-	-	-	121
PKW IM HAUSHALT	-	-	-	2	2	21	12	32	35
KEIN PKW IM HAUSHALT	35	9	19	9	28	25	-	25	98
HAUSFRAUEN	7	7	8	4	13	4	4	8	34
PKW-BESITZER	18	-	51	1	52	-	-	-	69
PKW IM HAUSHALT	9	13	4	8	12	3	8	11	45
KEIN PKW IM HAUSHALT	-	2	-	-	-	6	-	6	8
RENTNER	5	1	9	0	10	1	-	1	16
PKW-BESITZER	5	2	33	-	33	-	-	-	39
PKW IM HAUSHALT	3	-	13	-	13	3	-	3	20
KEIN PKW IM HAUSHALT	5	0	2	0	3	1	-	1	9
BEVOELKERUNG INSGESAMT	25	11	92	9	101	42	17	58	195
PKW-BESITZER	30	8	250	4	254	25	12	37	330
PKW IM HAUSHALT	21	14	16	18	33	42	15	56	125
KEIN PKW IM HAUSHALT	24	10	14	7	22	57	22	78	134

DIW BERLIN 1986
1) WEGE MIT EINER ENTFERNUNG BIS ZU 50 KM 2) VERKEHR MIT PERSONEN- UND KOMBINATIONSKRAFTWAGEN,
KRAFTRAEDERN UND MOPEDS, TAXIS UND MIETWAGEN. 3) U-BAHN, STRASSENBAHN, O-BUS UND KRAFTOMNIBUS.
4) EINSCHLIESSLICH S-BAHN, OHNE MILITAERVERKEHR.
DIE WERTE SIND GERUNDET; ANTEILE UND SUMMEN SIND VON DEN UNGERUNDETEN AUSGANGSWERTEN BERECHNET.

QUELLEN: STATISTISCHES BUNDESAMT, SOCIALDATA MUENCHEN, BERECHNUNGEN DES DIW

TABELLE 3.11

PERSONENNAHVERKEHR 1976 NACH BEVOELKERUNGSGRUPPEN [1]
VERKEHR IN GROSSZENTREN
AUSBILDUNGSVERKEHR

	ZU FUSS	FAHR-RAD	FAHRER	P K W [2] MIT-FAHRER	INS-GESAMT	OEFFENTLICHE VERKEHRSMITTEL OESPV [3]	EISLN-BAHN [4]	INS-GESAMT	INS-GESAMT
— WEGE JE PERSON —									
KINDER UNTER 6 JAHREN	-	-	-	-	-	-	-	-	-
PKW-BESITZER	-	-	-	-	-	-	-	-	-
PKW IM HAUSHALT	-	-	-	-	-	-	-	-	-
KEIN PKW IM HAUSHALT	-	-	-	-	-	-	-	-	-
SCHUELER U. STUDENTEN	284	63	17	11	27	138	13	150	525
PKW-BESITZER	23	14	214	17	231	71	6	78	345
PKW IM HAUSHALT	314	73	7	12	19	133	15	148	555
KEIN PKW IM HAUSHALT	242	40	4	4	8	167	8	175	465
AUSZUBILDENDE	28	22	52	26	79	96	22	118	247
PKW-BESITZER	45	-	184	-	184	24	-	24	253
PKW IM HAUSHALT	21	21	18	45	63	139	32	171	276
KEIN PKW IM HAUSHALT	30	50	14	-	14	48	13	61	156
ARBEITER	3	0	4	1	5	0	1	1	9
PKW-BESITZER	4	-	4	1	5	-	-	-	10
PKW IM HAUSHALT	3	1	9	-	9	-	-	-	13
KEIN PKW IM HAUSHALT	-	-	-	-	-	1	2	4	4
ANGESTELLTE	3	0	8	1	9	1	0	1	13
PKW-BESITZER	2	-	13	1	14	0	-	0	17
PKW IM HAUSHALT	2	0	3	2	5	2	0	3	10
KEIN PKW IM HAUSHALT	4	-	1	-	1	1	-	1	6
BEAMTE	2	-	9	2	11	1	0	1	13
PKW-BESITZER	2	-	12	2	14	1	1	2	18
PKW IM HAUSHALT	-	-	6	-	6	-	-	-	6
KEIN PKW IM HAUSHALT	-	-	-	-	-	-	-	-	-
SELBSTAENDIGE,MITH.FAM	-	-	8	-	8	1	-	1	9
PKW-BESITZER	-	-	12	-	12	-	-	-	12
PKW IM HAUSHALT	-	-	4	-	4	3	-	3	7
KEIN PKW IM HAUSHALT	-	-	-	-	-	-	-	-	-
ARBEITSLOSE	5	3	-	6	6	-	-	-	13
PKW-BESITZER	-	-	-	-	-	-	-	-	-
PKW IM HAUSHALT	-	9	-	21	21	-	-	-	30
KEIN PKW IM HAUSHALT	9	-	-	-	-	-	-	-	9
HAUSFRAUEN	7	0	6	1	7	3	-	3	17
PKW-BESITZER	7	-	31	2	34	-	-	-	41
PKW IM HAUSHALT	10	0	7	1	8	2	-	2	20
KEIN PKW IM HAUSHALT	3	-	0	-	0	5	-	5	8
RENTNER	-	-	-	0	0	0	-	0	0
PKW-BESITZER	-	-	-	-	-	-	-	-	-
PKW IM HAUSHALT	-	-	-	0	0	0	-	0	1
KEIN PKW IM HAUSHALT	-	-	-	-	-	-	-	-	-
BEVOELKERUNG INSGESAMT	49	11	7	3	10	25	3	28	98
PKW-BESITZER	4	0	18	1	20	3	0	3	27
PKW IM HAUSHALT	103	24	6	6	12	47	6	53	192
KEIN PKW IM HAUSHALT	27	5	1	0	1	19	1	20	53

DIW BERLIN 1986
1) WEGE MIT EINER ENTFERNUNG BIS ZU 50 KM 2) VERKEHR MIT PERSONEN- UND KOMBINATIONSKRAFTWAGEN,
KRAFTRAEDERN UND MOPEDS, TAXIS UND MIETWAGEN. 3) U-BAHN, STRASSENBAHN, O-BUS UND KRAFTOMNIBUS.
4) EINSCHLIESSLICH S-BAHN, OHNE MILITAERVERKEHR.
DIE WERTE SIND GERUNDET; ANTEILE UND SUMMEN SIND VON DEN UNGERUNDETEN AUSGANGSWERTEN BERECHNET.

QUELLEN: STATISTISCHES BUNDESAMT, SOCIALDATA MUENCHEN, BERECHNUNGEN DES DIW

TABELLE 3.11

PERSONENNAHVERKEHR 1982 NACH BEVOELKERUNGSGRUPPEN [1]
VERKEHR IN GROSSZENTREN
AUSBILDUNGSVERKEHR

	ZU FUSS	FAHR-RAD	PKW [2] FAHRER	PKW MIT-FAHRER	PKW INS-GESAMT	OEFFENTLICHE VERKEHRSMITTEL OESPV [3]	EISEN-BAHN [4]	INS-GESAMT	INS-GESAMT
- WEGE JE PERSON -									
KINDER UNTER 6 JAHREN	-	-	-	-	-	-	-	-	-
PKW-BESITZER	-	-	-	-	-	-	-	-	-
PKW IM HAUSHALT	-	-	-	-	-	-	-	-	-
KEIN PKW IM HAUSHALT	-	-	-	-	-	-	-	-	-
SCHUELER U. STUDENTEN	164	79	37	12	49	158	14	173	465
PKW-BESITZER	6	37	255	15	270	58	-	58	371
PKW IM HAUSHALT	217	99	15	14	29	161	8	169	515
KEIN PKW IM HAUSHALT	62	34	12	5	17	194	40	234	348
AUSZUBILDENDE	34	13	70	22	92	154	70	223	362
PKW-BESITZER	6	-	218	-	218	59	41	100	324
PKW IM HAUSHALT	55	22	38	28	66	243	26	269	412
KEIN PKW IM HAUSHALT	30	13	5	30	36	122	135	257	335
ARBEITER	-	1	5	-	5	0	-	0	6
PKW-BESITZER	-	-	9	-	9	-	-	-	9
PKW IM HAUSHALT	-	7	2	-	2	-	-	-	9
KEIN PKW IM HAUSHALT	-	-	-	-	-	1	-	1	1
ANGESTELLTE	1	1	7	0	8	2	1	3	12
PKW-BESITZER	1	1	13	0	13	1	-	1	15
PKW IM HAUSHALT	1	-	0	1	1	-	2	2	5
KEIN PKW IM HAUSHALT	-	2	-	1	1	9	-	9	12
BEAMTE	-	1	10	2	12	-	-	-	13
PKW-BESITZER	-	-	8	2	10	-	-	-	10
PKW IM HAUSHALT	-	8	43	-	43	-	-	-	51
KEIN PKW IM HAUSHALT	-	-	-	-	-	-	-	-	-
SELBSTAENDIGE,MITH.FAM	-	-	5	-	5	-	-	-	5
PKW-BESITZER	-	-	7	-	7	-	-	-	7
PKW IM HAUSHALT	-	-	-	-	-	-	-	-	-
KEIN PKW IM HAUSHALT	-	-	-	-	-	-	-	-	-
ARBEITSLOSE	-	-	5	1	6	-	14	14	20
PKW-BESITZER	-	-	13	-	13	-	-	-	13
PKW IM HAUSHALT	-	-	-	3	3	-	-	-	3
KEIN PKW IM HAUSHALT	-	-	-	-	-	-	36	36	36
HAUSFRAUEN	1	2	3	2	5	2	-	2	10
PKW-BESITZER	2	-	7	-	7	-	-	-	9
PKW IM HAUSHALT	2	3	5	4	8	1	-	1	14
KEIN PKW IM HAUSHALT	-	-	-	1	1	5	-	5	6
RENTNER	0	-	0	0	1	1	1	2	3
PKW-BESITZER	1	-	2	-	2	6	-	6	9
PKW IM HAUSHALT	2	-	-	2	2	1	-	1	4
KEIN PKW IM HAUSHALT	-	-	-	-	-	-	1	1	1
BEVOELKERUNG INSGESAMT	24	12	10	3	13	26	4	30	78
PKW-BESITZER	1	2	22	1	23	4	1	5	30
PKW IM HAUSHALT	70	33	8	6	14	57	4	61	178
KEIN PKW IM HAUSHALT	6	3	1	1	2	20	8	28	39

DIW BERLIN 1986
1) WEGE MIT EINER ENTFERNUNG BIS ZU 50 KM 2) VERKEHR MIT PERSONEN- UND KOMBINATIONSKRAFTWAGEN,
KRAFTRAEDERN UND MOPEDS, TAXIS UND MIETWAGEN. 3) U-BAHN, STRASSENBAHN, O-BUS UND KRAFTOMNIBUS.
4) EINSCHLIESSLICH S-BAHN, OHNE MILITAERVERKEHR.
DIE WERTE SIND GERUNDET; ANTEILE UND SUMMEN SIND VON DEN UNGERUNDETEN AUSGANGSWERTEN BERECHNET.

QUELLEN: STATISTISCHES BUNDESAMT, SOCIALDATA MUENCHEN, BERECHNUNGEN DES DIW

TABELLE 3.12

PERSONENNAHVERKEHR 1976 NACH BEVOELKERUNGSGRUPPEN 1)
VERKEHR IN GROSSZENTREN
GESCHAEFTS.- UND DIENSTREISEVERKEHR

	ZU FUSS	FAHR-RAD	PKW FAHRER	PKW 2) MIT-FAHRER	PKW INS-GESAMT	OEFFENTLICHE VERKEHRSMITTEL OESPV	OEFFENTLICHE VERKEHRSMITTEL 3) EISEN-BAHN 4)	INS-GESAMT	INS-GESAMT
			- WEGE JE PERSON -						
KINDER UNTER 6 JAHREN	-	-	-	-	-	-	-	-	-
PKW-BESITZER	-	-	-	-	-	-	-	-	-
PKW IM HAUSHALT	-	-	-	-	-	-	-	-	-
KEIN PKW IM HAUSHALT	-	-	-	-	-	-	-	-	-
SCHUELER U. STUDENTEN	1	0	6	0	6	0	-	0	7
PKW-BESITZER	-	-	84	-	84	-	-	-	84
PKW IM HAUSHALT	1	0	2	0	3	0	-	0	4
KEIN PKW IM HAUSHALT	0	-	-	-	-	0	-	0	1
AUSZUBILDENDE	1	3	9	6	15	-	1	1	20
PKW-BESITZER	-	-	44	-	44	-	-	-	44
PKW IM HAUSHALT	2	5	-	-	-	-	1	1	8
KEIN PKW IM HAUSHALT	-	-	-	30	30	-	-	-	30
ARBEITER	5	1	129	8	137	23	-	23	166
PKW-BESITZER	3	-	245	2	248	23	-	23	274
PKW IM HAUSHALT	-	1	8	6	14	12	-	12	27
KEIN PKW IM HAUSHALT	13	2	25	20	45	29	-	29	89
ANGESTELLTE	9	-	113	5	118	8	1	9	136
PKW-BESITZER	10	-	186	3	188	2	-	2	200
PKW IM HAUSHALT	9	-	43	2	45	8	3	11	64
KEIN PKW IM HAUSHALT	9	-	20	11	31	22	-	22	63
BEAMTE	13	-	82	19	101	16	-	16	130
PKW-BESITZER	12	-	109	23	132	10	-	10	154
PKW IM HAUSHALT	12	-	-	-	-	8	-	8	20
KEIN PKW IM HAUSHALT	14	-	12	11	24	43	-	43	80
SELBSTAENDIGE,MITH.FAM	9	3	323	6	330	11	-	11	353
PKW-BESITZER	11	1	484	1	486	3	-	3	501
PKW IM HAUSHALT	9	-	83	20	103	-	-	-	112
KEIN PKW IM HAUSHALT	-	21	13	-	13	78	-	78	111
ARBEITSLOSE	-	-	-	-	-	-	4	4	4
PKW-BESITZER	-	-	-	-	-	-	-	-	-
PKW IM HAUSHALT	-	-	-	-	-	-	-	-	-
KEIN PKW IM HAUSHALT	-	-	-	-	-	-	8	8	8
HAUSFRAUEN	-	-	3	1	3	1	-	1	4
PKW-BESITZER	-	-	-	7	7	-	-	-	7
PKW IM HAUSHALT	-	-	4	-	4	-	-	-	4
KEIN PKW IM HAUSHALT	-	-	-	-	-	3	-	3	3
RENTNER	1	-	-	1	1	4	-	4	6
PKW-BESITZER	3	-	-	-	-	10	-	10	13
PKW IM HAUSHALT	4	-	-	-	-	20	-	20	24
KEIN PKW IM HAUSHALT	-	-	-	2	2	-	-	-	2
BEVOELKERUNG INSGESAMT	4	0	62	4	66	7	0	7	77
PKW-BESITZER	7	0	200	4	204	9	-	9	220
PKW IM HAUSHALT	2	0	11	2	12	3	0	4	18
KEIN PKW IM HAUSHALT	3	1	6	5	11	9	0	10	25

DIW BERLIN 1986
1) WEGE MIT EINER ENTFERNUNG BIS ZU 50 KM 2) VERKEHR MIT PERSONEN- UND KOMBINATIONSKRAFTWAGEN,
KRAFTRAEDERN UND MOPEDS, TAXIS UND MIETWAGEN. 3) U-BAHN, STRASSENBAHN, O-BUS UND KRAFTOMNIBUS.
4) EINSCHLIESSLICH S-BAHN, OHNE MILITAERVERKEHR.
DIE WERTE SIND GERUNDET; ANTEILE UND SUMMEN SIND VON DEN UNGERUNDETEN AUSGANGSWERTEN BERECHNET.

QUELLEN: STATISTISCHES BUNDESAMT, SOCIALDATA MUENCHEN, BERECHNUNGEN DES DIW

TABELLE 3.12

PERSONENNAHVERKEHR 1982 NACH BEVOELKERUNGSGRUPPEN 1)
VERKEHR IN GROSSZENTREN
GESCHAEFTS.- UND DIENSTREISEVERKEHR

	ZU FUSS	FAHR-RAD	PKW FAHRER	PKW 2) MIT-FAHRER	PKW INS-GESAMT	OEFFENTLICHE VERKEHRSMITTEL OESPV	3) EISEN-BAHN 4)	INS-GESAMT	INS-GESAMT
			— WEGE JE PERSON —						
KINDER UNTER 6 JAHREN	—	—	—	—	—	—	—	—	—
PKW-BESITZER	—	—	—	—	—	—	—	—	—
PKW IM HAUSHALT	—	—	—	—	—	—	—	—	—
KEIN PKW IM HAUSHALT	—	—	—	—	—	—	—	—	—
SCHUELER U. STUDENTEN	0	3	5	1	5	2	2	4	12
PKW-BESITZER	—	—	20	—	20	—	—	—	20
PKW IM HAUSHALT	1	4	4	1	5	3	1	3	13
KEIN PKW IM HAUSHALT	—	—	—	—	—	—	8	8	8
AUSZUBILDENDE	1	—	15	—	15	—	—	—	16
PKW-BESITZER	—	—	—	—	—	—	—	—	—
PKW IM HAUSHALT	—	—	38	—	38	—	—	—	38
KEIN PKW IM HAUSHALT	4	—	—	—	—	—	—	—	4
ARBEITER	0	0	48	3	51	0	—	0	52
PKW-BESITZER	0	—	64	7	71	1	—	1	72
PKW IM HAUSHALT	1	1	2	—	2	—	—	—	5
KEIN PKW IM HAUSHALT	—	—	47	—	47	—	—	—	47
ANGESTELLTE	4	—	155	14	168	3	1	4	177
PKW-BESITZER	6	—	242	7	248	2	—	2	257
PKW IM HAUSHALT	4	—	28	13	41	3	—	3	49
KEIN PKW IM HAUSHALT	—	—	54	33	87	4	5	8	95
BLAMTE	18	—	106	5	111	5	—	5	133
PKW-BESITZER	11	—	139	—	139	1	—	1	151
PKW IM HAUSHALT	17	—	29	54	83	14	—	14	114
KEIN PKW IM HAUSHALT	48	—	—	—	—	14	—	14	62
SELBSTAENDIGE,MITH.FAM	6	1	454	26	481	8	5	14	501
PKW-BESITZER	5	—	521	11	531	11	7	18	555
PKW IM HAUSHALT	14	—	329	101	430	—	—	—	443
KEIN PKW IM HAUSHALT	—	7	166	31	197	—	—	—	204
ARBEITSLOSE	—	—	6	1	7	15	—	15	22
PKW-BESITZER	—	—	—	—	—	—	—	—	—
PKW IM HAUSHALT	—	—	—	5	5	22	—	22	27
KEIN PKW IM HAUSHALT	—	—	15	—	15	25	—	25	40
HAUSFRAUEN	3	—	3	1	4	1	—	1	8
PKW-BESITZER	4	—	13	—	13	—	—	—	17
PKW IM HAUSHALT	4	—	3	2	5	1	—	1	10
KEIN PKW IM HAUSHALT	1	—	—	—	—	2	—	2	3
RENTNER	1	0	5	0	5	1	—	1	8
PKW-BESITZER	4	2	26	—	26	—	—	—	32
PKW IM HAUSHALT	2	—	—	—	—	4	—	4	6
KEIN PKW IM HAUSHALT	0	—	—	0	0	1	—	1	2
BEVOELKERUNG INSGESAMT	3	1	62	5	67	2	1	3	73
PKW-BESITZER	4	0	161	5	166	2	1	3	174
PKW IM HAUSHALT	2	1	15	6	20	3	0	3	27
KEIN PKW IM HAUSHALT	1	0	14	4	18	2	1	3	23

DIW BERLIN 1986
1) WEGE MIT EINER ENTFERNUNG BIS ZU 50 KM 2) VERKEHR MIT PERSONEN- UND KOMBINATIONSKRAFTWAGEN,
KRAFTRAEDERN UND MOPEDS, TAXIS UND MIETWAGEN. 3) U-BAHN, STRASSENBAHN, O-BUS UND KRAFTOMNIBUS.
4) EINSCHLIESSLICH S-BAHN, OHNE MILITAERVERKEHR.
DIE WERTE SIND GERUNDET; ANTEILE UND SUMMEN SIND VON DEN UNGERUNDETEN AUSGANGSWERTEN BERECHNET.

QUELLEN: STATISTISCHES BUNDESAMT, SOCIALDATA MUENCHEN, BERECHNUNGEN DES DIW

TABELLE 3.13

1)
PERSONENNAHVERKEHR 1976 NACH BEVOELKERUNGSGRUPPEN
VERKEHR IN GROSSZENTREN
EINKAUFSVERKEHR

	ZU FUSS	FAHR-RAD	FAHRER	P K W [2) MIT-FAHRER	INS-GESAMT	OEFFENTLICHE VERKEHRSMITTEL OESPV 3)	EISEN-BAHN 4)	INS-GESAMT	INS-GESAMT
— WEGE JE PERSON —									
KINDER UNTER 6 JAHREN	98	3	—	7	7	12	—	12	120
PKW-BESITZER	—	—	—	—	—	—	—	—	—
PKW IM HAUSHALT	96	3	—	8	8	9	—	9	116
KEIN PKW IM HAUSHALT	106	1	—	3	3	22	—	22	131
SCHUELER U. STUDENTEN	97	16	19	20	39	36	1	37	189
PKW-BESITZER	137	4	219	1	220	11	—	11	373
PKW IM HAUSHALT	90	20	10	25	35	27	2	29	174
KEIN PKW IM HAUSHALT	109	6	5	8	13	70	1	72	200
AUSZUBILDENDE	68	15	42	8	50	35	2	37	170
PKW-BESITZER	28	—	89	—	89	28	—	28	145
PKW IM HAUSHALT	60	22	27	13	39	42	4	45	167
KEIN PKW IM HAUSHALT	128	12	36	6	42	21	—	21	203
ARBEITER	91	8	65	9	75	28	1	28	202
PKW-BESITZER	61	2	115	7	122	8	1	9	194
PKW IM HAUSHALT	163	18	32	23	56	50	—	50	287
KEIN PKW IM HAUSHALT	92	10	8	4	12	44	1	44	159
ANGESTELLTE	114	5	82	24	106	32	1	34	258
PKW-BESITZER	72	2	134	12	146	5	—	5	225
PKW IM HAUSHALT	172	7	36	59	95	43	2	45	320
KEIN PKW IM HAUSHALT	150	7	10	14	24	85	3	88	270
BEAMTE	110	8	110	10	120	22	8	30	268
PKW-BESITZER	88	4	145	6	152	11	10	21	265
PKW IM HAUSHALT	171	12	52	37	89	111	6	117	389
KEIN PKW IM HAUSHALT	168	19	—	15	15	29	2	31	232
SELBSTAENDIGE,MITH.FAM	108	4	113	15	129	21	4	25	266
PKW-BESITZER	44	—	146	6	152	2	1	3	200
PKW IM HAUSHALT	200	4	78	42	121	46	13	59	390
KEIN PKW IM HAUSHALT	223	28	16	3	20	68	—	68	340
ARBEITSLOSE	262	24	113	16	129	96	—	96	510
PKW-BESITZER	139	3	307	—	307	58	—	58	507
PKW IM HAUSHALT	261	18	181	31	212	39	—	39	531
KEIN PKW IM HAUSHALT	311	36	—	14	14	140	—	140	500
HAUSFRAUEN	327	24	54	52	106	77	4	81	538
PKW-BESITZER	168	12	337	62	400	21	—	21	601
PKW IM HAUSHALT	344	30	46	79	125	75	3	78	577
KEIN PKW IM HAUSHALT	336	17	2	7	9	92	7	99	461
RENTNER	256	11	21	12	33	89	9	99	398
PKW-BESITZER	162	23	145	1	146	24	4	28	360
PKW IM HAUSHALT	223	—	15	33	48	39	3	42	313
KEIN PKW IM HAUSHALT	279	10	—	10	10	110	12	122	421
BEVOELKERUNG INSGESAMT	166	12	53	21	74	48	3	52	303
PKW-BESITZER	81	4	146	10	156	10	2	11	253
PKW IM HAUSHALT	179	17	28	40	69	43	2	45	309
KEIN PKW IM HAUSHALT	221	12	4	9	13	86	6	92	337

DIW BERLIN 1986
1) WEGE MIT EINER ENTFERNUNG BIS ZU 50 KM 2) VERKEHR MIT PERSONEN- UND KOMBINATIONSKRAFTWAGEN,
KRAFTRAEDERN UND MOPEDS, TAXIS UND MIETWAGEN. 3) U-BAHN, STRASSENBAHN, O-BUS UND KRAFTOMNIBUS.
4) EINSCHLIESSLICH S-BAHN, OHNE MILITAERVERKEHR.
DIE WERTE SIND GERUNDET; ANTEILE UND SUMMEN SIND VON DEN UNGERUNDETEN AUSGANGSWERTEN BERECHNET.

QUELLEN: STATISTISCHES BUNDESAMT, SOCIALDATA MUENCHEN, BERECHNUNGEN DES DIW

TABELLE 3.13

PERSONENNAHVERKEHR 1982 NACH BEVOELKERUNGSGRUPPEN [1]
VERKEHR IN GROSSZENTREN
EINKAUFSVERKEHR

	ZU FUSS	FAHR-RAD	FAHRER	PKW 2) MIT-FAHRER	INS-GESAMT	OEFFENTLICHE VERKEHRSMITTEL 3) OESPV	EISEN-BAHN 4)	INS-GESAMT	INS-GESAMT
				- WEGE JE PERSON -					
KINDER UNTER 6 JAHREN	83	4	-	10	10	8	-	8	105
PKW-BESITZER	-	-	-	-	-	-	-	-	-
PKW IM HAUSHALT	55	4	-	12	12	7	-	7	78
KEIN PKW IM HAUSHALT	159	5	-	6	6	8	-	8	179
SCHUELER U. STUDENTEN	75	27	29	27	56	19	3	22	180
PKW-BESITZER	76	14	229	29	258	3	2	5	353
PKW IM HAUSHALT	52	26	9	30	39	21	2	23	140
KEIN PKW IM HAUSHALT	146	35	4	18	22	21	8	28	231
AUSZUBILDENDE	94	37	67	19	86	28	3	31	247
PKW-BESITZER	76	-	220	26	245	-	-	-	321
PKW IM HAUSHALT	112	12	35	26	61	30	7	37	222
KEIN PKW IM HAUSHALT	87	87	-	6	6	45	-	45	224
ARBEITER	94	16	82	13	95	20	2	23	229
PKW-BESITZER	60	11	141	16	157	0	1	1	229
PKW IM HAUSHALT	139	33	6	22	28	18	-	18	217
KEIN PKW IM HAUSHALT	126	16	28	2	30	57	6	63	235
ANGESTELLTE	101	15	91	15	106	24	3	27	248
PKW-BESITZER	70	11	132	10	143	3	2	5	229
PKW IM HAUSHALT	127	21	70	35	105	48	8	56	309
KEIN PKW IM HAUSHALT	152	17	7	5	12	53	3	56	238
BEAMTE	94	18	121	16	137	23	5	28	277
PKW-BESITZER	96	15	159	11	170	22	5	27	307
PKW IM HAUSHALT	60	34	27	49	76	10	7	17	187
KEIN PKW IM HAUSHALT	104	24	-	21	21	38	5	43	191
SELBSTAENDIGE,MITH.FAM	78	3	57	5	62	5	-	5	148
PKW-BESITZER	45	-	45	1	46	3	-	3	95
PKW IM HAUSHALT	181	23	96	5	100	-	-	-	304
KEIN PKW IM HAUSHALT	159	-	87	35	122	22	-	22	303
ARBEITSLOSE	244	3	68	35	103	22	3	25	375
PKW-BESITZER	146	8	164	13	177	15	-	15	346
PKW IM HAUSHALT	151	-	31	129	160	-	-	-	311
KEIN PKW IM HAUSHALT	392	-	-	-	-	41	7	48	441
HAUSFRAUEN	240	56	49	34	83	79	8	87	465
PKW-BESITZER	95	35	207	33	240	10	4	13	384
PKW IM HAUSHALT	299	87	40	57	97	59	6	64	548
KEIN PKW IM HAUSHALT	212	21	6	4	10	129	12	141	383
RENTNER	224	26	34	8	42	119	11	130	422
PKW-BESITZER	205	33	157	5	162	74	3	76	476
PKW IM HAUSHALT	249	46	14	50	64	66	4	71	429
KEIN PKW IM HAUSHALT	225	21	4	2	6	140	15	155	407
BEVOELKERUNG INSGESAMT	149	25	57	18	75	52	5	58	306
PKW-BESITZER	91	14	141	12	153	15	2	17	275
PKW IM HAUSHALT	152	40	27	39	66	35	3	39	296
KEIN PKW IM HAUSHALT	197	21	8	5	13	99	10	109	340

DIW BERLIN 1986
1) WEGE MIT EINER ENTFERNUNG BIS ZU 50 KM 2) VERKEHR MIT PERSONEN- UND KOMBINATIONSKRAFTWAGEN,
KRAFTRAEDERN UND MOPEDS, TAXIS UND MIETWAGEN. 3) U-BAHN, STRASSENBAHN, O-BUS UND KRAFTOMNIBUS.
4) EINSCHLIESSLICH S-BAHN, OHNE MILITAERVERKEHR.
DIE WERTE SIND GERUNDET; ANTEILE UND SUMMEN SIND VON DEN UNGERUNDETEN AUSGANGSWERTEN BERECHNET.

QUELLEN: STATISTISCHES BUNDESAMT, SOCIALDATA MUENCHEN, BERECHNUNGEN DES DIW

TABELLE 3.14

PERSONENNAHVERKEHR 1976 NACH BEVOELKERUNGSGRUPPEN [1]
VERKEHR IN GROSSZENTREN
FREIZEITVERKEHR

	ZU FUSS	FAHR-RAD	FAHRER	PKW [2] MIT-FAHRER	PKW INS-GESAMT	OEFFENTLICHE VERKEHRSMITTEL [3] OEFSPV	EISEN-BAHN [4]	INS-GESAMT	INS-GESAMT
- WEGE JE PERSON -									
KINDER UNTER 6 JAHREN	147	7	-	29	29	31	0	32	215
PKW-BESITZER	-	-	-	-	-	-	-	-	-
PKW IM HAUSHALT	150	9	-	32	32	26	0	26	217
KEIN PKW IM HAUSHALT	136	2	-	17	17	50	1	51	206
SCHUELER U. STUDENTEN	165	53	32	92	124	68	6	74	416
PKW-BESITZER	71	30	388	21	409	7	-	7	517
PKW IM HAUSHALT	169	64	13	105	118	56	5	62	413
KEIN PKW IM HAUSHALT	172	21	14	63	78	119	11	130	401
AUSZUBILDENDE	137	28	95	110	205	85	5	90	460
PKW-BESITZER	78	-	305	26	331	14	-	14	423
PKW IM HAUSHALT	125	40	32	123	156	103	2	106	427
KEIN PKW IM HAUSHALT	232	22	58	160	218	104	17	121	593
ARBEITER	68	7	97	27	124	24	3	27	226
PKW-BESITZER	55	4	179	15	194	3	-	3	257
PKW IM HAUSHALT	72	16	24	77	101	37	3	40	229
KEIN PKW IM HAUSHALT	86	6	15	14	29	47	8	54	175
ANGESTELLTE	86	6	132	48	179	31	2	33	304
PKW-BESITZER	79	5	222	25	247	6	0	6	336
PKW IM HAUSHALT	72	6	40	120	160	26	1	27	265
KEIN PKW IM HAUSHALT	118	10	17	23	40	97	6	103	271
BEAMTE	124	13	177	48	226	18	2	20	383
PKW-BESITZER	116	13	234	17	251	11	2	13	393
PKW IM HAUSHALT	32	-	66	92	158	18	-	18	208
KEIN PKW IM HAUSHALT	189	19	10	147	157	43	5	47	412
SELBSTAENDIGE,MITH.FAM	78	8	139	53	193	16	2	18	297
PKW-BESITZER	38	3	208	45	253	3	1	4	298
PKW IM HAUSHALT	132	9	40	94	134	11	7	18	293
KEIN PKW IM HAUSHALT	167	36	-	5	5	93	-	93	300
ARBEITSLOSE	109	46	86	40	126	69	-	69	350
PKW-BESITZER	50	38	324	14	338	13	-	13	439
PKW IM HAUSHALT	154	25	69	135	203	19	-	19	400
KEIN PKW IM HAUSHALT	109	61	-	-	-	119	-	119	288
HAUSFRAUEN	136	12	48	94	142	36	3	39	329
PKW-BESITZER	76	2	265	48	313	20	-	20	412
PKW IM HAUSHALT	146	12	47	138	185	25	1	26	370
KEIN PKW IM HAUSHALT	133	14	1	34	35	57	6	63	244
RENTNER	140	15	29	28	57	72	7	79	292
PKW-BESITZER	147	22	213	15	228	16	-	16	414
PKW IM HAUSHALT	116	3	9	89	98	18	-	18	235
KEIN PKW IM HAUSHALT	143	17	-	19	19	92	9	101	280
BEVOELKERUNG INSGESAMT	119	18	73	56	129	45	4	48	315
PKW-BESITZER	76	8	220	24	243	7	0	7	335
PKW IM HAUSHALT	136	28	26	104	130	37	3	40	334
KEIN PKW IM HAUSHALT	135	16	6	29	36	83	8	90	277

DIW BERLIN 1986
1) WEGE MIT EINER ENTFERNUNG BIS ZU 50 KM 2) VERKEHR MIT PERSONEN- UND KOMBINATIONSKRAFTWAGEN,
KRAFTRAEDERN UND MOPEDS, TAXIS UND MIETWAGEN. 3) U-BAHN, STRASSENBAHN, O-BUS UND KRAFTOMNIBUS.
4) EINSCHLIESSLICH S-BAHN, OHNE MILITAERVERKEHR.
DIE WERTE SIND GERUNDET; ANTEILE UND SUMMEN SIND VON DEN UNGERUNDETEN AUSGANGSWERTEN BERECHNET.

QUELLEN: STATISTISCHES BUNDESAMT, SOCIALDATA MUENCHEN, BERECHNUNGEN DES DIW

TABELLE 3.14

PERSONENNAHVERKEHR 1982 NACH BEVOELKERUNGSGRUPPEN [1]
VERKEHR IN GROSSZENTREN
FREIZEITVERKEHR

	ZU FUSS	FAHR-RAD	FAHRER	PKW [2] MIT-FAHRER	INS-GESAMT	OEFFENTLICHE VERKEHRSMITTEL OESPV [3]	EISEN-BAHN [4]	INS-GESAMT	INS-GESAMT
					WEGE JE PERSON				
KINDER UNTER 6 JAHREN	97	10	-	32	32	49	0	49	189
PKW-BESITZER	-	-	-	-	-	-	-	-	-
PKW IM HAUSHALT	96	12	-	36	36	39	0	39	182
KEIN PKW IM HAUSHALT	101	6	-	22	22	76	1	77	206
SCHUELER U. STUDENTEN	95	88	75	88	163	85	6	90	436
PKW-BESITZER	81	40	390	60	450	5	2	7	579
PKW IM HAUSHALT	96	107	42	99	141	72	3	75	419
KEIN PKW IM HAUSHALT	97	47	41	65	106	159	18	177	429
AUSZUBILDENDE	77	41	136	48	184	37	5	42	343
PKW-BESITZER	20	3	374	65	439	-	-	-	462
PKW IM HAUSHALT	57	50	69	58	127	46	12	58	292
KEIN PKW IM HAUSHALT	135	56	48	26	74	52	-	52	317
ARBEITER	70	20	134	38	172	35	2	37	299
PKW-BESITZER	83	17	233	20	253	15	1	16	370
PKW IM HAUSHALT	58	44	47	89	137	35	2	37	276
KEIN PKW IM HAUSHALT	55	10	17	35	52	70	3	73	190
ANGESTELLTE	68	20	130	43	173	26	2	29	289
PKW-BESITZER	59	22	204	30	234	8	0	8	322
PKW IM HAUSHALT	79	13	43	106	149	21	2	23	264
KEIN PKW IM HAUSHALT	79	24	24	17	41	78	9	87	231
BEAMTE	76	18	186	27	214	27	2	30	338
PKW-BESITZER	79	13	247	24	271	17	-	17	380
PKW IM HAUSHALT	36	63	26	104	131	22	-	22	251
KEIN PKW IM HAUSHALT	87	16	-	-	-	78	14	93	196
SELBSTAENDIGE,MITH.FAM	68	6	123	42	165	4	-	4	244
PKW-BESITZER	58	6	150	21	170	3	-	3	237
PKW IM HAUSHALT	64	12	54	139	193	13	-	13	281
KEIN PKW IM HAUSHALT	148	-	37	52	88	-	-	-	236
ARBEITSLOSE	124	75	132	49	181	51	5	56	436
PKW-BESITZER	107	46	328	17	345	10	-	10	508
PKW IM HAUSHALT	39	116	32	140	172	116	-	116	443
KEIN PKW IM HAUSHALT	190	78	8	26	34	51	12	63	365
HAUSFRAUEN	109	27	51	89	140	39	8	47	323
PKW-BESITZER	84	14	211	108	318	11	5	16	433
PKW IM HAUSHALT	104	37	45	134	179	27	3	30	351
KEIN PKW IM HAUSHALT	125	18	3	24	27	64	15	79	248
RENTNER	99	16	36	22	57	88	10	98	271
PKW-BESITZER	130	26	171	17	188	23	7	29	373
PKW IM HAUSHALT	93	18	20	67	87	16	-	16	215
KEIN PKW IM HAUSHALT	92	13	1	15	16	119	13	131	253
BEVOELKERUNG INSGESAMT	89	31	87	49	136	53	5	58	314
PKW-BESITZER	79	20	218	30	249	12	2	13	361
PKW IM HAUSHALT	89	55	39	101	140	43	2	46	329
KEIN PKW IM HAUSHALT	97	20	10	24	34	97	11	109	260

DIW BERLIN 1986
1) WEGE MIT EINER ENTFERNUNG BIS ZU 50 KM   2) VERKEHR MIT PERSONEN- UND KOMBINATIONSKRAFTWAGEN,
KRAFTRAEDERN UND MOPEDS, TAXIS UND MIETWAGEN.   3) U-BAHN, STRASSENBAHN, O-BUS UND KRAFTOMNIBUS.
4) EINSCHLIESSLICH S-BAHN, OHNE MILITAERVERKEHR.
DIE WERTE SIND GERUNDET; ANTEILE UND SUMMEN SIND VON DEN UNGERUNDETEN AUSGANGSWERTEN BERECHNET.

QUELLEN: STATISTISCHES BUNDESAMT, SOCIALDATA MUENCHEN, BERECHNUNGEN DES DIW

TABELLE 3.15

PERSONENNAHVERKEHR 1976 NACH BEVOELKERUNGSGRUPPEN [1]
VERKEHR IN OBERZENTREN
BERUFSVERKEHR

	ZU FUSS	FAHR-RAD	FAHRER	PKW [2] MIT-FAHRER	INS-GESAMT	OEFFENTLICHE VERKEHRSMITTEL [3] OESPV	EISEN-BAHN 4)	INS-GESAMT	INS-GESAMT
- WEGE JE PERSON -									
KINDER UNTER 6 JAHREN	-	-	-	-	-	-	-	-	-
PKW-BESITZER	-	-	-	-	-	-	-	-	-
PKW IM HAUSHALT	-	-	-	-	-	-	-	-	-
KEIN PKW IM HAUSHALT	-	-	-	-	-	-	-	-	-
SCHUELER U. STUDENTEN	1	1	6	1	7	3	0	3	12
PKW-BESITZER	3	-	99	3	102	-	3	3	108
PKW IM HAUSHALT	1	1	2	1	2	2	0	2	7
KEIN PKW IM HAUSHALT	2	-	-	-	-	4	-	4	6
AUSZUBILDENDE	49	38	70	10	80	71	8	79	247
PKW-BESITZER	40	-	219	-	219	-	-	-	259
PKW IM HAUSHALT	43	60	41	18	59	93	10	103	265
KEIN PKW IM HAUSHALT	75	20	2	-	2	82	12	94	192
ARBEITER	82	43	204	26	230	89	8	98	453
PKW-BESITZER	48	20	359	6	365	12	4	16	449
PKW IM HAUSHALT	105	74	44	82	126	105	6	111	416
KEIN PKW IM HAUSHALT	125	61	48	18	66	219	19	239	491
ANGESTELLTE	92	29	237	30	267	94	12	106	494
PKW-BESITZER	65	23	367	11	378	8	9	17	483
PKW IM HAUSHALT	127	24	81	71	152	164	16	180	484
KEIN PKW IM HAUSHALT	130	54	47	32	79	266	16	282	545
BEAMTE	74	28	294	17	310	31	10	40	453
PKW-BESITZER	59	22	341	9	350	14	11	24	455
PKW IM HAUSHALT	90	21	186	87	273	98	6	104	487
KEIN PKW IM HAUSHALT	180	90	7	11	17	106	4	110	404
SELBSTAENDIGE,MITH.FAM	64	9	201	12	213	12	-	12	298
PKW-BESITZER	68	2	285	1	287	1	-	1	358
PKW IM HAUSHALT	64	5	28	44	72	16	-	16	157
KEIN PKW IM HAUSHALT	17	94	24	-	24	112	-	112	246
ARBEITSLOSE	9	1	72	7	79	-	-	-	89
PKW-BESITZER	29	-	208	-	208	-	-	-	237
PKW IM HAUSHALT	-	-	21	21	42	-	-	-	42
KEIN PKW IM HAUSHALT	-	4	-	-	-	-	-	-	4
HAUSFRAUEN	8	4	12	4	16	2	0	2	31
PKW-BESITZER	12	2	17	5	23	3	-	3	40
PKW IM HAUSHALT	9	5	18	6	23	2	-	2	34
KEIN PKW IM HAUSHALT	6	2	2	2	3	2	1	3	15
RENTNER	4	-	3	0	9	5	0	5	17
PKW-BESITZER	1	-	46	1	47	3	-	3	51
PKW IM HAUSHALT	4	-	1	-	1	-	-	-	4
KEIN PKW IM HAUSHALT	4	-	-	-	-	7	0	7	11
BEVOELKERUNG INSGESAMT	36	14	95	11	106	32	4	36	192
PKW-BESITZER	48	15	289	6	296	8	5	12	371
PKW IM HAUSHALT	27	12	20	18	38	29	2	31	109
KEIN PKW IM HAUSHALT	35	16	11	6	17	60	5	65	133

DIW BERLIN 1986
1) WEGE MIT EINER ENTFERNUNG BIS ZU 50 KM 2) VERKEHR MIT PERSONEN- UND KOMBINATIONSKRAFTWAGEN,
KRAFTRAEDERN UND MOPEDS, TAXIS UND MIETWAGEN. 3) U-BAHN, STRASSENBAHN, O-BUS UND KRAFTOMNIBUS.
4) EINSCHLIESSLICH S-BAHN, OHNE MILITAERVERKEHR.
DIE WERTE SIND GERUNDET; ANTEILE UND SUMMEN SIND VON DEN UNGERUNDETEN AUSGANGSWERTEN BERECHNET.

QUELLEN: STATISTISCHES BUNDESAMT, SOCIALDATA MUENCHEN, BERECHNUNGEN DES DIW

TABELLE 3.15

PERSONENNAHVERKEHR 1982 NACH BEVOELKERUNGSGRUPPEN [1]
VERKEHR IN OBERZENTREN
BERUFSVERKEHR

	ZU FUSS	FAHR-RAD	FAHRER	PKW [2] MIT-FAHRER	INS-GESAMT	OEFFENTLICHE VERKEHRSMITTEL OESPV	[3] EISEN-BAHN [4]	INS-GESAMT	INS-GESAMT
– WEGE JE PERSON –									
KINDER UNTER 6 JAHREN	–	–	–	–	–	–	–	–	–
PKW-BESITZER	–	–	–	–	–	–	–	–	–
PKW IM HAUSHALT	–	–	–	–	–	–	–	–	–
KEIN PKW IM HAUSHALT	–	–	–	–	–	–	–	–	–
SCHUELER U. STUDENTEN	4	4	19	3	21	5	0	5	34
PKW-BESITZER	5	–	97	2	99	–	–	–	103
PKW IM HAUSHALT	2	2	7	3	10	5	0	6	19
KEIN PKW IM HAUSHALT	14	12	9	1	10	4	–	4	41
AUSZUBILDENDE	18	19	54	12	66	57	1	58	161
PKW-BESITZER	8	11	165	8	173	–	–	–	192
PKW IM HAUSHALT	22	26	25	11	36	59	1	61	145
KEIN PKW IM HAUSHALT	22	6	–	19	19	126	–	126	172
ARBEITER	56	48	251	19	270	77	0	77	451
PKW-BESITZER	41	33	358	4	363	13	0	14	451
PKW IM HAUSHALT	98	56	113	68	182	146	0	146	481
KEIN PKW IM HAUSHALT	56	84	81	7	87	193	–	193	420
ANGESTELLTE	79	35	257	27	283	72	4	76	474
PKW-BESITZER	61	23	349	15	364	27	5	32	480
PKW IM HAUSHALT	104	69	93	76	169	141	4	144	486
KEIN PKW IM HAUSHALT	121	43	73	11	84	179	–	179	428
BEAMTE	77	32	251	18	270	52	6	58	436
PKW-BESITZER	72	33	277	15	291	36	6	42	438
PKW IM HAUSHALT	107	17	127	64	191	91	7	98	414
KEIN PKW IM HAUSHALT	102	28	62	19	81	219	–	219	430
SELBSTAENDIGE,MITH.FAM	81	14	238	22	260	8	–	8	363
PKW-BESITZER	65	9	344	11	355	6	–	6	435
PKW IM HAUSHALT	134	31	25	58	82	14	–	14	261
KEIN PKW IM HAUSHALT	52	–	–	–	–	7	–	7	59
ARBEITSLOSE	6	11	39	1	40	6	–	6	62
PKW-BESITZER	2	–	78	–	78	–	–	–	80
PKW IM HAUSHALT	11	29	27	3	30	18	–	18	87
KEIN PKW IM HAUSHALT	4	5	13	–	13	–	–	–	22
HAUSFRAUEN	7	1	11	4	16	9	1	10	34
PKW-BESITZER	1	–	47	10	57	6	–	6	65
PKW IM HAUSHALT	7	3	8	6	14	11	1	13	36
KEIN PKW IM HAUSHALT	9	0	1	–	1	7	–	7	17
RENTNER	2	2	9	1	10	3	–	3	16
PKW-BESITZER	1	1	33	1	34	3	–	3	39
PKW IM HAUSHALT	1	2	3	2	5	11	–	11	19
KEIN PKW IM HAUSHALT	2	2	0	–	0	1	–	1	5
BEVOELKERUNG INSGESAMT	29	15	103	10	113	28	1	29	186
PKW-BESITZER	40	18	252	9	260	16	2	18	336
PKW IM HAUSHALT	25	14	24	17	41	32	1	32	112
KEIN PKW IM HAUSHALT	21	14	15	2	17	37	–	37	90

DIW BERLIN 1986
1) WEGE MIT EINER ENTFERNUNG BIS ZU 50 KM 2) VERKEHR MIT PERSONEN- UND KOMBINATIONSKRAFTWAGEN, KRAFTRAEDERN UND MOPEDS, TAXIS UND MIETWAGEN. 3) U-BAHN, STRASSENBAHN, O-BUS UND KRAFTOMNIBUS.
4) EINSCHLIESSLICH S-BAHN, OHNE MILITAERVERKEHR.
DIE WERTE SIND GERUNDET; ANTEILE UND SUMMEN SIND VON DEN UNGERUNDETEN AUSGANGSWERTEN BERECHNET.

QUELLEN: STATISTISCHES BUNDESAMT, SOCIALDATA MUENCHEN, BERECHNUNGEN DES DIW

TABELLE 3.16

PERSONENNAHVERKEHR 1976 NACH BEVOELKERUNGSGRUPPEN [1]
VERKEHR IN OBERZENTREN
AUSBILDUNGSVERKEHR

	ZU FUSS	FAHR-RAD	FAHRER	PKW [2] MIT-FAHRER	INS-GESAMT	OEFFENTLICHE VERKEHRSMITTEL OESPV	EISEN-BAHN 3) 4)	INS-GESAMT	INS-GESAMT
			- WEGE JE PERSON -						
KINDER UNTER 6 JAHREN	-	-	-	-	-	-	-	-	-
PKW-BESITZER	-	-	-	-	-	-	-	-	-
PKW IM HAUSHALT	-	-	-	-	-	-	-	-	-
KEIN PKW IM HAUSHALT	-	-	-	-	-	-	-	-	-
SCHUELER U. STUDENTEN	257	65	24	29	53	132	4	137	512
PKW-BESITZER	9	1	380	6	387	5	7	12	409
PKW IM HAUSHALT	251	74	6	32	37	145	3	147	509
KEIN PKW IM HAUSHALT	342	49	4	28	32	117	10	127	551
AUSZUBILDENDE	46	45	82	15	97	76	15	91	279
PKW-BESITZER	35	-	321	-	321	-	-	-	356
PKW IM HAUSHALT	35	72	20	22	42	76	16	92	241
KEIN PKW IM HAUSHALT	84	21	10	12	22	148	29	176	302
ARBEITER	5	-	5	1	6	1	-	1	12
PKW-BESITZER	7	-	6	-	6	-	-	-	12
PKW IM HAUSHALT	7	-	8	3	11	4	-	4	22
KEIN PKW IM HAUSHALT	1	-	-	2	2	2	-	2	4
ANGESTELLTE	2	0	9	1	10	2	0	2	15
PKW-BESITZER	2	-	13	0	14	-	-	-	16
PKW IM HAUSHALT	3	1	7	1	8	8	0	9	20
KEIN PKW IM HAUSHALT	1	-	1	-	1	1	-	1	3
BEAMTE	3	-	8	4	13	-	-	-	15
PKW-BESITZER	3	-	11	0	11	-	-	-	14
PKW IM HAUSHALT	-	-	-	38	38	-	-	-	38
KEIN PKW IM HAUSHALT	3	-	-	-	-	-	-	-	3
SELBSTAENDIGE, MITH.FAM	3	-	9	-	9	-	-	-	12
PKW-BESITZER	4	-	12	-	12	-	-	-	17
PKW IM HAUSHALT	-	-	3	-	3	-	-	-	3
KEIN PKW IM HAUSHALT	-	-	-	-	-	-	-	-	-
ARBEITSLOSE	13	3	11	-	11	3	-	3	30
PKW-BESITZER	-	9	34	-	34	-	-	-	43
PKW IM HAUSHALT	-	-	-	-	-	-	-	-	-
KEIN PKW IM HAUSHALT	36	-	-	-	-	8	-	8	44
HAUSFRAUEN	5	0	5	1	6	1	-	1	12
PKW-BESITZER	-	-	15	-	15	-	-	-	15
PKW IM HAUSHALT	7	1	6	2	8	1	-	1	16
KEIN PKW IM HAUSHALT	3	-	-	-	-	1	-	1	4
RENTNER	0	-	0	-	0	-	-	-	0
PKW-BESITZER	2	-	1	-	1	-	-	-	3
PKW IM HAUSHALT	-	-	-	-	-	-	-	-	-
KEIN PKW IM HAUSHALT	-	-	-	-	-	-	-	-	-
BEVOELKERUNG INSGESAMT	47	12	10	6	16	25	1	26	101
PKW-BESITZER	4	0	26	0	26	0	0	0	31
PKW IM HAUSHALT	83	26	5	12	17	49	1	50	175
KEIN PKW IM HAUSHALT	41	6	1	4	4	16	2	18	69

DIW BERLIN 1986
1) WEGE MIT EINER ENTFERNUNG BIS ZU 50 KM 2) VERKEHR MIT PERSONEN- UND KOMBINATIONSKRAFT-AGEN,
KRAFTRAEDERN UND MOPEDS, TAXIS UND MIETWAGEN. 3) U-BAHN, STRASSENBAHN, O-BUS UND KRAFTOMNIBUS.
4) EINSCHLIESSLICH S-BAHN, OHNE MILITAERVERKEHR.
DIE WERTE SIND GERUNDET, ANTEILE UND SUMMEN SIND VON DEN UNGERUNDETEN AUSGANGSWERTEN BERECHNET.

QUELLEN: STATISTISCHES BUNDESAMT, SOCIALDATA MUENCHEN, BERECHNUNGEN DES DIW

150

TABELLE 3.16

PERSONENNAHVERKEHR 1982 NACH BEVOELKERUNGSGRUPPEN [1]
VERKEHR IN OBERZENTREN
AUSBILDUNGSVERKEHR

	ZU FUSS	FAHR-RAD	FAHRER	PKW [2] MIT-FAHRER	INS-GESAMT	OEFFENTLICHE VERKEHRSMITTEL OESPV [3]	EISEN-BAHN [4]	INS-GESAMT	INS-GESAMT
- WEGE JE PERSON -									
KINDER UNTER 6 JAHREN	-	-	-	-	-	-	-	-	-
PKW-BESITZER	-	-	-	-	-	-	-	-	-
PKW IM HAUSHALT	-	-	-	-	-	-	-	-	-
KEIN PKW IM HAUSHALT	-	-	-	-	-	-	-	-	-
SCHUELER U. STUDENTEN	161	69	36	21	57	162	2	165	452
PKW-BESITZER	57	37	146	17	163	15	3	18	275
PKW IM HAUSHALT	169	77	23	27	50	204	2	206	502
KEIN PKW IM HAUSHALT	202	66	8	1	9	116	2	119	397
AUSZUBILDENDE	37	29	66	23	89	91	8	98	252
PKW-BESITZER	-	-	127	33	160	12	-	12	172
PKW IM HAUSHALT	27	23	52	14	66	116	9	125	241
KEIN PKW IM HAUSHALT	116	85	31	37	68	114	12	126	395
ARBEITER	1	-	5	0	5	1	-	1	8
PKW-BESITZER	1	-	8	-	8	0	-	0	9
PKW IM HAUSHALT	1	-	3	0	4	2	-	2	7
KEIN PKW IM HAUSHALT	3	-	-	-	-	3	-	3	6
ANGESTELLTE	1	-	5	0	5	2	-	2	9
PKW-BESITZER	0	-	5	0	5	1	-	1	6
PKW IM HAUSHALT	1	-	6	-	6	5	-	5	12
KEIN PKW IM HAUSHALT	6	-	6	-	6	4	-	4	16
BEAMTE	2	0	11	1	12	-	0	0	14
PKW-BESITZER	2	0	11	1	12	-	0	0	15
PKW IM HAUSHALT	-	2	17	-	17	-	-	-	19
KEIN PKW IM HAUSHALT	-	-	-	-	-	-	-	-	-
SELBSTAENDIGE,MITH.FAM	-	-	7	3	10	-	-	-	10
PKW-BESITZER	-	-	5	-	5	-	-	-	5
PKW IM HAUSHALT	-	-	11	14	25	-	-	-	25
KEIN PKW IM HAUSHALT	-	-	5	-	5	-	-	-	5
ARBEITSLOSE	11	1	13	-	13	17	-	17	42
PKW-BESITZER	-	-	23	-	23	-	-	-	23
PKW IM HAUSHALT	12	4	16	-	16	19	-	19	51
KEIN PKW IM HAUSHALT	21	-	-	-	-	33	-	33	54
HAUSFRAUEN	1	1	4	1	5	1	-	1	8
PKW-BESITZER	1	-	15	-	15	-	-	-	16
PKW IM HAUSHALT	0	2	3	2	5	0	-	0	8
KEIN PKW IM HAUSHALT	1	-	1	-	1	3	-	3	4
RENTNER	0	-	-	1	1	3	-	3	4
PKW-BESITZER	0	-	-	-	-	-	-	-	0
PKW IM HAUSHALT	-	-	-	-	-	-	-	-	-
KEIN PKW IM HAUSHALT	-	-	-	2	2	4	-	4	6
BEVOELKERUNG INSGESAMT	30	13	11	5	16	32	1	33	92
PKW-BESITZER	4	2	17	2	19	1	0	2	28
PKW IM HAUSHALT	57	26	12	10	22	72	1	73	178
KEIN PKW IM HAUSHALT	29	9	2	1	4	20	0	21	62

DIW BERLIN 1986
1) WEGE MIT EINER ENTFERNUNG BIS ZU 50 KM 2) VERKEHR MIT PERSONEN- UND KOMBINATIONSKRAFTWAGEN, KRAFTRAEDERN UND MOPEDS, TAXIS UND MIETWAGEN. 3) U-BAHN, STRASSENBAHN, O-BUS UND KRAFTOMNIBUS. 4) EINSCHLIESSLICH S-BAHN, OHNE MILITAERVERKEHR.
DIE WERTE SIND GERUNDET; ANTEILE UND SUMMEN SIND VON DEN UNGERUNDETEN AUSGANGSWERTEN BERECHNET.

QUELLEN: STATISTISCHES BUNDESAMT, SOCIALDATA MUENCHEN, BERECHNUNGEN DES DIW

TABELLE 3.17

	ZU FUSS	FAHR-RAD	FAHRER	PKW [2] MIT-FAHRER	PKW INS-GESAMT	OEFFENTLICHE VERKEHRSMITTEL OESPV [3]	EISEN-BAHN [4]	INS-GESAMT	INS-GESAMT
– WEGE JE PERSON –									
KINDER UNTER 6 JAHREN	–	–	–	–	–	–	–	–	–
PKW-BESITZER	–	–	–	–	–	–	–	–	–
PKW IM HAUSHALT	–	–	–	–	–	–	–	–	–
KEIN PKW IM HAUSHALT	–	–	–	–	–	–	–	–	–
SCHUELER U. STUDENTEN	1	1	3	1	4	1	0	1	7
PKW-BESITZER	8	–	70	7	76	3	1	4	88
PKW IM HAUSHALT	0	1	–	0	0	0	–	0	2
KEIN PKW IM HAUSHALT	4	–	–	1	1	2	–	2	6
AUSZUBILDENDE	7	2	5	4	9	–	–	–	18
PKW-BESITZER	–	–	16	–	16	–	–	–	16
PKW IM HAUSHALT	9	4	3	7	10	–	–	–	23
KEIN PKW IM HAUSHALT	9	–	–	–	–	–	–	–	9
ARBEITER	2	0	98	4	102	3	2	5	111
PKW-BESITZER	–	1	187	6	193	1	–	1	194
PKW IM HAUSHALT	3	–	11	5	16	7	–	7	25
KEIN PKW IM HAUSHALT	6	–	3	2	5	6	8	13	25
ANGESTELLTE	6	3	88	4	91	2	0	2	103
PKW-BESITZER	7	1	138	1	139	1	0	2	149
PKW IM HAUSHALT	7	–	27	2	29	1	–	1	37
KEIN PKW IM HAUSHALT	3	15	14	14	27	6	–	6	51
BEAMTE	28	2	85	8	94	6	16	21	145
PKW-BESITZER	33	1	104	8	111	5	16	21	167
PKW IM HAUSHALT	10	–	–	24	24	8	7	15	54
KEIN PKW IM HAUSHALT	2	11	19	–	19	6	20	27	59
SELBSTAENDIGE,MITH.FAM	13	1	379	3	382	–	–	–	396
PKW-BESITZER	15	1	539	1	540	–	–	–	556
PKW IM HAUSHALT	6	–	46	11	57	–	–	–	63
KEIN PKW IM HAUSHALT	22	14	63	–	63	–	–	–	99
ARBEITSLOSE	–	–	4	–	4	–	–	–	4
PKW-BESITZER	–	–	14	–	14	–	–	–	14
PKW IM HAUSHALT	–	–	–	–	–	–	–	–	–
KEIN PKW IM HAUSHALT	–	–	–	–	–	–	–	–	–
HAUSFRAUEN	2	1	3	2	5	–	–	–	7
PKW-BESITZER	–	–	23	–	23	–	–	–	23
PKW IM HAUSHALT	0	0	2	3	5	–	–	–	6
KEIN PKW IM HAUSHALT	5	1	–	–	–	–	–	–	6
RENTNER	3	–	1	–	1	–	–	–	5
PKW-BESITZER	2	–	6	–	6	–	–	–	8
PKW IM HAUSHALT	5	–	–	–	–	–	–	–	5
KEIN PKW IM HAUSHALT	4	–	–	–	–	–	–	–	4
BEVOELKERUNG INSGESAMT	4	1	51	2	54	1	1	2	61
PKW-BESITZER	8	1	168	3	171	1	2	3	182
PKW IM HAUSHALT	2	0	5	2	8	1	0	1	11
KEIN PKW IM HAUSHALT	4	2	3	2	4	2	1	3	13

DIW BERLIN 1986
1) WEGE MIT EINER ENTFERNUNG BIS ZU 50 KM 2) VERKEHR MIT PERSONEN- UND KOMBINATIONSKRAFTWAGEN,
KRAFTRAEDERN UND MOPEDS, TAXIS UND MIETWAGEN. 3) U-BAHN, STRASSENBAHN, O-BUS UND KRAFTOMNIBUS.
4) EINSCHLIESSLICH S-BAHN, OHNE MILITAERVERKEHR.
DIE WERTE SIND GERUNDET; ANTEILE UND SUMMEN SIND VON DEN UNGERUNDETEN AUSGANGSWERTEN BERECHNET.

QUELLEN: STATISTISCHES BUNDESAMT, SOCIALDATA MUENCHEN, BERECHNUNGEN DES DIW

TABELLE 3.17
1)
PERSONENNAHVERKEHR 1982 NACH BEVOELKERUNGSGRUPPEN
VERKEHR IN OBERZENTREN
GESCHAEFTS.- UND DIENSTREISEVERKEHR

	ZU FUSS	FAHR-RAD	FAHRER	P K W 2) MIT-FAHRER	INS-GESAMT	OEFFENTLICHE VERKEHRSMITTEL 3) OESPV	EISEN-BAHN 4)	INS-GESAMT	INS-GESAMT
				- WEGE JE PERSON -					
KINDER UNTER 6 JAHREN	-	-	-	-	-	-	-	-	-
PKW-BESITZER	-	-	-	-	-	-	-	-	-
PKW IM HAUSHALT	-	-	-	-	-	-	-	-	-
KEIN PKW IM HAUSHALT	-	-	-	-	-	-	-	-	-
SCHUELER U. STUDENTEN	2	0	11	4	15	1	0	1	17
PKW-BESITZER	-	-	43	1	44	-	-	-	44
PKW IM HAUSHALT	2	-	4	5	9	1	0	1	13
KEIN PKW IM HAUSHALT	-	0	14	-	14	-	-	-	14
AUSZUBILDENDE	3	3	7	12	20	3	1	4	29
PKW-BESITZER	-	-	30	-	30	-	-	-	30
PKW IM HAUSHALT	5	5	-	-	-	-	1	1	11
KEIN PKW IM HAUSHALT	-	-	-	70	70	17	-	17	87
ARBEITER	4	1	66	4	70	1	-	1	76
PKW-BESITZER	2	0	108	3	111	2	-	2	116
PKW IM HAUSHALT	2	1	5	4	9	-	-	-	13
KEIN PKW IM HAUSHALT	12	-	5	7	13	-	-	-	24
ANGESTELLTE	6	0	128	4	131	2	1	3	140
PKW-BESITZER	7	-	177	2	179	1	1	2	188
PKW IM HAUSHALT	5	2	21	4	25	7	-	7	40
KEIN PKW IM HAUSHALT	-	-	54	10	64	2	-	2	66
BEAMTE	9	2	75	7	82	4	2	6	98
PKW-BESITZER	5	1	86	8	94	4	2	5	105
PKW IM HAUSHALT	21	2	15	-	15	-	-	-	38
KEIN PKW IM HAUSHALT	57	3	-	-	-	15	-	15	75
SELBSTAENDIGE,MITH.FAM	16	3	281	22	303	6	-	6	328
PKW-BESITZER	18	2	389	16	406	3	-	3	429
PKW IM HAUSHALT	15	9	46	45	91	14	-	14	129
KEIN PKW IM HAUSHALT	-	-	89	-	89	-	-	-	89
ARBEITSLOSE	-	7	46	-	46	3	-	3	57
PKW-BESITZER	-	-	132	-	132	-	-	-	132
PKW IM HAUSHALT	-	21	4	-	4	10	-	10	36
KEIN PKW IM HAUSHALT	-	1	2	-	2	-	-	-	3
HAUSFRAUEN	1	1	3	1	4	0	-	0	7
PKW-BESITZER	-	1	11	-	11	2	-	2	14
PKW IM HAUSHALT	1	1	3	3	5	0	-	0	7
KEIN PKW IM HAUSHALT	2	1	-	-	-	-	-	-	3
RENTNER	1	0	6	-	6	1	-	1	9
PKW-BESITZER	0	1	20	-	20	2	-	2	24
PKW IM HAUSHALT	-	-	6	-	6	3	-	3	10
KEIN PKW IM HAUSHALT	2	-	-	-	-	1	-	1	2
BEVOELKERUNG INSGESAMT	3	1	50	4	54	2	0	2	59
PKW-BESITZER	5	1	127	4	131	2	0	2	138
PKW IM HAUSHALT	2	2	6	4	11	2	0	2	17
KEIN PKW IM HAUSHALT	3	0	8	2	10	1	-	1	14

DIW BERLIN 1986
1) WEGE MIT EINER ENTFERNUNG BIS ZU 50 KM 2) VERKEHR MIT PERSONEN- UND KOMBINATIONSKRAFTWAGEN,
KRAFTRAEDERN UND MOPEDS, TAXIS UND MIETWAGEN. 3) U-BAHN, STRASSENBAHN, O-BUS UND KRAFTOMNIBUS.
4) EINSCHLIESSLICH S-BAHN, OHNE MILITAERVERKEHR.
DIE WERTE SIND GERUNDET; ANTEILE UND SUMMEN SIND VON DEN UNGERUNDETEN AUSGANGSWERTEN BERECHNET.

QUELLEN: STATISTISCHES BUNDESAMT, SOCIALDATA MUENCHEN, BERECHNUNGEN DES DIW

TABELLE 3.18

PERSONENNAHVERKEHR 1976 NACH BEVOELKERUNGSGRUPPEN [1]
VERKEHR IN OBERZENTREN
EINKAUFSVERKEHR

- WEGE JE PERSON -

	ZU FUSS	FAHR-RAD	FAHRER	PKW [2] MIT-FAHRER	PKW INS-GESAMT	OEFFENTLICHE VERKEHRSMITTEL OESPV [3]	EISEN-BAHN [4]	INS-GESAMT	INS-GESAMT
KINDER UNTER 6 JAHREN	86	5	-	7	7	8	-	8	105
PKW-BESITZER	-	-	-	-	-	-	-	-	-
PKW IM HAUSHALT	75	5	-	8	8	8	-	8	96
KEIN PKW IM HAUSHALT	133	4	-	0	0	8	-	8	145
SCHUELER U. STUDENTEN	86	28	16	19	35	23	0	23	171
PKW-BESITZER	102	-	213	7	221	18	1	19	342
PKW IM HAUSHALT	71	30	7	25	32	23	0	23	155
KEIN PKW IM HAUSHALT	136	25	2	0	2	25	-	25	189
AUSZUBILDENDE	58	17	29	13	42	20	1	20	137
PKW-BESITZER	5	-	112	6	118	-	-	-	123
PKW IM HAUSHALT	62	17	10	20	30	27	-	27	136
KEIN PKW IM HAUSHALT	93	32	-	-	-	20	4	23	153
ARBEITER	91	10	81	17	98	7	0	8	207
PKW-BESITZER	47	4	142	6	148	0	1	1	201
PKW IM HAUSHALT	150	25	29	48	77	15	-	15	266
KEIN PKW IM HAUSHALT	126	9	11	10	21	15	-	15	170
ANGESTELLTE	95	4	110	18	127	20	0	21	247
PKW-BESITZER	65	2	162	8	170	3	0	3	240
PKW IM HAUSHALT	137	7	57	41	98	30	0	31	272
KEIN PKW IM HAUSHALT	128	9	19	16	35	61	-	61	233
BEAMTE	110	8	165	19	184	7	0	7	309
PKW-BESITZER	99	5	189	20	209	3	0	3	315
PKW IM HAUSHALT	170	25	130	33	163	7	-	7	365
KEIN PKW IM HAUSHALT	146	17	-	-	-	35	-	35	198
SELBSTAENDIGE,MITH.FAM	83	6	118	16	134	4	-	4	227
PKW-BESITZER	55	5	143	1	144	-	-	-	204
PKW IM HAUSHALT	140	10	81	41	122	-	-	-	272
KEIN PKW IM HAUSHALT	145	-	20	64	83	53	-	53	281
ARBEITSLOSE	265	11	126	37	162	45	-	45	484
PKW-BESITZER	184	-	359	18	377	-	-	-	560
PKW IM HAUSHALT	207	15	9	98	106	62	-	62	390
KEIN PKW IM HAUSHALT	386	18	28	-	28	68	-	68	501
HAUSFRAUEN	293	31	62	58	119	61	1	62	505
PKW-BESITZER	108	5	312	41	354	12	-	12	479
PKW IM HAUSHALT	294	40	61	81	143	59	1	60	537
KEIN PKW IM HAUSHALT	331	19	7	20	27	76	2	78	455
RENTNER	237	16	39	11	50	90	3	94	397
PKW-BESITZER	238	32	210	4	214	52	-	52	536
PKW IM HAUSHALT	183	12	6	47	53	34	-	34	282
KEIN PKW IM HAUSHALT	249	13	1	4	5	113	5	118	385
BEVOELKERUNG INSGESAMT	153	16	64	23	87	36	1	37	293
PKW-BESITZER	86	7	173	9	183	8	0	8	283
PKW IM HAUSHALT	152	25	30	43	73	30	0	31	280
KEIN PKW IM HAUSHALT	218	14	6	9	15	71	2	73	321

DIW BERLIN 1986
1) WEGE MIT EINER ENTFERNUNG BIS ZU 50 KM 2) VERKEHR MIT PERSONEN- UND KOMBINATIONSKRAFTWAGEN, KRAFTRAEDERN UND MOPEDS, TAXIS UND MIETWAGEN. 3) U-BAHN, STRASSENBAHN, O-BUS UND KRAFTOMNIBUS.
4) EINSCHLIESSLICH S-BAHN, OHNE MILITAERVERKEHR.
DIE WERTE SIND GERUNDET; ANTEILE UND SUMMEN SIND VON DEN UNGERUNDETEN AUSGANGSWERTEN BERECHNET.

QUELLEN: STATISTISCHES BUNDESAMT, SOCIALDATA MUENCHEN, BERECHNUNGEN DES DIW

TABELLE 3.18

PERSONENNAHVERKEHR 1982 NACH BEVOELKERUNGSGRUPPEN 1)
VERKEHR IN OBERZENTREN
EINKAUFSVERKEHR

	ZU FUSS	FAHR-RAD	FAHRER	PKW 2) MIT-FAHRER	PKW 2) INS-GESAMT	OEFFENTLICHE VERKEHRSMITTEL OESPV 3)	OEFFENTLICHE VERKEHRSMITTEL EISEN-BAHN 4)	OEFFENTLICHE VERKEHRSMITTEL INS-GESAMT	INS-GESAMT
- WEGE JE PERSON -									
KINDER UNTER 6 JAHREN	84	5	-	7	7	11	-	11	108
PKW-BESITZER	-	-	-	-	-	-	-	-	-
PKW IM HAUSHALT	78	5	-	8	8	9	-	9	100
KEIN PKW IM HAUSHALT	125	10	-	1	1	20	-	20	155
SCHUELER U. STUDENTEN	89	36	38	16	54	29	0	29	208
PKW-BESITZER	123	19	147	7	154	10	-	10	306
PKW IM HAUSHALT	74	31	23	22	45	26	-	26	176
KEIN PKW IM HAUSHALT	115	65	18	2	20	50	1	52	251
AUSZUBILDENDE	58	25	36	16	52	20	1	21	156
PKW-BESITZER	51	-	73	20	93	-	-	-	145
PKW IM HAUSHALT	70	37	29	20	49	25	2	28	183
KEIN PKW IM HAUSHALT	30	19	7	-	7	27	-	27	83
ARBEITER	76	10	88	11	100	17	-	17	202
PKW-BESITZER	44	6	139	4	143	5	-	5	199
PKW IM HAUSHALT	115	28	19	36	55	40	-	40	238
KEIN PKW IM HAUSHALT	127	0	13	4	17	26	-	26	170
ANGESTELLTE	103	15	108	17	124	24	1	25	268
PKW-BESITZER	73	6	139	11	149	12	1	13	242
PKW IM HAUSHALT	129	26	67	43	110	17	-	17	283
KEIN PKW IM HAUSHALT	199	35	78	6	34	86	3	89	357
BEAMTE	92	18	149	14	163	9	2	11	284
PKW-BESITZER	85	20	173	11	183	5	2	7	296
PKW IM HAUSHALT	135	-	-	25	25	58	-	58	219
KEIN PKW IM HAUSHALT	133	7	5	48	53	11	-	11	205
SELBSTAENDIGE,MITH.FAM	80	7	97	15	113	9	-	9	208
PKW-BESITZER	70	3	125	5	130	1	-	1	205
PKW IM HAUSHALT	116	9	44	49	93	31	-	31	249
KEIN PKW IM HAUSHALT	55	30	24	3	27	-	-	-	112
ARBEITSLOSE	177	72	100	6	106	33	2	35	389
PKW-BESITZER	130	105	236	-	236	26	-	26	505
PKW IM HAUSHALT	143	79	54	17	70	26	6	32	324
KEIN PKW IM HAUSHALT	246	34	12	1	13	46	-	46	339
HAUSFRAUEN	258	39	64	42	106	65	0	66	468
PKW-BESITZER	179	26	229	33	261	18	-	18	485
PKW IM HAUSHALT	286	48	49	71	120	58	-	58	512
KEIN PKW IM HAUSHALT	247	30	15	3	18	97	1	98	394
RENTNER	223	19	56	16	72	131	0	131	445
PKW-BESITZER	199	19	187	9	196	46	1	47	461
PKW IM HAUSHALT	187	14	26	64	90	70	-	70	361
KEIN PKW IM HAUSHALT	242	20	5	8	14	181	1	182	457
BEVOELKERUNG INSGESAMT	144	24	71	19	90	49	1	50	307
PKW-BESITZER	98	15	157	10	166	14	1	15	293
PKW IM HAUSHALT	143	31	32	38	70	36	0	36	280
KEIN PKW IM HAUSHALT	205	28	12	6	17	111	1	112	362

DIW BERLIN 1986
1) WEGE MIT EINER ENTFERNUNG BIS ZU 50 KM 2) VERKEHR MIT PERSONEN- UND KOMBINATIONSKRAFTWAGEN, KRAFTRAEDERN UND MOPEDS, TAXIS UND MIETWAGEN. 3) U-BAHN, STRASSENBAHN, O-BUS UND KRAFTOMNIBUS.
4) EINSCHLIESSLICH S-BAHN, OHNE MILITAERVERKEHR.
DIE WERTE SIND GERUNDET; ANTEILE UND SUMMEN SIND VON DEN UNGERUNDETEN AUSGANGSWERTEN BERECHNET.

QUELLEN: STATISTISCHES BUNDESAMT, SOCIALDATA MUENCHEN, BERECHNUNGEN DES DIW

TABELLE 3.19

PERSONENNAHVERKEHR 1976 NACH BEVOELKERUNGSGRUPPEN [1]
VERKEHR IN OBERZENTREN
FREIZEITVERKEHR

	ZU FUSS	FAHR- RAD	FAHRER	PKW [2] MIT- FAHRER	INS- GESAMT	OEFFENTLICHE VERKEHRSMITTEL OESPV	EISEN- [3] BAHN [4]	INS- GESAMT	INS- GESAMT
— WEGE JE PERSON —									
KINDER UNTER 6 JAHREN	140	9	—	30	30	24	0	24	203
PKW-BESITZER	—	—	—	—	—	—	—	—	—
PKW IM HAUSHALT	132	10	—	34	34	19	0	19	194
KEIN PKW IM HAUSHALT	179	7	—	13	13	45	0	45	243
SCHUELER U. STUDENTEN	161	65	39	96	135	52	1	54	415
PKW-BESITZER	83	5	422	58	480	10	—	10	578
PKW IM HAUSHALT	149	72	20	111	131	41	1	42	394
KEIN PKW IM HAUSHALT	226	55	14	50	64	105	2	107	452
AUSZUBILDENDE	125	74	102	86	188	63	1	64	451
PKW-BESITZER	24	24	297	31	328	22	—	22	398
PKW IM HAUSHALT	142	92	64	113	178	71	3	74	485
KEIN PKW IM HAUSHALT	180	75	11	68	79	80	—	80	414
ARBEITER	77	9	132	46	178	20	1	21	284
PKW-BESITZER	62	6	236	12	248	4	—	4	320
PKW IM HAUSHALT	88	15	28	96	123	20	3	23	249
KEIN PKW IM HAUSHALT	95	9	22	69	92	48	1	49	245
ANGESTELLTE	98	15	197	65	263	15	1	15	391
PKW-BESITZER	91	17	306	25	330	5	1	6	445
PKW IM HAUSHALT	104	7	69	171	239	14	—	14	363
KEIN PKW IM HAUSHALT	114	18	38	46	84	45	—	45	261
BEAMTE	118	22	297	63	360	13	1	14	514
PKW-BESITZER	116	13	354	53	407	10	2	12	548
PKW IM HAUSHALT	57	35	101	159	260	9	—	9	360
KEIN PKW IM HAUSHALT	201	81	26	44	70	35	—	35	387
SELBSTAENDIGE,MITH.FAM	83	11	160	42	201	11	—	11	306
PKW-BESITZER	70	13	221	25	246	6	—	6	335
PKW IM HAUSHALT	101	9	35	75	110	19	—	19	239
KEIN PKW IM HAUSHALT	148	—	29	73	102	22	—	22	272
ARBEITSLOSE	154	2	132	56	188	37	13	49	393
PKW-BESITZER	57	—	371	—	371	4	—	4	432
PKW IM HAUSHALT	140	—	43	137	181	29	—	29	350
KEIN PKW IM HAUSHALT	248	6	5	32	37	72	35	106	398
HAUSFRAUEN	123	17	41	109	150	25	2	28	318
PKW-BESITZER	115	4	202	64	266	1	—	1	385
PKW IM HAUSHALT	125	18	43	153	196	23	1	23	362
KEIN PKW IM HAUSHALT	123	20	2	41	43	36	6	41	227
RENTNER	179	8	42	47	89	66	3	69	345
PKW-BESITZER	233	8	217	18	235	9	1	11	486
PKW IM HAUSHALT	141	15	9	108	116	33	—	33	306
KEIN PKW IM HAUSHALT	173	7	2	41	43	88	5	93	316
BEVOELKERUNG INSGESAMT	128	23	94	69	163	34	2	36	350
PKW-BESITZER	98	11	273	26	299	6	1	7	416
PKW IM HAUSHALT	129	35	31	116	147	29	1	30	340
KEIN PKW IM HAUSHALT	155	18	10	46	56	68	4	71	301

DIW BERLIN 1986
1) WEGE MIT EINER ENTFERNUNG BIS ZU 50 KM 2) VERKEHR MIT PERSONEN- UND KOMBINATIONSKRAFTWAGEN,
KRAFTRAEDERN UND MOPEDS, TAXIS UND MIETWAGEN. 3) U-BAHN, STRASSENBAHN, O-BUS UND KRAFTOMNIBUS.
4) EINSCHLIESSLICH S-BAHN, OHNE MILITAERVERKEHR.
DIE WERTE SIND GERUNDET; ANTEILE UND SUMMEN SIND VON DEN UNGERUNDETEN AUSGANGSWERTEN BERECHNET.

QUELLEN: STATISTISCHES BUNDESAMT, SOCIALDATA MUENCHEN, BERECHNUNGEN DES DIW

TABELLE 3.19

PERSONENNAHVERKEHR 1982 NACH BEVOELKERUNGSGRUPPEN [1]
VERKEHR IN OBERZENTREN
FREIZEITVERKEHR

	ZU FUSS	FAHR-RAD	FAHRER	PKW 2) MIT-FAHRER	INS-GESAMT	OEFFENTLICHE VERKEHRSMITTEL OESPV 3)	EISEN-BAHN 4)	INS-GESAMT	INS-GESAMT
	- WEGE JE PERSON -								
KINDER UNTER 6 JAHREN	155	12	-	34	34	24	0	24	225
PKW-BESITZER	-	-	-	-	-	-	-	-	-
PKW IM HAUSHALT	154	11	-	38	38	23	0	23	226
KEIN PKW IM HAUSHALT	160	16	-	10	10	27	0	27	213
SCHUELER U. STUDENTEN	147	97	77	80	157	40	2	42	443
PKW-BESITZER	94	34	258	24	282	1	3	4	414
PKW IM HAUSHALT	155	99	49	106	155	43	1	44	453
KEIN PKW IM HAUSHALT	155	133	51	28	79	56	6	62	430
AUSZUBILDENDE	71	33	167	77	244	50	-	50	399
PKW-BESITZER	35	-	392	55	447	2	-	2	484
PKW IM HAUSHALT	74	37	114	100	214	76	-	76	402
KEIN PKW IM HAUSHALT	111	62	41	30	71	31	-	31	275
ARBEITER	64	18	145	33	178	13	-	13	274
PKW-BESITZER	58	14	218	14	232	8	-	8	313
PKW IM HAUSHALT	74	20	56	80	136	11	-	11	241
KEIN PKW IM HAUSHALT	70	28	24	35	59	33	-	33	191
ANGESTELLTE	77	24	170	58	229	19	1	20	350
PKW-BESITZER	82	20	225	37	263	5	1	5	370
PKW IM HAUSHALT	69	31	79	134	213	10	0	10	323
KEIN PKW IM HAUSHALT	66	29	52	49	101	95	4	99	295
BEAMTE	101	25	229	44	273	9	0	9	408
PKW-BESITZER	98	25	260	35	295	4	0	4	423
PKW IM HAUSHALT	81	19	37	158	195	19	-	19	313
KEIN PKW IM HAUSHALT	158	28	37	39	76	56	3	59	321
SELBSTAENDIGE,MITH.FAM	82	7	121	32	154	3	-	3	246
PKW-BESITZER	55	7	148	28	176	2	-	2	241
PKW IM HAUSHALT	151	6	65	52	117	3	-	3	277
KEIN PKW IM HAUSHALT	98	-	62	13	76	9	-	9	182
ARBEITSLOSE	127	51	106	69	175	23	4	27	379
PKW-BESITZER	39	37	248	31	279	-	-	-	356
PKW IM HAUSHALT	112	58	38	101	138	9	12	21	329
KEIN PKW IM HAUSHALT	226	56	34	75	109	58	-	58	449
HAUSFRAUEN	137	20	54	93	147	30	1	30	334
PKW-BESITZER	141	15	172	98	270	2	-	2	428
PKW IM HAUSHALT	139	27	47	136	183	22	1	23	372
KEIN PKW IM HAUSHALT	132	13	13	25	38	53	1	54	237
RENTNER	155	15	54	26	80	60	2	62	313
PKW-BESITZER	149	11	190	13	203	27	-	27	390
PKW IM HAUSHALT	143	8	20	108	128	14	0	15	294
KEIN PKW IM HAUSHALT	160	19	3	13	16	85	3	88	283
BEVOELKERUNG INSGESAMT	119	34	100	56	156	31	1	32	341
PKW-BESITZER	89	18	218	31	249	7	0	8	363
PKW IM HAUSHALT	132	48	47	105	151	27	1	28	360
KEIN PKW IM HAUSHALT	140	35	20	25	45	67	2	70	290

DIW BERLIN 1986
1) WEGE MIT EINER ENTFERNUNG BIS ZU 50 KM 2) VERKEHR MIT PERSONEN- UND KOMBINATIONSKRAFTWAGEN, KRAFTRAEDERN UND MOPEDS, TAXIS UND MIETWAGEN. 3) U-BAHN, STRASSENBAHN, O-BUS UND KRAFTOMNIBUS.
4) EINSCHLIESSLICH S-BAHN, OHNE MILITAERVERKEHR.
DIE WERTE SIND GERUNDET; ANTEILE UND SUMMEN SIND VON DEN UNGERUNDETEN AUSGANGSWERTEN BERECHNET.

QUELLEN: STATISTISCHES BUNDESAMT, SOCIALDATA MUENCHEN, BERECHNUNGEN DES DIW

TABELLE 3.20

PERSONENNAHVERKEHR 1976 NACH BEVOELKERUNGSGRUPPEN[1]
VERKEHR IN MITTELZENTREN
BERUFSVERKEHR

	ZU FUSS	FAHRRAD	PKW[2] FAHRER	PKW[2] MITFAHRER	PKW[2] INSGESAMT	OEFFENTLICHE VERKEHRSMITTEL OESPV[3]	OEFFENTLICHE VERKEHRSMITTEL EISENBAHN[4]	OEFFENTLICHE VERKEHRSMITTEL INSGESAMT	INSGESAMT
			- WEGE JE PERSON -						
KINDER UNTER 6 JAHREN	-	-	-	-	-	-	-	-	-
PKW-BESITZER	-	-	-	-	-	-	-	-	-
PKW IM HAUSHALT	-	-	-	-	-	-	-	-	-
KEIN PKW IM HAUSHALT	-	-	-	-	-	-	-	-	-
SCHUELER U. STUDENTEN	2	1	3	1	4	1	0	1	8
PKW-BESITZER	5	1	47	-	47	2	7	10	63
PKW IM HAUSHALT	2	1	1	1	3	0	0	0	6
KEIN PKW IM HAUSHALT	3	0	-	1	1	3	-	3	7
AUSZUBILDENDE	42	63	50	25	75	43	8	52	232
PKW-BESITZER	31	-	255	-	255	-	-	-	286
PKW IM HAUSHALT	30	70	11	34	45	52	12	63	208
KEIN PKW IM HAUSHALT	100	96	9	14	23	52	3	54	275
ARBEITER	77	67	212	28	240	61	8	69	453
PKW-BESITZER	45	24	347	10	357	23	2	24	451
PKW IM HAUSHALT	104	104	77	75	152	94	9	103	463
KEIN PKW IM HAUSHALT	125	131	28	23	51	120	21	141	448
ANGESTELLTE	95	31	255	28	283	41	18	58	468
PKW-BESITZER	45	16	380	10	391	16	10	26	478
PKW IM HAUSHALT	129	44	87	67	154	64	21	86	414
KEIN PKW IM HAUSHALT	255	73	36	23	60	105	45	150	538
BEAMTE	74	32	266	19	285	14	22	35	426
PKW-BESITZER	61	17	318	12	331	9	21	30	439
PKW IM HAUSHALT	65	62	116	92	208	38	36	74	408
KEIN PKW IM HAUSHALT	160	106	29	17	46	28	18	46	358
SELBSTAENDIGE,MITH.FAM	61	10	172	27	199	2	3	6	276
PKW-BESITZER	61	6	240	11	252	1	-	1	319
PKW IM HAUSHALT	61	11	78	61	139	1	1	2	213
KEIN PKW IM HAUSHALT	61	46	17	5	22	23	42	65	195
ARBEITSLOSE	16	3	10	17	28	5	-	5	52
PKW-BESITZER	-	-	37	-	37	-	-	-	37
PKW IM HAUSHALT	-	7	-	53	53	-	-	-	60
KEIN PKW IM HAUSHALT	41	2	-	-	-	14	-	14	56
HAUSFRAUEN	10	4	13	5	18	5	0	6	38
PKW-BESITZER	3	2	39	4	43	4	-	4	52
PKW IM HAUSHALT	9	4	13	5	18	4	1	5	36
KEIN PKW IM HAUSHALT	17	5	4	3	7	9	0	9	38
RENTNER	8	5	11	0	11	4	1	5	29
PKW-BESITZER	3	2	51	-	51	-	5	5	61
PKW IM HAUSHALT	3	11	6	0	7	-	-	-	20
KEIN PKW IM HAUSHALT	11	5	-	0	0	7	-	7	23
BEVOELKERUNG INSGESAMT	35	20	93	12	105	19	5	24	184
PKW-BESITZER	41	15	282	9	291	13	6	19	365
PKW IM HAUSHALT	24	17	20	17	38	15	3	18	96
KEIN PKW IM HAUSHALT	52	33	9	7	15	33	8	41	141

DIW BERLIN 1986
1) WEGE MIT EINER ENTFERNUNG BIS ZU 50 KM 2) VERKEHR MIT PERSONEN- UND KOMBINATIONSKRAFTWAGEN, KRAFTRAEDERN UND MOPEDS, TAXIS UND MIETWAGEN. 3) U-BAHN, STRASSENBAHN, O-BUS UND KRAFTOMNIBUS. 4) EINSCHLIESSLICH S-BAHN, OHNE MILITAERVERKEHR.
DIE WERTE SIND GERUNDET; ANTEILE UND SUMMEN SIND VON DEN UNGERUNDETEN AUSGANGSWERTEN BERECHNET.

QUELLEN: STATISTISCHES BUNDESAMT, SOCIALDATA MUENCHEN, BERECHNUNGEN DES DIW

TABELLE 3.20

1)

PERSONENNAHVERKEHR 1982 NACH BEVOELKERUNGSGRUPPEN
VERKEHR IN MITTELZENTREN
BERUFSVERKEHR

	ZU FUSS	FAHR-RAD	FAHRER	PKW 2) MIT-FAHRER	INS-GESAMT	OEFFENTLICHE VERKEHRSMITTEL OESPV 3)	EISEN-BAHN 4)	INS-GESAMT	INS-GESAMT
— WEGE JE PERSON —									
KINDER UNTER 6 JAHREN	—	—	—	—	—	—	—	—	—
PKW-BESITZER	—	—	—	—	—	—	—	—	—
PKW IM HAUSHALT	—	—	—	—	—	—	—	—	—
KEIN PKW IM HAUSHALT	—	—	—	—	—	—	—	—	—
SCHUELER U. STUDENTEN	2	4	6	3	9	1	0	2	16
PKW-BESITZER	3	1	45	—	45	2	—	2	51
PKW IM HAUSHALT	1	5	3	4	7	0	1	1	14
KEIN PKW IM HAUSHALT	4	—	—	2	2	6	—	6	12
AUSZUBILDENDE	42	31	74	16	90	37	3	40	202
PKW-BESITZER	4	—	148	1	149	2	—	2	154
PKW IM HAUSHALT	54	42	59	21	80	48	3	51	228
KEIN PKW IM HAUSHALT	47	30	29	19	48	44	4	48	173
ARBEITER	71	53	255	27	282	33	8	42	447
PKW-BESITZER	46	35	345	16	361	11	7	18	461
PKW IM HAUSHALT	98	68	100	72	172	64	8	71	409
KEIN PKW IM HAUSHALT	136	104	78	17	95	86	14	100	435
ANGESTELLTE	81	44	281	28	309	36	16	52	487
PKW-BESITZER	53	35	368	11	379	12	8	21	488
PKW IM HAUSHALT	125	69	116	82	198	77	19	96	488
KEIN PKW IM HAUSHALT	164	49	87	19	107	94	62	156	476
BEAMTE	68	56	276	22	298	17	19	36	458
PKW-BESITZER	61	59	308	15	323	7	16	23	467
PKW IM HAUSHALT	113	21	96	83	178	48	22	70	383
KEIN PKW IM HAUSHALT	118	50	16	44	60	133	58	190	418
SELBSTAENDIGE,MITH.FAM	57	11	281	19	300	2	3	5	373
PKW-BESITZER	59	9	353	9	361	—	1	1	430
PKW IM HAUSHALT	56	25	71	64	135	2	1	3	219
KEIN PKW IM HAUSHALT	46	—	60	—	60	27	26	53	158
ARBEITSLOSE	15	10	34	1	35	2	—	2	63
PKW-BESITZER	12	—	53	—	53	—	—	—	65
PKW IM HAUSHALT	27	15	34	2	36	—	—	—	78
KEIN PKW IM HAUSHALT	5	22	—	—	—	10	—	10	37
HAUSFRAUEN	8	8	18	4	22	5	0	5	43
PKW-BESITZER	10	5	56	6	62	2	—	2	79
PKW IM HAUSHALT	9	10	13	5	18	7	0	7	43
KEIN PKW IM HAUSHALT	5	6	6	0	6	4	—	4	21
RENTNER	2	1	12	0	12	1	2	2	18
PKW-BESITZER	1	1	41	—	41	—	6	6	48
PKW IM HAUSHALT	0	3	5	—	5	0	0	1	10
KEIN PKW IM HAUSHALT	4	1	1	0	1	1	1	2	7
BEVOELKERUNG INSGESAMT	31	21	112	12	124	13	5	18	194
PKW-BESITZER	39	26	270	10	280	7	6	14	358
PKW IM HAUSHALT	24	17	26	17	43	14	3	17	101
KEIN PKW IM HAUSHALT	32	18	18	4	22	21	7	28	100

DIW BERLIN 1986
1) WEGE MIT EINER ENTFERNUNG BIS ZU 50 KM 2) VERKEHR MIT PERSONEN- UND KOMBINATIONSKRAFTWAGEN,
KRAFTRAEDERN UND MOPEDS, TAXIS UND MIETWAGEN. 3) U-BAHN, STRASSENBAHN, O-BUS UND KRAFTOMNIBUS.
4) EINSCHLIESSLICH S-BAHN, OHNE MILITAERVERKEHR.
DIE WERTE SIND GERUNDET; ANTEILE UND SUMMEN SIND VON DEN UNGERUNDETEN AUSGANGSWERTEN BERECHNET.

QUELLEN: STATISTISCHES BUNDESAMT, SOCIALDATA MUENCHEN, BERECHNUNGEN DES DIW

TABELLE 3.21

1)

PERSONENNAHVERKEHR 1976 NACH BEVOELKERUNGSGRUPPEN
VERKEHR IN MITTELZENTREN
AUSBILDUNGSVERKEHR

	ZU FUSS	FAHRRAD	FAHRER	PKW 2) MITFAHRER	INSGESAMT	OEFFENTLICHE VERKEHRSMITTEL 3) OESPV	EISENBAHN 4)	INSGESAMT	INSGESAMT
- WEGE JE PERSON -									
KINDER UNTER 6 JAHREN	-	-	-	-	-	-	-	-	-
PKW-BESITZER	-	-	-	-	-	-	-	-	-
PKW IM HAUSHALT	-	-	-	-	-	-	-	-	-
KEIN PKW IM HAUSHALT	-	-	-	-	-	-	-	-	-
SCHUELER U. STUDENTEN	215	107	14	24	38	115	8	123	483
PKW-BESITZER	9	6	193	4	197	14	10	25	236
PKW IM HAUSHALT	221	117	8	28	36	118	8	126	499
KEIN PKW IM HAUSHALT	236	75	3	5	9	126	6	132	452
AUSZUBILDENDE	20	51	58	16	74	78	33	111	256
PKW-BESITZER	-	-	130	7	137	-	10	10	147
PKW IM HAUSHALT	18	53	49	22	72	95	34	129	270
KEIN PKW IM HAUSHALT	49	92	26	-	26	83	51	134	300
ARBEITER	2	1	10	0	10	-	0	0	13
PKW-BESITZER	2	-	16	-	16	-	-	-	18
PKW IM HAUSHALT	5	1	5	2	6	-	0	0	13
KEIN PKW IM HAUSHALT	0	1	-	-	-	-	-	-	1
ANGESTELLTE	1	1	8	0	8	0	0	1	10
PKW-BESITZER	1	0	8	0	8	0	0	0	10
PKW IM HAUSHALT	1	2	12	0	12	0	0	1	15
KEIN PKW IM HAUSHALT	2	-	-	1	1	-	-	-	3
BEAMTE	2	-	14	1	15	1	0	2	19
PKW-BESITZER	1	-	17	-	17	-	0	0	18
PKW IM HAUSHALT	6	-	8	8	16	-	-	-	22
KEIN PKW IM HAUSHALT	5	-	3	6	9	11	-	11	25
SELBSTAENDIGE,MITH.FAM	1	-	9	1	10	-	-	-	11
PKW-BESITZER	-	-	13	1	13	-	-	-	13
PKW IM HAUSHALT	3	-	5	1	5	-	-	-	8
KEIN PKW IM HAUSHALT	-	-	-	-	-	-	-	-	-
ARBEITSLOSE	4	-	3	4	7	5	-	5	15
PKW-BESITZER	-	-	-	-	-	-	-	-	-
PKW IM HAUSHALT	11	-	8	-	8	-	-	-	19
KEIN PKW IM HAUSHALT	-	-	-	10	10	12	-	12	22
HAUSFRAUEN	4	1	7	1	9	0	0	0	13
PKW-BESITZER	3	-	12	3	15	1	-	1	19
PKW IM HAUSHALT	5	0	9	2	10	-	0	0	16
KEIN PKW IM HAUSHALT	1	2	2	0	2	1	-	1	6
RENTNER	1	0	1	-	1	1	-	1	2
PKW-BESITZER	-	-	4	-	4	2	-	2	6
PKW IM HAUSHALT	-	-	-	-	-	-	-	-	-
KEIN PKW IM HAUSHALT	1	0	-	-	-	0	-	0	2
BEVOELKERUNG INSGESAMT	43	22	9	5	14	24	2	26	106
PKW-BESITZER	1	0	18	0	18	1	0	1	21
PKW IM HAUSHALT	77	41	8	11	18	42	4	46	183
KEIN PKW IM HAUSHALT	28	10	1	1	2	16	1	17	58

DIW BERLIN 1986
1) WEGE MIT EINER ENTFERNUNG BIS ZU 50 KM 2) VERKEHR MIT PERSONEN- UND KOMBINATIONSKRAFTWAGEN,
KRAFTRAEDERN UND MOPEDS, TAXIS UND MIETWAGEN. 3) U-BAHN, STRASSENBAHN, O-BUS UND KRAFTOMNIBUS.
4) EINSCHLIESSLICH S-BAHN, OHNE MILITAERVERKEHR.
DIE WERTE SIND GERUNDET; ANTEILE UND SUMMEN SIND VON DEN UNGERUNDETEN AUSGANGSWERTEN BERECHNET.

QUELLEN: STATISTISCHES BUNDESAMT, SOCIALDATA MUENCHEN, BERECHNUNGEN DES DIW

TABELLE 3.21

PERSONENNAHVERKEHR 1982 NACH BEVOELKERUNGSGRUPPEN [1]
VERKEHR IN MITTELZENTREN
AUSBILDUNGSVERKEHR

	ZU FUSS	FAHRRAD	FAHRER	PKW [2] MITFAHRER	INS-GESAMT	OEFFENTLICHE VERKEHRSMITTEL OESPV [3]	EISEN-BAHN [4]	INS-GESAMT	INS-GESAMT
- WEGE JE PERSON -									
KINDER UNTER 6 JAHREN	-	-	-	-	-	-	-	-	-
PKW-BESITZER	-	-	-	-	-	-	-	-	-
PKW IM HAUSHALT	-	-	-	-	-	-	-	-	-
KEIN PKW IM HAUSHALT	-	-	-	-	-	-	-	-	-
SCHUELER U. STUDENTEN	145	103	31	15	46	114	9	123	417
PKW-BESITZER	20	12	185	8	193	7	7	14	239
PKW IM HAUSHALT	154	115	22	18	40	128	8	136	445
KEIN PKW IM HAUSHALT	159	78	4	4	8	84	13	97	343
AUSZUBILDENDE	46	38	81	20	102	76	19	95	281
PKW-BESITZER	20	3	151	5	156	5	5	10	190
PKW IM HAUSHALT	51	54	56	28	84	90	21	111	299
KEIN PKW IM HAUSHALT	62	28	80	14	94	120	28	148	333
ARBEITER	1	0	10	1	11	-	-	-	12
PKW-BESITZER	-	0	11	0	12	-	-	-	12
PKW IM HAUSHALT	3	0	10	3	13	-	-	-	17
KEIN PKW IM HAUSHALT	-	1	3	1	3	-	-	-	4
ANGESTELLTE	1	1	7	1	8	1	0	1	11
PKW-BESITZER	1	0	9	0	9	1	0	1	11
PKW IM HAUSHALT	4	2	5	1	6	-	1	1	13
KEIN PKW IM HAUSHALT	-	-	2	1	3	1	-	1	4
BEAMTE	1	0	4	0	4	0	-	0	6
PKW-BESITZER	1	0	4	0	5	0	-	0	6
PKW IM HAUSHALT	3	-	1	1	3	-	-	-	6
KEIN PKW IM HAUSHALT	-	-	-	-	-	-	-	-	-
SELBSTAENDIGE,MITH.FAM	1	-	4	0	4	-	-	-	5
PKW-BESITZER	1	-	3	0	4	-	-	-	4
PKW IM HAUSHALT	-	-	7	1	8	-	-	-	8
KEIN PKW IM HAUSHALT	-	-	-	-	-	-	-	-	-
ARBEITSLOSE	1	5	18	3	21	-	-	-	28
PKW-BESITZER	-	6	37	2	40	-	-	-	46
PKW IM HAUSHALT	4	-	5	6	11	-	-	-	15
KEIN PKW IM HAUSHALT	-	11	-	-	-	-	-	-	11
HAUSFRAUEN	4	1	5	2	7	-	0	0	13
PKW-BESITZER	5	-	23	0	23	-	-	-	28
PKW IM HAUSHALT	4	2	3	3	6	-	0	0	12
KEIN PKW IM HAUSHALT	4	1	1	1	2	-	-	-	6
RENTNER	0	-	-	0	0	-	-	-	1
PKW-BESITZER	0	-	-	-	-	-	-	-	0
PKW IM HAUSHALT	0	-	-	-	-	-	-	-	0
KEIN PKW IM HAUSHALT	0	-	-	1	1	-	-	-	1
BEVOELKERUNG INSGESAMT	28	20	12	4	16	22	2	24	88
PKW-BESITZER	2	1	18	1	19	1	0	1	22
PKW IM HAUSHALT	55	41	12	8	20	47	4	50	167
KEIN PKW IM HAUSHALT	19	9	3	1	4	12	2	14	46

DIW BERLIN 1986
1) WEGE MIT EINER ENTFERNUNG BIS ZU 50 KM 2) VERKEHR MIT PERSONEN- UND KOMBINATIONSKRAFTWAGEN,
KRAFTRAEDERN UND MOPEDS, TAXIS UND MIETWAGEN. 3) U-BAHN, STRASSENBAHN, O-BUS UND KRAFTOMNIBUS.
4) EINSCHLIESSLICH S-BAHN, OHNE MILITAERVERKEHR.
DIE WERTE SIND GERUNDET; ANTEILE UND SUMMEN SIND VON DEN UNGERUNDETEN AUSGANGSWERTEN BERECHNET.

QUELLEN: STATISTISCHES BUNDESAMT, SOCIALDATA MUENCHEN, BERECHNUNGEN DES DIW

TABELLE 3.22

PERSONENNAHVERKEHR 1976 NACH BEVOELKERUNGSGRUPPEN [1]
VERKEHR IN MITTELZENTREN
GESCHAEFTS.- UND DIENSTREISEVERKEHR

	ZU FUSS	FAHR-RAD	FAHRER	PKW [2] MIT-FAHRER	INS-GESAMT	OEFFENTLICHE VERKEHRSMITTEL 3) OESPV	EISEN-BAHN 4)	INS-GESAMT	INS-GESAMT
— WEGE JE PERSON —									
KINDER UNTER 6 JAHREN	-	-	-	-	-	-	-	-	-
PKW-BESITZER	-	-	-	-	-	-	-	-	-
PKW IM HAUSHALT	-	-	-	-	-	-	-	-	-
KEIN PKW IM HAUSHALT	-	-	-	-	-	-	-	-	-
SCHUELER U. STUDENTEN	1	1	1	1	2	0	0	0	4
PKW-BESITZER	3	-	33	-	33	-	1	1	37
PKW IM HAUSHALT	1	1	0	1	1	0	-	0	3
KEIN PKW IM HAUSHALT	1	1	-	-	-	-	-	-	2
AUSZUBILDENDE	5	3	7	22	29	0	-	0	38
PKW-BESITZER	2	-	19	55	73	-	-	-	75
PKW IM HAUSHALT	3	4	6	15	22	1	-	1	30
KEIN PKW IM HAUSHALT	17	2	-	16	16	-	-	-	34
ARBEITER	4	1	70	9	79	1	0	1	85
PKW-BESITZER	6	1	98	10	108	1	1	2	116
PKW IM HAUSHALT	4	-	23	8	31	0	0	1	36
KEIN PKW IM HAUSHALT	0	3	49	7	56	-	-	-	59
ANGESTELLTE	7	2	137	4	141	1	0	1	150
PKW-BESITZER	7	0	208	3	210	1	-	1	219
PKW IM HAUSHALT	6	-	35	5	40	1	1	2	47
KEIN PKW IM HAUSHALT	7	12	31	6	37	1	-	1	58
BEAMTE	13	6	131	17	148	3	5	8	175
PKW-BESITZER	14	3	155	19	174	3	4	7	198
PKW IM HAUSHALT	9	8	6	21	27	6	3	9	53
KEIN PKW IM HAUSHALT	13	23	57	-	57	-	12	12	105
SELBSTAENDIGE,MITH.FAM	9	2	375	5	379	0	-	0	392
PKW-BESITZER	6	3	566	1	567	0	-	0	576
PKW IM HAUSHALT	18	-	90	13	103	-	-	-	121
KEIN PKW IM HAUSHALT	-	13	62	-	62	-	-	-	76
ARBEITSLOSE	3	-	25	-	25	-	-	-	28
PKW-BESITZER	3	-	-	-	-	-	-	-	3
PKW IM HAUSHALT	6	-	78	-	78	-	-	-	84
KEIN PKW IM HAUSHALT	-	-	-	-	-	-	-	-	-
HAUSFRAUEN	1	1	3	3	6	0	-	0	7
PKW-BESITZER	-	-	18	5	23	-	-	-	23
PKW IM HAUSHALT	1	1	2	3	5	-	-	-	7
KEIN PKW IM HAUSHALT	0	0	-	1	1	1	-	1	3
RENTNER	2	-	9	1	10	-	-	-	12
PKW-BESITZER	1	-	50	3	52	-	-	-	54
PKW IM HAUSHALT	2	-	-	-	-	-	-	-	2
KEIN PKW IM HAUSHALT	2	-	-	1	1	-	-	-	2
BEVOELKERUNG INSGESAMT	3	1	57	4	61	0	0	1	66
PKW-BESITZER	6	1	172	7	179	1	1	2	188
PKW IM HAUSHALT	2	1	9	3	13	0	0	0	16
KEIN PKW IM HAUSHALT	2	2	12	2	14	0	0	1	19

DIW BERLIN 1986
1) WEGE MIT EINER ENTFERNUNG BIS ZU 50 KM 2) VERKEHR MIT PERSONEN- UND KOMBINATIONSKRAFTWAGEN,
KRAFTRAEDERN UND MOPEDS, TAXIS UND MIETWAGEN. 3) U-BAHN, STRASSENBAHN, O-BUS UND KRAFTOMNIBUS.
4) EINSCHLIESSLICH S-BAHN, OHNE MILITAERVERKEHR.
DIE WERTE SIND GERUNDET; ANTEILE UND SUMMEN SIND VON DEN UNGERUNDETEN AUSGANGSWERTEN BERECHNET.

QUELLEN: STATISTISCHES BUNDESAMT, SOCIALDATA MUENCHEN, BERECHNUNGEN DES DIW

TABELLE 3.22

PERSONENNAHVERKEHR 1982 NACH BEVOELKERUNGSGRUPPEN [1)]
VERKEHR IN MITTELZENTREN
GESCHAEFTS.- UND DIENSTLEISEVERKEHR

	ZU FUSS	FAHR-RAD	FAHRER	P K W [2)] MIT-FAHRER	INS-GESAMT	OEFFENTLICHE VERKEHRSMITTEL [3)] OESPV	EISEN-BAHN [4)]	INS-GESAMT	INS-GESAMT
— WEGE JE PERSON —									
KINDER UNTER 6 JAHREN	-	-	-	-	-	-	-	-	-
PKW-BESITZER	-	-	-	-	-	-	-	-	-
PKW IM HAUSHALT	-	-	-	-	-	-	-	-	-
KEIN PKW IM HAUSHALT	-	-	-	-	-	-	-	-	-
SCHUELER U. STUDENTEN	1	2	3	1	4	1	0	1	7
PKW-BESITZER	3	1	28	0	29	-	3	3	36
PKW IM HAUSHALT	1	2	1	2	2	1	-	1	6
KEIN PKW IM HAUSHALT	-	-	-	-	-	-	-	-	-
AUSZUBILDENDE	3	-	19	6	26	0	-	0	29
PKW-BESITZER	4	-	22	-	22	-	-	-	26
PKW IM HAUSHALT	2	-	24	2	26	0	-	0	28
KEIN PKW IM HAUSHALT	7	-	1	28	28	-	-	-	35
ARBEITER	2	0	52	8	60	10	0	11	73
PKW-BESITZER	3	0	79	6	84	15	1	16	104
PKW IM HAUSHALT	-	-	6	20	26	2	-	2	28
KEIN PKW IM HAUSHALT	-	1	2	1	3	-	-	-	4
ANGESTELLTE	3	2	97	4	102	2	0	2	108
PKW-BESITZER	2	2	127	5	132	2	0	2	136
PKW IM HAUSHALT	5	0	44	3	47	1	-	1	53
KEIN PKW IM HAUSHALT	2	-	21	4	26	5	0	5	33
BEAMTE	12	4	131	3	135	6	8	15	165
PKW-BESITZER	13	4	149	3	152	6	8	14	183
PKW IM HAUSHALT	-	-	19	-	19	14	16	30	50
KEIN PKW IM HAUSHALT	14	9	9	15	24	-	-	-	47
SELBSTAENDIGE,MITH.FAM	12	3	361	9	370	0	3	3	388
PKW-BESITZER	12	1	451	7	458	1	2	3	474
PKW IM HAUSHALT	12	11	77	23	100	-	-	-	123
KEIN PKW IM HAUSHALT	5	-	135	-	135	-	17	17	158
ARBEITSLOSE	2	5	10	3	13	-	-	-	21
PKW-BESITZER	2	-	17	-.	17	-	-	-	19
PKW IM HAUSHALT	4	1	8	10	18	-	-	-	22
KEIN PKW IM HAUSHALT	2	21	-	-	-	-	-	-	23
HAUSFRAUEN	0	1	6	1	7	0	-	0	8
PKW-BESITZER	0	-	25	2	27	-	-	-	27
PKW IM HAUSHALT	1	0	2	2	4	0	-	0	5
KEIN PKW IM HAUSHALT	-	1	2	-	2	-	-	-	4
RENTNER	1	0	11	1	11	0	0	1	13
PKW-BESITZER	1	-	37	1	38	-	-	-	39
PKW IM HAUSHALT	0	-	8	1	9	-	-	-	10
KEIN PKW IM HAUSHALT	1	0	0	0	0	1	1	1	3
BEVOELKERUNG INSGESAMT	2	1	48	3	52	2	1	3	58
PKW-BESITZER	4	1	122	4	126	5	1	7	138
PKW IM HAUSHALT	1	1	8	4	12	1	0	1	15
KEIN PKW IM HAUSHALT	1	1	4	1	5	1	0	1	9

DIW BERLIN 1986
1) WEGE MIT EINER ENTFERNUNG BIS ZU 50 KM 2) VERKEHR MIT PERSONEN- UND KOMBINATIONSKRAFTWAGEN, KRAFTRAEDERN UND MOPEDS, TAXIS UND MIETWAGEN. 3) U-BAHN, STRASSENBAHN, O-BUS UND KRAFTOMNIBUS.
4) EINSCHLIESSLICH S-BAHN, OHNE MILITAERVERKEHR.
DIE WERTE SIND GERUNDET; ANTEILE UND SUMMEN SIND VON DEN UNGERUNDETEN AUSGANGSWERTEN BERECHNET.

QUELLEN: STATISTISCHES BUNDESAMT, SOCIALDATA MUENCHEN, BERECHNUNGEN DES DIW

TABELLE 3.23

PERSONENNAHVERKEHR 1976 NACH BEVOELKEPUNGSGRUPPEN [1]
VERKEHR IN MITTELZENTREN
EINKAUFSVERKEHR

	ZU FUSS	FAHR-RAD	FAHRER	PKW [2] MIT-FAHRER	INS-GESAMT	OEFFENTLICHE VERKEHRSMITTEL OESPV [3]	EISEN-BAHN [4]	INS-GESAMT	INS-GESAMT
— WEGE JE PERSON —									
KINDER UNTER 6 JAHREN	71	6	-	8	8	3	-	3	88
PKW-BESITZER	-	-	-	-	-	-	-	-	-
PKW IM HAUSHALT	66	7	-	10	10	3	-	3	85
KEIN PKW IM HAUSHALT	100	5	-	1	1	4	-	4	109
SCHUELER U. STUDENTEN	67	35	15	25	40	9	0	9	151
PKW-BESITZER	31	-	248	5	253	1	1	3	287
PKW IM HAUSHALT	62	38	7	30	36	9	0	9	146
KEIN PKW IM HAUSHALT	102	29	3	2	4	12	-	12	147
AUSZUBILDENDE	45	22	35	23	59	11	1	12	138
PKW-BESITZER	5	-	133	2	135	5	-	5	145
PKW IM HAUSHALT	49	31	15	31	47	12	2	14	140
KEIN PKW IM HAUSHALT	69	7	22	11	33	11	-	11	121
ARBEITER	72	18	95	20	115	11	1	12	216
PKW-BESITZER	29	7	155	6	161	1	0	2	199
PKW IM HAUSHALT	108	31	46	50	96	10	1	12	247
KEIN PKW IM HAUSHALT	137	30	4	21	25	33	2	34	276
ANGESTELLTE	67	9	122	17	139	6	1	7	222
PKW-BESITZER	36	5	174	5	179	0	0	1	221
PKW IM HAUSHALT	108	15	62	46	107	9	2	12	243
KEIN PKW IM HAUSHALT	119	14	8	12	20	23	3	26	180
BEAMTE	71	22	191	9	200	3	3	6	300
PKW-BESITZER	59	9	231	4	234	2	1	3	305
PKW IM HAUSHALT	49	-	79	72	152	6	-	6	207
KEIN PKW IM HAUSHALT	162	118	9	7	16	6	19	25	321
SELBSTAENDIGE,MITH.FAM	84	18	114	17	131	5	1	7	240
PKW-BESITZER	41	4	139	2	141	-	-	-	186
PKW IM HAUSHALT	134	44	92	46	138	6	1	6	322
KEIN PKW IM HAUSHALT	229	13	-	-	-	54	19	72	314
ARBEITSLOSE	168	22	77	39	116	24	1	25	331
PKW-BESITZER	103	5	211	36	247	2	-	2	357
PKW IM HAUSHALT	140	9	41	86	127	33	-	33	309
KEIN PKW IM HAUSHALT	237	43	13	2	16	32	3	35	330
HAUSFRAUEN	249	44	80	64	144	33	3	36	473
PKW-BESITZER	164	25	307	22	329	7	1	8	526
PKW IM HAUSHALT	246	47	78	91	169	26	3	30	491
KEIN PKW IM HAUSHALT	286	44	5	13	18	57	3	60	408
RENTNER	215	22	63	20	83	36	2	37	358
PKW-BESITZER	189	14	293	23	316	7	-	7	526
PKW IM HAUSHALT	144	19	29	44	73	20	3	23	258
KEIN PKW IM HAUSHALT	248	26	3	11	14	50	2	52	340
BEVOELKERUNG INSGESAMT	123	25	73	27	100	16	1	18	265
PKW-BESITZER	59	8	191	8	199	2	0	2	268
PKW IM HAUSHALT	122	32	36	47	83	13	1	15	252
KEIN PKW IM HAUSHALT	202	31	4	11	16	39	2	41	290

DIW BERLIN 1986
1) WEGE MIT EINER ENTFERNUNG BIS ZU 50 KM 2) VERKEHR MIT PERSONEN- UND KOMBINATIONSKRAFTWAGEN,
KRAFTRAEDERN UND MOPEDS, TAXIS UND MIETWAGEN. 3) U-BAHN, STRASSENBAHN, O-BUS UND KRAFTOMNIBUS.
4) EINSCHLIESSLICH S-BAHN, OHNE MILITAERVERKEHR.
DIE WERTE SIND GERUNDET; ANTEILE UND SUMMEN SIND VON DEN UNGERUNDETEN AUSGANGSWERTEN BERECHNET.

QUELLEN: STATISTISCHES BUNDESAMT, SOCIALDATA MUENCHEN, BERECHNUNGEN DES DIW

TABELLE 3.23

PERSONENNAHVERKEHR 1982 NACH BEVOELKERUNGSGRUPPEN [1)]
VERKEHR IN MITTELZENTREN
EINKAUFSVERKEHR

	ZU FUSS	FAHR- RAD	FAHRER	P K W [2)] MIT- FAHRER	INS- GESAMT	OEFFENTLICHE VERKEHRSMITTEL OESPV [3)]	EISEN- BAHN [4)]	INS- GESAMT	INS- GESAMT
— WEGE JE PERSON —									
KINDER UNTER 6 JAHREN	84	7	-	10	10	3	-	3	105
PKW-BESITZER	-	-	-	-	-	-	-	-	-
PKW IM HAUSHALT	82	7	-	11	11	3	-	3	104
KEIN PKW IM HAUSHALT	97	5	-	5	5	1	-	1	108
SCHUELER U. STUDENTEN	77	45	22	25	47	8	1	9	178
PKW-BESITZER	30	17	135	4	139	9	-	9	195
PKW IM HAUSHALT	79	49	15	29	44	9	1	10	182
KEIN PKW IM HAUSHALT	89	34	3	13	17	3	1	4	144
AUSZUBILDENDE	45	19	53	13	66	8	3	11	142
PKW-BESITZER	27	-	155	7	162	5	2	6	195
PKW IM HAUSHALT	41	23	32	16	48	7	4	11	122
KEIN PKW IM HAUSHALT	84	27	-	12	12	19	-	19	142
ARBEITER	58	27	111	13	124	8	0	8	216
PKW-BESITZER	37	13	154	5	159	2	-	2	211
PKW IM HAUSHALT	80	60	43	47	90	5	-	5	236
KEIN PKW IM HAUSHALT	113	41	21	5	27	35	1	36	216
ANGESTELLTE	76	18	125	18	143	10	1	11	248
PKW-BESITZER	53	10	157	10	167	3	0	3	233
PKW IM HAUSHALT	107	36	73	46	119	10	1	11	272
KEIN PKW IM HAUSHALT	150	38	33	7	40	59	1	60	288
BEAMTE	62	26	177	15	192	4	2	5	286
PKW-BESITZER	48	28	200	9	209	2	2	3	288
PKW IM HAUSHALT	207	11	36	69	106	3	-	3	327
KEIN PKW IM HAUSHALT	90	15	8	35	43	41	-	41	189
SELBSTAENDIGE,MITH.FAM	68	17	95	9	103	1	-	1	189
PKW-BESITZER	43	8	104	5	109	-	-	-	160
PKW IM HAUSHALT	156	58	84	23	107	3	-	3	324
KEIN PKW IM HAUSHALT	100	-	9	7	16	4	-	4	120
ARBEITSLOSE	132	40	104	18	123	14	-	14	308
PKW-BESITZER	76	13	178	27	205	4	-	4	297
PKW IM HAUSHALT	154	58	66	17	84	5	-	5	301
KEIN PKW IM HAUSHALT	207	65	19	3	22	47	-	47	342
HAUSFRAUEN	210	80	93	53	146	28	3	31	468
PKW-BESITZER	124	36	289	25	314	15	1	16	490
PKW IM HAUSHALT	225	104	74	81	155	20	3	23	506
KEIN PKW IM HAUSHALT	231	57	22	9	31	52	4	56	375
RENTNER	220	32	58	17	75	42	5	47	374
PKW-BESITZER	150	25	201	6	207	12	3	15	397
PKW IM HAUSHALT	175	30	16	53	69	35	1	36	309
KEIN PKW IM HAUSHALT	267	35	8	9	18	57	8	65	385
BEVOELKERUNG INSGESAMT	120	37	80	23	103	17	2	18	278
PKW-BESITZER	63	16	169	9	178	4	1	5	262
PKW IM HAUSHALT	126	55	37	43	81	12	1	14	275
KEIN PKW IM HAUSHALT	201	40	14	9	23	45	4	49	312

DIW BERLIN 1986
1) WEGE MIT EINER ENTFERNUNG BIS ZU 50 KM 2) VERKEHR MIT PERSONEN- UND KOMBINATIONSKRAFTWAGEN,
KRAFTRAEDERN UND MOPEDS, TAXIS UND MIETWAGEN. 3) U-BAHN, STRASSENBAHN, O-BUS UND KRAFTOMNIBUS.
4) EINSCHLIESSLICH S-BAHN, OHNE MILITAERVERKEHR.
DIE WERTE SIND GERUNDET; ANTEILE UND SUMMEN SIND VON DEN UNGERUNDETEN AUSGANGSWERTEN BERECHNET.

QUELLEN: STATISTISCHES BUNDESAMT, SOCIALDATA MUENCHEN, BERECHNUNGEN DES DIW

TABELLE 3.24

PERSONENNAHVERKEHR 1976 NACH BEVOELKERUNGSGRUPPEN [1]
VERKEHR IN MITTELZENTREN
FREIZEITVERKEHR

	ZU FUSS	FAHR-RAD	FAHRER	PKW [2] MIT-FAHRER	INS-GESAMT	OEFFENTLICHE VERKEHRSMITTEL OESPV	EISEN-BAHN [3][4]	INS-GESAMT	INS-GESAMT
— WEGE JE PERSON —									
KINDER UNTER 6 JAHREN	144	13	—	33	33	9	0	9	199
PKW-BESITZER	—	—	—	—	—	—	—	—	—
PKW IM HAUSHALT	141	14	—	36	36	7	0	8	198
KEIN PKW IM HAUSHALT	160	7	—	16	16	16	0	16	199
SCHUELER U. STUDENTEN	163	91	30	107	138	19	2	21	412
PKW-BESITZER	78	17	419	54	474	12	0	13	582
PKW IM HAUSHALT	160	99	17	118	135	16	2	18	412
KEIN PKW IM HAUSHALT	203	61	4	60	64	37	3	40	368
AUSZUBILDENDE	144	85	115	117	232	20	3	23	484
PKW-BESITZER	109	5	382	29	411	5	—	5	530
PKW IM HAUSHALT	134	95	70	144	214	18	2	21	464
KEIN PKW IM HAUSHALT	221	118	39	94	133	39	10	49	522
ARBEITER	80	21	122	34	156	11	0	11	268
PKW-BESITZER	59	14	210	16	226	2	0	2	302
PKW IM HAUSHALT	81	18	33	78	111	13	—	13	223
KEIN PKW IM HAUSHALT	129	40	3	32	35	30	2	32	235
ANGESTELLTE	108	17	165	62	277	6	1	7	358
PKW-BESITZER	87	16	242	25	267	2	0	2	372
PKW IM HAUSHALT	118	13	66	136	203	7	1	9	343
KEIN PKW IM HAUSHALT	180	30	19	71	90	27	0	28	328
BEAMTE	129	21	245	52	297	8	3	10	457
PKW-BESITZER	117	16	294	36	330	4	3	7	471
PKW IM HAUSHALT	76	13	115	194	310	8	—	8	407
KEIN PKW IM HAUSHALT	229	56	23	64	88	29	—	29	402
SELBSTAENDIGE,MITH.FAM	99	15	130	47	177	6	3	9	300
PKW-BESITZER	94	6	184	16	201	1	—	1	301
PKW IM HAUSHALT	69	26	53	105	158	5	2	7	260
KEIN PKW IM HAUSHALT	294	50	17	39	56	54	33	87	487
ARBEITSLOSE	178	8	112	83	195	23	4	27	408
PKW-BESITZER	142	—	277	128	406	15	—	15	563
PKW IM HAUSHALT	146	12	90	109	199	18	12	30	388
KEIN PKW IM HAUSHALT	229	10	13	30	43	34	—	34	316
HAUSFRAUEN	136	19	53	100	153	9	2	12	320
PKW-BESITZER	83	9	190	76	266	1	1	2	359
PKW IM HAUSHALT	124	21	52	134	186	6	2	8	339
KEIN PKW IM HAUSHALT	186	17	5	24	30	20	4	25	257
RENTNER	177	18	45	42	87	21	2	23	304
PKW-BESITZER	165	18	216	35	251	5	—	5	439
PKW IM HAUSHALT	140	31	13	89	101	14	1	15	287
KEIN PKW IM HAUSHALT	193	13	3	28	31	28	3	32	268
BEVOELKERUNG INSGESAMT	133	33	83	68	151	13	2	15	332
PKW-BESITZER	90	14	232	29	261	3	1	3	368
PKW IM HAUSHALT	134	48	32	109	141	11	2	13	336
KEIN PKW IM HAUSHALT	184	27	6	36	42	28	3	32	284

DIW BERLIN 1986
1) WEGE MIT EINER ENTFERNUNG BIS ZU 50 KM 2) VERKEHR MIT PERSONEN- UND KOMBINATIONSKRAFTWAGEN, KRAFTRAEDERN UND MOPEDS, TAXIS UND MIETWAGEN. 3) U-BAHN, STRASSENBAHN, O-BUS UND KRAFTOMNIBUS.
4) EINSCHLIESSLICH S-BAHN, OHNE MILITAERVERKEHR.
DIE WERTE SIND GERUNDET; ANTEILE UND SUMMEN SIND VON DEN UNGERUNDETEN AUSGANGSWERTEN BERECHNET.

QUELLEN: STATISTISCHES BUNDESAMT, SOCIALDATA MUENCHEN, BERECHNUNGEN DES DIW

TABELLE 3.24

PERSONENNAHVERKEHR 1982 NACH BEVOELKERUNGSGRUPPEN 1)
VERKEHR IN MITTELZENTREN
FREIZEITVERKEHR

	ZU FUSS	FAHR-RAD	FAHRER	PKW 2) MIT-FAHRER	INS-GESAMT	OEFFENTLICHE VERKEHRSMITTEL OESPV 3)	EISEN-BAHN 4)	INS-GESAMT	INS-GESAMT
			- WEGE JE PERSON -						
KINDER UNTER 6 JAHREN	154	14	-	36	36	11	0	11	214
PKW-BESITZER	-	-	-	-	-	-	-	-	-
PKW IM HAUSHALT	152	14	-	39	39	11	0	11	216
KEIN PKW IM HAUSHALT	166	13	-	9	9	11	0	11	200
SCHUELER U. STUDENTEN	149	120	61	94	156	19	2	22	447
PKW-BESITZER	92	29	292	53	345	10	2	11	478
PKW IM HAUSHALT	152	129	47	109	156	20	2	21	459
KEIN PKW IM HAUSHALT	161	115	26	27	54	22	6	28	358
AUSZUBILDENDE	88	62	126	83	209	13	6	19	378
PKW-BESITZER	25	12	264	27	291	-	-	-	328
PKW IM HAUSHALT	116	70	97	110	207	16	3	19	412
KEIN PKW IM HAUSHALT	73	97	54	61	115	17	23	40	326
ARBEITER	77	21	156	31	187	9	1	10	295
PKW-BESITZER	66	18	214	22	237	3	1	4	325
PKW IM HAUSHALT	93	37	63	73	136	10	0	10	276
KEIN PKW IM HAUSHALT	100	17	32	16	47	29	6	35	200
ANGESTELLTE	88	24	164	63	228	4	1	5	344
PKW-BESITZER	81	24	219	43	262	3	1	4	371
PKW IM HAUSHALT	101	26	54	133	188	3	1	4	319
KEIN PKW IM HAUSHALT	101	20	54	44	99	13	2	15	235
BEAMTE	107	28	256	42	297	7	1	8	440
PKW-BESITZER	103	33	282	32	313	5	1	6	455
PKW IM HAUSHALT	122	-	125	93	219	4	-	4	344
KEIN PKW IM HAUSHALT	154	-	23	128	151	41	-	41	346
SELBSTAENDIGE,MITH.FAM	64	19	104	36	140	3	-	3	225
PKW-BESITZER	67	15	124	27	151	3	-	3	236
PKW IM HAUSHALT	49	36	52	80	132	3	-	3	220
KEIN PKW IM HAUSHALT	67	21	20	-	20	-	-	-	108
ARBEITSLOSE	135	49	156	52	208	15	-	15	405
PKW-BESITZER	120	21	254	21	275	-	-	-	417
PKW IM HAUSHALT	115	66	127	121	248	16	-	16	446
KEIN PKW IM HAUSHALT	190	75	10	11	21	41	-	41	327
HAUSFRAUEN	131	31	65	91	156	15	1	16	333
PKW-BESITZER	116	21	211	81	292	2	-	2	432
PKW IM HAUSHALT	140	33	48	128	176	10	1	10	365
KEIN PKW IM HAUSHALT	119	21	18	18	36	33	1	34	210
RENTNER	160	20	54	29	83	24	2	26	288
PKW-BESITZER	166	29	196	12	208	5	1	6	409
PKW IM HAUSHALT	146	16	13	77	90	7	1	8	260
KEIN PKW IM HAUSHALT	162	18	5	19	24	38	2	40	244
BEVOELKERUNG INSGESAMT	120	42	101	59	160	13	1	15	337
PKW-BESITZER	90	22	215	33	248	4	1	4	365
PKW IM HAUSHALT	136	65	46	102	148	13	1	14	362
KEIN PKW IM HAUSHALT	140	32	17	22	40	31	3	34	245

DIW BERLIN 1986
1) WEGE MIT EINER ENTFERNUNG BIS ZU 50 KM 2) VERKEHR MIT PERSONEN- UND KOMBINATIONSKRAFTWAGEN, KRAFTRAEDERN UND MOPEDS, TAXIS UND MIETWAGEN. 3) U-BAHN, STRASSENBAHN, O-BUS UND KRAFTOMNIBUS.
4) EINSCHLIESSLICH S-BAHN, OHNE MILITAERVERKEHR.
DIE WERTE SIND GERUNDET; ANTEILE UND SUMMEN SIND VON DEN UNGERUNDETEN AUSGANGSWERTEN BERECHNET.

QUELLEN: STATISTISCHES BUNDESAMT, SOCIALDATA MUENCHEN, BERECHNUNGEN DES DIW

TABELLE 3.25

PERSONENNAHVERKEHR 1976 NACH BEVOELKERUNGSGRUPPEN [1]
VERKEHR IN SONSTIGE GEMEINDEN
BERUFSVERKEHR

	ZU FUSS	FAHR-RAD	FAHRER	PKW [2] MIT-FAHRER	INS-GESAMT	OEFFENTLICHE VERKEHRSMITTEL OFSPV [3]	EISEN-BAHN [4]	INS-GESAMT	INS-GESAMT
					WEGE JE PERSON	-			
KINDER UNTER 6 JAHREN	-	-	-	-	-	-	-	-	-
PKW-BESITZER	-	-	-	-	-	-	-	-	-
PKW IM HAUSHALT	-	-	-	-	-	-	-	-	-
KEIN PKW IM HAUSHALT	-	-	-	-	-	-	-	-	-
SCHUELER U. STUDENTEN	1	1	3	1	5	3	0	3	10
PKW-BESITZER	6	-	73	5	78	-	-	-	84
PKW IM HAUSHALT	1	2	1	1	3	3	0	3	9
KEIN PKW IM HAUSHALT	1	1	1	0	1	2	2	4	6
AUSZUBILDENDE	20	44	36	20	56	63	27	89	210
PKW-BESITZER	6	-	107	-	107	15	-	15	128
PKW IM HAUSHALT	26	50	20	23	43	74	28	102	221
KEIN PKW IM HAUSHALT	14	64	25	28	53	69	45	114	246
ARBEITER	62	51	246	33	278	66	20	87	478
PKW-BESITZER	32	24	376	11	387	20	10	30	474
PKW IM HAUSHALT	92	58	84	81	165	137	24	160	476
KEIN PKW IM HAUSHALT	113	120	56	37	92	118	48	166	491
ANGESTELLTE	57	26	250	40	289	47	29	75	448
PKW-BESITZER	33	11	349	12	361	12	17	30	435
PKW IM HAUSHALT	77	51	86	109	195	95	27	122	445
KEIN PKW IM HAUSHALT	160	55	56	29	85	135	104	239	539
BEAMTE	39	34	286	18	304	14	25	39	416
PKW-BESITZER	41	29	327	12	339	8	18	26	435
PKW IM HAUSHALT	28	12	102	105	207	64	63	127	374
KEIN PKW IM HAUSHALT	26	107	21	-	21	32	66	98	252
SELBSTAENDIGE,MITH.FAM	39	12	169	8	178	9	0	10	239
PKW-BESITZER	28	4	238	6	244	0	1	1	278
PKW IM HAUSHALT	66	30	41	13	54	17	-	17	167
KEIN PKW IM HAUSHALT	26	-	61	14	74	73	-	73	173
ARBEITSLOSE	1	1	21	3	24	4	1	5	30
PKW-BESITZER	-	-	40	-	40	-	-	-	40
PKW IM HAUSHALT	-	2	19	7	27	7	3	10	39
KEIN PKW IM HAUSHALT	2	-	-	-	-	4	-	4	6
HAUSFRAUEN	8	6	12	2	14	3	0	3	32
PKW-BESITZER	2	-	52	4	56	-	-	-	57
PKW IM HAUSHALT	8	6	10	2	12	3	0	3	29
KEIN PKW IM HAUSHALT	13	8	2	1	3	4	-	4	29
RENTNER	6	0	6	1	7	1	0	1	15
PKW-BESITZER	2	-	35	0	36	-	-	-	37
PKW IM HAUSHALT	4	-	2	-	2	1	-	1	7
KEIN PKW IM HAUSHALT	9	0	0	1	2	1	0	1	12
BEVOELKERUNG INSGESAMT	24	16	98	13	111	21	8	29	181
PKW-BESITZER	28	14	289	9	298	11	9	20	360
PKW IM HAUSHALT	19	13	18	16	35	23	5	28	94
KEIN PKW IM HAUSHALT	34	27	15	9	24	32	16	47	133

DIW BERLIN 1986
1) WEGE MIT EINER ENTFERNUNG BIS ZU 50 KM 2) VERKEHR MIT PERSONEN- UND KOMBINATIONSKRAFTWAGEN, KRAFTRAEDERN UND MOPEDS, TAXIS UND MIETWAGEN. 3) U-BAHN, STRASSENBAHN, O-BUS UND KRAFTOMNIBUS.
4) EINSCHLIESSLICH S-BAHN, OHNE MILITAERVERKEHR.
DIE WERTE SIND GERUNDET; ANTEILE UND SUMMEN SIND VON DEN UNGERUNDETEN AUSGANGSWERTEN BERECHNET.

QUELLEN: STATISTISCHES BUNDESAMT, SOCIALDATA MUENCHEN, BERECHNUNGEN DES DIW

TABELLE 3.25

PERSONENNAHVERKEHR 1982 NACH BEVOELKERUNGSGRUPPEN [1]
VERKEHR IN SONSTIGE GEMEINDEN
BERUFSVERKEHR

	ZU FUSS	FAHR-RAD	FAHRER	PKW [2] MIT-FAHRER	PKW INS-GESAMT	OEFFENTLICHE VERKEHRSMITTEL OESPV [3]	EISEN-BAHN [4]	INS-GESAMT	INS-GESAMT
- WEGE JE PERSON -									
KINDER UNTER 6 JAHREN	-	-	-	-	-	-	-	-	-
PKW-BESITZER	-	-	-	-	-	-	-	-	-
PKW IM HAUSHALT	-	-	-	-	-	-	-	-	-
KEIN PKW IM HAUSHALT	-	-	-	-	-	-	-	-	-
SCHUELER U. STUDENTEN	2	6	7	2	9	1	0	1	18
PKW-BESITZER	-	20	83	1	84	2	-	2	106
PKW IM HAUSHALT	2	3	2	2	4	1	0	1	10
KEIN PKW IM HAUSHALT	-	15	1	-	1	-	-	-	16
AUSZUBILDENDE	27	27	65	20	85	43	13	55	194
PKW-BESITZER	4	11	160	16	177	-	12	12	203
PKW IM HAUSHALT	35	34	39	24	63	57	15	71	203
KEIN PKW IM HAUSHALT	25	18	44	8	51	42	4	46	140
ARBEITER	59	40	275	38	313	65	13	77	489
PKW-BESITZER	33	28	369	20	389	39	7	46	497
PKW IM HAUSHALT	115	63	91	90	181	99	17	117	475
KEIN PKW IM HAUSHALT	80	57	131	35	166	130	33	163	474
ANGESTELLTE	63	32	297	27	324	39	23	61	481
PKW-BESITZER	48	22	362	13	375	17	16	34	479
PKW IM HAUSHALT	101	66	136	75	211	86	37	123	501
KEIN PKW IM HAUSHALT	92	31	161	9	171	103	39	142	436
BEAMTE	55	31	298	18	316	18	37	55	456
PKW-BESITZER	48	26	318	16	334	17	36	52	461
PKW IM HAUSHALT	104	125	98	59	157	-	14	14	400
KEIN PKW IM HAUSHALT	129	24	132	-	132	55	86	140	426
SELBSTAENDIGE,MITH.FAM	42	12	242	22	263	2	-	2	319
PKW-BESITZER	48	4	311	5	316	1	-	1	370
PKW IM HAUSHALT	23	35	98	70	174	-	-	-	233
KEIN PKW IM HAUSHALT	48	7	77	2	79	16	-	16	149
ARBEITSLOSE	4	-	39	8	47	2	5	8	58
PKW-BESITZER	-	-	68	6	74	-	-	-	74
PKW IM HAUSHALT	9	-	27	-	27	6	-	6	42
KEIN PKW IM HAUSHALT	-	-	-	27	27	-	29	29	56
HAUSFRAUEN	12	6	13	4	17	3	2	5	41
PKW-BESITZER	1	9	45	6	52	1	4	5	66
PKW IM HAUSHALT	14	6	10	4	14	3	2	5	40
KEIN PKW IM HAUSHALT	14	3	1	2	3	6	-	6	26
RENTNER	6	3	9	2	11	1	-	1	21
PKW-BESITZER	16	4	30	1	31	-	-	-	52
PKW IM HAUSHALT	1	1	1	7	8	3	-	3	12
KEIN PKW IM HAUSHALT	4	3	1	-	1	-	-	-	8
BEVOELKERUNG INSGESAMT	27	16	120	14	134	19	7	27	204
PKW-BESITZER	33	19	283	13	295	18	10	28	376
PKW IM HAUSHALT	22	15	25	18	42	17	5	22	102
KEIN PKW IM HAUSHALT	25	14	33	7	40	27	9	36	115

DIW BERLIN 1986
1) WEGE MIT EINER ENTFERNUNG BIS ZU 50 KM   2) VERKEHR MIT PERSONEN- UND KOMBINATIONSKRAFTWAGEN,
KRAFTRAEDERN UND MOPEDS, TAXIS UND MIETWAGEN.   3) U-BAHN, STRASSENBAHN, O-BUS UND KRAFTOMNIBUS.
4) EINSCHLIESSLICH S-BAHN, OHNE MILITAERVERKEHR.
DIE WERTE SIND GERUNDET; ANTEILE UND SUMMEN SIND VON DEN UNGERUNDETEN AUSGANGSWERTEN BERECHNET.

QUELLEN: STATISTISCHES BUNDESAMT, SOCIALDATA MUENCHEN, BERECHNUNGEN DES DIW

TABELLE 3.26

PERSONENNAHVERKEHR 1976 NACH BEVOELKERUNGSGRUPPEN [1]
VERKEHR IN SONSTIGE GEMEINDEN
AUSBILDUNGSVERKEHR

	ZU FUSS	FAHR-RAD	FAHRER	P K W 2) MIT-FAHRER	INS-GESAMT	OEFFENTLICHE VERKEHRSMITTEL OFSPV 3)	EISEN-BAHN 4)	INS-GESAMT	INS-GESAMT
- WEGE JE PERSON -									
KINDER UNTER 6 JAHREN	-	-	-	-	-	-	-	-	-
PKW-BESITZER	-	-	-	-	-	-	-	-	-
PKW IM HAUSHALT	-	-	-	-	-	-	-	-	-
KEIN PKW IM HAUSHALT	-	-	-	-	-	-	-	-	-
SCHUELER U. STUDENTEN	161	67	10	19	29	189	25	214	471
PKW-BESITZER	27	10	230	-	230	4	10	14	281
PKW IM HAUSHALT	145	70	5	21	26	192	24	216	456
KEIN PKW IM HAUSHALT	275	62	1	10	11	207	31	238	585
AUSZUBILDENDE	27	27	41	17	58	97	40	137	248
PKW-BESITZER	2	-	170	4	174	-	14	14	190
PKW IM HAUSHALT	32	37	15	24	39	110	46	156	264
KEIN PKW IM HAUSHALT	33	21	8	4	13	141	43	184	250
ARBEITER	1	0	4	1	5	0	-	0	6
PKW-BESITZER	1	-	6	-	6	-	-	-	7
PKW IM HAUSHALT	0	-	2	0	2	0	-	0	3
KEIN PKW IM HAUSHALT	2	2	-	5	5	-	-	-	8
ANGESTELLTE	1	-	7	0	7	0	1	1	9
PKW-BESITZER	0	-	8	0	8	-	-	-	8
PKW IM HAUSHALT	2	-	5	0	5	1	2	3	10
KEIN PKW IM HAUSHALT	1	-	4	-	4	3	-	3	8
BEAMTE	3	-	14	2	16	-	-	-	19
PKW-BESITZER	0	-	16	1	18	-	-	-	18
PKW IM HAUSHALT	-	-	-	7	7	-	-	-	7
KEIN PKW IM HAUSHALT	34	-	-	-	-	-	-	-	34
SELBSTAENDIGE,MITH.FAM	4	-	9	1	9	0	-	0	13
PKW-BESITZER	5	-	13	1	14	-	-	-	19
PKW IM HAUSHALT	-	-	1	-	1	1	-	1	1
KEIN PKW IM HAUSHALT	-	-	-	-	-	-	-	-	-
ARBEITSLOSE	4	-	14	-	14	11	-	11	29
PKW-BESITZER	-	-	17	-	17	-	-	-	17
PKW IM HAUSHALT	-	-	21	-	21	32	-	32	53
KEIN PKW IM HAUSHALT	14	-	-	-	-	-	-	-	14
HAUSFRAUEN	2	1	8	1	9	0	0	0	12
PKW-BESITZER	1	-	30	1	30	0	-	0	31
PKW IM HAUSHALT	2	1	7	1	8	-	0	0	12
KEIN PKW IM HAUSHALT	4	-	1	0	2	-	-	-	5
RENTNER	1	-	-	-	-	-	-	-	1
PKW-BESITZER	-	-	-	-	-	-	-	-	-
PKW IM HAUSHALT	2	-	-	-	-	-	-	-	2
KEIN PKW IM HAUSHALT	1	-	-	-	-	-	-	-	1
BEVOELKERUNG INSGESAMT	34	14	7	5	12	41	6	47	107
PKW-BESITZER	2	0	16	0	16	0	0	0	19
PKW IM HAUSHALT	50	25	4	8	13	68	10	78	166
KEIN PKW IM HAUSHALT	43	10	1	2	3	33	5	39	94

DIW BERLIN 1986
1) WEGE MIT EINER ENTFERNUNG BIS ZU 50 KM 2) VERKEHR MIT PERSONEN- UND KOMBINATIONSKRAFTWAGEN, KRAFTRAEDERN UND MOPEDS, TAXIS UND MIETWAGEN. 3) U-BAHN, STRASSENBAHN, O-BUS UND KRAFTOMNIBUS. 4) EINSCHLIESSLICH S-BAHN, OHNE MILITAERVERKEHR.
DIE WERTE SIND GERUNDET; ANTEILE UND SUMMEN SIND VON DEN UNGERUNDETEN AUSGANGSWERTEN BERECHNET.

QUELLEN: STATISTISCHES BUNDESAMT, SOCIALDATA MUENCHEN, BERECHNUNGEN DES DIW

TABELLE 3.26

PERSONENNAHVERKEHR 1982 NACH BEVOELKERUNGSGRUPPEN [1]
VERKEHR IN SONSTIGE GEMEINDEN
AUSBILDUNGSVERKEHR

	ZU FUSS	FAHR-RAD	FAHRER	PKW [2] MIT-FAHRER	INS-GESAMT	OEFFENTLICHE VERKEHRSMITTEL 3) OESPV	EISEN-BAHN 4)	INS-GESAMT	INS-GESAMT
— WEGE JE PERSON —									
KINDER UNTER 6 JAHREN	-	-	-	-	-	-	-	-	-
PKW-BESITZER	-	-	-	-	-	-	-	-	-
PKW IM HAUSHALT	-	-	-	-	-	-	-	-	-
KEIN PKW IM HAUSHALT	-	-	-	-	-	-	-	-	-
SCHUELER U. STUDENTEN	105	49	19	20	38	253	30	283	475
PKW-BESITZER	19	12	145	25	171	24	26	50	251
PKW IM HAUSHALT	112	53	9	22	31	285	32	317	513
KEIN PKW IM HAUSHALT	101	42	11	6	17	172	20	193	353
AUSZUBILDENDE	34	16	80	36	115	107	36	142	307
PKW-BESITZER	47	-	170	3	173	5	-	5	225
PKW IM HAUSHALT	32	23	56	40	96	134	48	183	334
KEIN PKW IM HAUSHALT	21	5	53	65	118	132	32	164	308
ARBEITER	1	0	5	0	5	-	-	-	6
PKW-BESITZER	1	-	7	-	7	-	-	-	8
PKW IM HAUSHALT	-	1	-	1	1	-	-	-	2
KEIN PKW IM HAUSHALT	-	-	3	-	3	-	-	-	3
ANGESTELLTE	1	1	9	1	10	0	0	0	11
PKW-BESITZER	1	0	10	0	10	-	0	0	12
PKW IM HAUSHALT	1	2	6	4	10	0	-	0	13
KEIN PKW IM HAUSHALT	-	-	3	-	3	-	-	-	3
BEAMTE	1	-	14	1	15	-	-	-	16
PKW-BESITZER	1	-	14	1	15	-	-	-	16
PKW IM HAUSHALT	-	-	31	-	31	-	-	-	31
KEIN PKW IM HAUSHALT	-	-	-	-	-	-	-	-	-
SELBSTAENDIGE,MITH.FAM	1	-	9	1	10	-	-	-	11
PKW-BESITZER	2	-	4	0	5	-	-	-	6
PKW IM HAUSHALT	-	-	26	0	26	-	-	-	26
KEIN PKW IM HAUSHALT	-	-	-	4	4	-	-	-	4
ARBEITSLOSE	3	6	6	4	10	3	2	5	25
PKW-BESITZER	-	-	2	-	2	-	-	-	2
PKW IM HAUSHALT	8	11	13	10	23	7	6	13	55
KEIN PKW IM HAUSHALT	-	8	-	-	-	-	-	-	8
HAUSFRAUEN	2	1	4	1	6	-	-	-	9
PKW-BESITZER	2	-	8	2	9	-	-	-	12
PKW IM HAUSHALT	3	2	5	2	7	-	-	-	12
KEIN PKW IM HAUSHALT	-	1	1	1	1	-	-	-	2
RENTNER	0	-	1	-	1	-	-	-	1
PKW-BESITZER	-	-	3	-	3	-	-	-	3
PKW IM HAUSHALT	1	-	-	-	-	-	-	-	1
KEIN PKW IM HAUSHALT	-	-	-	-	-	-	-	-	-
BEVOELKERUNG INSGESAMT	20	10	10	5	15	48	7	54	99
PKW-BESITZER	2	0	15	1	17	1	1	2	21
PKW IM HAUSHALT	36	18	8	9	17	91	12	103	174
KEIN PKW IM HAUSHALT	14	6	4	3	6	26	4	30	56

DIW BERLIN 1986
1) WEGE MIT EINER ENTFERNUNG BIS ZU 50 KM 2) VERKEHR MIT PERSONEN- UND KOMBINATIONSKRAFTWAGEN,
KRAFTRAEDERN UND MOPEDS, TAXIS UND MIETWAGEN. 3) U-BAHN, STRASSENBAHN, O-BUS UND KRAFTOMNIBUS.
4) EINSCHLIESSLICH S-BAHN, OHNE MILITAERVERKEHR.
DIE WERTE SIND GERUNDET; ANTEILE UND SUMMEN SIND VON DEN UNGERUNDETEN AUSGANGSWERTEN BERECHNET.

QUELLEN: STATISTISCHES BUNDESAMT, SOCIALDATA MUENCHEN, BERECHNUNGEN DES DIW

TABELLE 3.27

PERSONENNAHVERKEHR 1976 NACH BEVOELKERUNGSGRUPPEN [1]
VERKEHR IN SONSTIGE GEMEINDEN
GESCHAEFTS.- UND DIENSTREISEVERKEHR

	ZU FUSS	FAHR-RAD	FAHRER	PKW [2] MIT-FAHRER	INS-GESAMT	OEFFENTLICHE VERKEHRSMITTEL OESPV [3]	EISEN-BAHN [4]	INS-GESAMT	INS-GESAMT
- WEGE JE PERSON -									
KINDER UNTER 6 JAHREN	-	-	-	-	-	-	-	-	-
PKW-BESITZER	-	-	-	-	-	-	-	-	-
PKW IM HAUSHALT	-	-	-	-	-	-	-	-	-
KEIN PKW IM HAUSHALT	-	-	-	-	-	-	-	-	-
SCHUELER U. STUDENTEN	1	1	1	1	3	0	0	0	4
PKW-BESITZER	-	-	40	-	40	-	-	-	40
PKW IM HAUSHALT	1	1	0	2	2	0	0	0	4
KEIN PKW IM HAUSHALT	-	2	-	-	-	-	-	-	2
AUSZUBILDENDE	6	5	21	6	27	1	0	2	39
PKW-BESITZER	-	-	102	16	118	-	-	-	118
PKW IM HAUSHALT	6	7	5	5	10	2	0	2	26
KEIN PKW IM HAUSHALT	9	-	-	-	-	-	-	-	9
ARBEITER	3	1	87	6	92	3	0	3	99
PKW-BESITZER	2	2	122	5	127	3	0	3	134
PKW IM HAUSHALT	1	0	49	6	55	2	-	2	59
KEIN PKW IM HAUSHALT	8	-	27	6	32	2	-	2	42
ANGESTELLTE	7	1	150	3	153	3	1	4	165
PKW-BESITZER	7	1	214	4	219	4	0	4	231
PKW IM HAUSHALT	5	3	34	1	35	1	2	3	46
KEIN PKW IM HAUSHALT	10	-	53	3	56	3	2	5	71
BEAMTE	6	3	136	5	141	2	1	3	154
PKW-BESITZER	7	3	146	3	149	3	-	3	161
PKW IM HAUSHALT	-	-	50	33	83	-	-	-	83
KEIN PKW IM HAUSHALT	7	12	113	-	113	-	7	7	139
SELBSTAENDIGE,MITH.FAM	20	1	350	22	371	0	-	0	393
PKW-BESITZER	23	0	492	21	513	1	-	1	536
PKW IM HAUSHALT	17	2	92	27	118	-	-	-	137
KEIN PKW IM HAUSHALT	9	-	92	-	92	-	-	-	102
ARBEITSLOSE	-	2	25	-	25	-	7	7	35
PKW-BESITZER	-	-	43	-	43	-	-	-	43
PKW IM HAUSHALT	-	6	27	-	27	-	-	-	34
KEIN PKW IM HAUSHALT	-	-	-	-	-	-	26	26	26
HAUSFRAUEN	2	2	8	2	10	0	-	0	13
PKW-BESITZER	2	6	19	12	31	-	-	-	40
PKW IM HAUSHALT	2	0	8	1	9	0	-	0	11
KEIN PKW IM HAUSHALT	0	4	4	-	4	-	-	-	9
RENTNER	1	0	9	1	10	1	-	1	12
PKW-BESITZER	-	-	46	4	49	-	-	-	49
PKW IM HAUSHALT	2	1	6	1	7	-	-	-	9
KEIN PKW IM HAUSHALT	1	0	-	-	-	1	-	1	2
BEVOELKERUNG INSGESAMT	4	1	65	4	69	1	0	1	75
PKW-BESITZER	7	2	191	8	198	2	0	2	209
PKW IM HAUSHALT	2	1	13	3	16	0	0	1	20
KEIN PKW IM HAUSHALT	3	1	11	1	12	1	1	2	18

DIW BERLIN 1986
1) WEGE MIT EINER ENTFERNUNG BIS ZU 50 KM 2) VERKEHR MIT PERSONEN- UND KOMBINATIONSKRAFTWAGEN,
KRAFTRAEDERN UND MOPEDS, TAXIS UND MIETWAGEN. 3) U-BAHN, STRASSENBAHN, O-BUS UND KRAFTOMNIBUS.
4) EINSCHLIESSLICH S-BAHN, OHNE MILITAERVERKEHR.
DIE WERTE SIND GERUNDET; ANTEILE UND SUMMEN SIND VON DEN UNGERUNDETEN AUSGANGSWERTEN BERECHNET.

QUELLEN: STATISTISCHES BUNDESAMT, SOCIALDATA MUENCHEN, BERECHNUNGEN DES DIW

TABELLE 3.27

PERSONENNAHVERKEHR 1982 NACH BEVOELKERUNGSGRUPPEN 1)
VERKEHR IN SONSTIGE GEMEINDEN
GESCHAEFTS.- UND DIENSTREISEVERKEHR

	ZU FUSS	FAHR- RAD	FAHRER	PKW 2) MIT- FAHRER	PKW INS- GESAMT	OEFFENTLICHE VERKEHRSMITTEL OESPV 3)	EISEN- BAHN 4)	INS- GESAMT	INS- GESAMT
	- WEGE JE PERSON -								
KINDER UNTER 6 JAHREN	-	-	-	-	-	-	-	-	-
PKW-BESITZER	-	-	-	-	-	-	-	-	-
PKW IM HAUSHALT	-	-	-	-	-	-	-	-	-
KEIN PKW IM HAUSHALT	-	-	-	-	-	-	-	-	-
SCHUELER U. STUDENTEN	1	1	7	1	8	0	-	0	10
PKW-BESITZER	-	1	85	-	85	1	-	1	86
PKW IM HAUSHALT	1	1	2	1	3	-	-	-	5
KEIN PKW IM HAUSHALT	-	-	1	-	1	-	-	-	1
AUSZUBILDENDE	4	-	12	8	21	1	-	1	26
PKW-BESITZER	6	-	26	23	49	-	-	-	55
PKW IM HAUSHALT	5	-	8	5	13	1	-	1	20
KEIN PKW IM HAUSHALT	-	-	12	-	12	-	-	-	12
ARBEITER	2	0	50	6	56	10	1	11	69
PKW-BESITZER	3	0	71	2	73	14	2	16	92
PKW IM HAUSHALT	-	-	14	14	28	2	-	2	30
KEIN PKW IM HAUSHALT	2	-	8	13	21	2	-	2	25
ANGESTELLTE	3	1	151	1	153	5	-	5	162
PKW-BESITZER	3	0	189	2	191	7	-	7	202
PKW IM HAUSHALT	3	0	39	0	39	-	-	-	43
KEIN PKW IM HAUSHALT	11	3	121	-	121	1	-	1	136
BEAMTE	9	5	89	4	93	2	5	7	115
PKW-BESITZER	10	5	91	5	96	2	5	7	119
PKW IM HAUSHALT	-	14	9	-	9	-	-	-	24
KEIN PKW IM HAUSHALT	-	-	130	-	130	-	-	-	130
SELBSTAENDIGE,MITH.FAM	5	1	369	6	375	-	-	-	381
PKW-BESITZER	6	1	459	5	464	-	-	-	472
PKW IM HAUSHALT	4	-	212	8	220	-	-	-	224
KEIN PKW IM HAUSHALT	-	7	69	10	79	-	-	-	85
ARBEITSLOSE	2	-	31	10	41	-	-	-	44
PKW-BESITZER	6	-	54	-	54	-	-	-	60
PKW IM HAUSHALT	-	-	15	-	15	-	-	-	15
KEIN PKW IM HAUSHALT	-	-	14	57	71	-	-	-	71
HAUSFRAUEN	2	1	10	1	11	0	-	0	15
PKW-BESITZER	-	-	35	1	37	-	-	-	37
PKW IM HAUSHALT	3	2	8	1	9	0	-	0	14
KEIN PKW IM HAUSHALT	2	-	2	-	2	-	-	-	4
RENTNER	2	1	8	1	9	-	-	-	11
PKW-BESITZER	4	1	26	1	27	-	-	-	32
PKW IM HAUSHALT	1	-	-	2	2	-	-	-	3
KEIN PKW IM HAUSHALT	1	1	2	-	2	-	-	-	4
BEVOELKERUNG INSGESAMT	2	1	59	3	62	2	0	3	68
PKW-BESITZER	4	1	139	3	142	6	1	7	154
PKW IM HAUSHALT	2	1	13	2	15	0	-	0	18
KEIN PKW IM HAUSHALT	2	1	13	4	17	0	-	0	19

DIW BERLIN 1986
1) WEGE MIT EINER ENTFERNUNG BIS ZU 50 KM 2) VERKEHR MIT PERSONEN- UND KOMBINATIONSKRAFTWAGEN,
KRAFTRAEDERN UND MOPEDS, TAXIS UND MIETWAGEN. 3) U-BAHN, STRASSENBAHN, O-BUS UND KRAFTOMNIBUS.
4) EINSCHLIESSLICH S-BAHN, OHNE MILITAERVERKEHR.
DIE WERTE SIND GERUNDET; ANTEILE UND SUMMEN SIND VON DEN UNGERUNDETEN AUSGANGSWERTEN BERECHNET.

QUELLEN: STATISTISCHES BUNDESAMT, SOCIALDATA MUENCHEN, BERECHNUNGEN DES DIW

TABELLE 3.28

PERSONENNAHVERKEHR 1976 NACH BEVOELKERUNGSGRUPPEN 1)
VERKEHR IN SONSTIGE GEMEINDEN
EINKAUFSVERKEHR

	ZU FUSS	FAHR-RAD	FAHRER	P K W 2) MIT-FAHRER	INS-GESAMT	OEFFENTLICHE VERKEHRSMITTEL 3) OESPV	EISEN-BAHN 4)	INS-GESAMT	INS-GESAMT
	— WEGE JE PERSON —								
KINDER UNTER 6 JAHREN	53	6	—	9	9	3	—	3	70
PKW-BESITZER	—	—	—	—	—	—	—	—	—
PKW IM HAUSHALT	50	6	—	9	9	2	—	2	67
KEIN PKW IM HAUSHALT	87	6	—	2	2	8	—	8	103
SCHUELER U. STUDENTEN	53	34	8	26	34	9	2	10	131
PKW-BESITZER	40	1	177	38	215	—	—	—	255
PKW IM HAUSHALT	47	34	4	29	33	6	1	7	121
KEIN PKW IM HAUSHALT	89	37	2	7	9	25	4	30	164
AUSZUBILDENDE	40	28	27	12	39	4	1	5	113
PKW-BESITZER	5	—	121	7	128	—	—	—	133
PKW IM HAUSHALT	33	39	5	12	17	6	2	8	98
KEIN PKW IM HAUSHALT	94	18	14	16	30	2	—	2	143
ARBEITER	47	14	90	10	100	4	1	5	166
PKW-BESITZER	22	5	135	4	138	2	1	2	168
PKW IM HAUSHALT	71	19	43	25	68	7	0	7	165
KEIN PKW IM HAUSHALT	91	32	15	11	26	6	4	10	159
ANGESTELLTE	57	13	121	20	141	11	4	14	275
PKW-BESITZER	29	3	166	10	175	4	1	5	213
PKW IM HAUSHALT	88	25	48	48	96	16	5	22	230
KEIN PKW IM HAUSHALT	146	42	37	8	45	37	17	53	287
BEAMTE	54	11	184	12	196	7	4	11	272
PKW-BESITZER	45	5	210	9	219	5	1	6	275
PKW IM HAUSHALT	117	26	74	40	113	—	4	4	261
KEIN PKW IM HAUSHALT	99	63	5	14	19	42	34	76	257
SELBSTAENDIGE,MITH.FAM	55	19	140	9	148	1	—	1	224
PKW-BESITZER	18	6	157	5	161	1	—	1	186
PKW IM HAUSHALT	118	45	123	18	141	2	—	2	306
KEIN PKW IM HAUSHALT	146	36	33	9	42	3	—	3	228
ARBEITSLOSE	152	31	118	37	155	26	—	26	363
PKW-BESITZER	102	17	208	20	228	—	—	—	347
PKW IM HAUSHALT	115	17	115	68	183	27	—	27	342
KEIN PKW IM HAUSHALT	261	64	6	20	27	58	—	58	410
HAUSFRAUEN	181	68	87	48	136	25	4	30	414
PKW-BESITZER	70	22	368	41	410	0	2	2	504
PKW IM HAUSHALT	174	69	78	62	140	24	4	28	410
KEIN PKW IM HAUSHALT	243	83	8	13	21	39	6	45	392
RENTNER	191	23	44	14	58	29	4	32	305
PKW-BESITZER	140	30	238	7	245	—	3	3	418
PKW IM HAUSHALT	145	19	6	28	34	16	3	19	217
KEIN PKW IM HAUSHALT	230	23	8	9	18	43	4	48	318
BEVOELKERUNG INSGESAMT	92	28	70	22	92	12	2	15	227
PKW-BESITZER	37	7	173	9	182	2	1	3	230
PKW IM HAUSHALT	92	36	34	34	68	11	2	13	208
KEIN PKW IM HAUSHALT	174	40	10	10	20	31	5	36	271

DIW BERLIN 1986
1) WEGE MIT EINER ENTFERNUNG BIS ZU 50 KM 2) VERKEHR MIT PERSONEN- UND KOMBINATIONSKRAFTWAGEN,
KRAFTRAEDERN UND MOPEDS, TAXIS UND MIETWAGEN. 3) U-BAHN, STRASSENBAHN, O-BUS UND KRAFTOMNIBUS.
4) EINSCHLIESSLICH S-BAHN, OHNE MILITAERVERKEHR.
DIE WERTE SIND GERUNDET; ANTEILE UND SUMMEN SIND VON DEN UNGERUNDETEN AUSGANGSWERTEN BERECHNET.

QUELLEN: STATISTISCHES BUNDESAMT, SOCIALDATA MUENCHEN, BERECHNUNGEN DES DIW

TABELLE 3.28

PERSONENNAHVERKEHR 1982 NACH BEVOELKERUNGSGRUPPEN[1)]
VERKEHR IN SONSTIGE GEMEINDEN
EINKAUFSVERKEHR

	ZU FUSS	FAHR-RAD	FAHRER	P K W [2)] MIT-FAHRER	INS-GESAMT	OEFFENTLICHE VERKEHRSMITTEL OFSPV [3)]	EISEN-BAHN [4)]	INS-GESAMT	INS-GESAMT
- WEGE JE PERSON -									
KINDER UNTER 6 JAHREN	55	6	-	8	8	4	-	4	73
PKW-BESITZER	-	-	-	-	-	-	-	-	-
PKW IM HAUSHALT	56	6	-	9	9	4	-	4	75
KEIN PKW IM HAUSHALT	49	3	-	2	2	1	-	1	55
SCHUELER U. STUDENTEN	52	35	20	21	41	10	2	12	140
PKW-BESITZER	40	10	137	15	152	3	-	3	213
PKW IM HAUSHALT	53	40	13	24	37	12	2	14	144
KEIN PKW IM HAUSHALT	45	18	4	4	9	3	1	4	76
AUSZUBILDENDE	27	5	57	16	72	4	4	8	113
PKW-BESITZER	6	-	130	4	135	-	-	-	141
PKW IM HAUSHALT	32	5	36	21	57	7	3	10	104
KEIN PKW IM HAUSHALT	38	12	41	9	50	-	10	10	110
ARBEITER	44	15	79	14	93	3	1	4	156
PKW-BESITZER	22	7	104	5	109	2	0	2	139
PKW IM HAUSHALT	83	27	43	46	90	4	2	7	206
KEIN PKW IM HAUSHALT	87	33	19	4	23	7	-	7	151
ANGESTELLTE	49	16	123	18	141	5	1	6	212
PKW-BESITZER	47	8	149	9	158	1	1	2	215
PKW IM HAUSHALT	58	30	72	50	122	15	2	17	227
KEIN PKW IM HAUSHALT	37	52	29	4	33	9	1	10	132
BEAMTE	51	19	136	10	146	2	3	5	221
PKW-BESITZER	49	19	147	8	154	1	1	2	225
PKW IM HAUSHALT	27	19	35	55	90	9	6	16	152
KEIN PKW IM HAUSHALT	113	23	40	10	50	7	35	42	228
SELBSTAENDIGE,MITH.FAM	53	13	81	12	93	1	-	1	160
PKW-BESITZER	31	5	91	11	102	1	-	1	140
PKW IM HAUSHALT	78	31	68	19	88	-	-	-	197
KEIN PKW IM HAUSHALT	161	32	32	-	32	-	-	-	225
ARBEITSLOSE	97	30	88	14	103	11	3	14	245
PKW-BESITZER	48	9	181	12	193	-	-	-	251
PKW IM HAUSHALT	107	32	34	8	42	16	-	16	197
KEIN PKW IM HAUSHALT	188	71	-	34	34	26	18	44	337
HAUSFRAUEN	187	79	86	44	130	13	2	15	412
PKW-BESITZER	107	43	211	31	242	-	-	-	392
PKW IM HAUSHALT	205	93	78	57	135	13	2	15	449
KEIN PKW IM HAUSHALT	183	61	32	13	45	24	3	27	315
RENTNER	162	29	57	19	76	24	3	28	295
PKW-BESITZER	118	27	188	7	195	3	1	5	345
PKW IM HAUSHALT	124	29	5	49	54	9	3	12	219
KEIN PKW IM HAUSHALT	216	31	6	7	13	47	5	53	312
BEVOELKERUNG INSGESAMT	86	30	68	21	89	9	2	11	215
PKW-BESITZER	47	12	136	9	145	1	1	2	206
PKW IM HAUSHALT	97	42	34	34	68	10	2	12	218
KEIN PKW IM HAUSHALT	140	36	16	8	24	22	4	26	226

DIW BERLIN 1986
1) WEGE MIT EINER ENTFERNUNG BIS ZU 50 KM 2) VERKEHR MIT PERSONEN- UND KOMBINATIONSKRAFTWAGEN,
KRAFTRAEDERN UND MOPEDS, TAXIS UND MIETWAGEN. 3) U-BAHN, STRASSENBAHN, O-BUS UND KRAFTOMNIBUS.
4) EINSCHLIESSLICH S-BAHN, OHNE MILITAERVERKEHR.
DIE WERTE SIND GERUNDET; ANTEILE UND SUMMEN SIND VON DEN UNGERUNDETEN AUSGANGSWERTEN BERECHNET.

QUELLEN: STATISTISCHES BUNDESAMT, SOCIALDATA MUENCHEN, BERECHNUNGEN DES DIW

TABELLE 3.29

1)

PERSONENNAHVERKEHR 1976 NACH BEVOELKERUNGSGRUPPEN
VERKEHR IN SONSTIGE GEMEINDEN
FREIZEITVERKEHR

	ZU FUSS	FAHR-RAD	FAHRER	P K W 2) MIT-FAHRER	INS-GESAMT	OEFFENTLICHE VERKEHRSMITTEL 3) OFSPV	EISEN-BAHN 4)	INS-GESAMT	INS-GESAMT
	- WEGE JE PERSON -								
KINDER UNTER 6 JAHREN	128	11	-	24	24	8	0	9	172
PKW-BESITZER	-	-	-	-	-	-	-	-	-
PKW IM HAUSHALT	125	12	-	25	25	9	0	9	171
KEIN PKW IM HAUSHALT	151	11	-	13	13	3	0	3	177
SCHUELER U. STUDENTEN	147	83	20	76	96	17	3	20	346
PKW-BESITZER	67	8	402	47	449	11	-	11	536
PKW IM HAUSHALT	142	84	11	82	93	19	3	23	342
KEIN PKW IM HAUSHALT	191	90	4	45	49	7	0	7	337
AUSZUBILDENDE	112	86	92	72	164	17	3	20	382
PKW-BESITZER	38	3	315	60	375	-	2	2	418
PKW IM HAUSHALT	114	106	33	78	111	13	3	16	347
KEIN PKW IM HAUSHALT	173	96	78	65	143	45	2	47	458
ARBEITER	74	18	136	32	168	4	0	4	264
PKW-BESITZER	62	9	212	13	225	2	-	2	298
PKW IM HAUSHALT	73	24	43	79	122	6	0	6	226
KEIN PKW IM HAUSHALT	114	35	26	27	53	7	2	8	211
ANGESTELLTE	94	14	166	57	223	5	0	6	337
PKW-BESITZER	84	12	226	28	254	2	-	2	352
PKW IM HAUSHALT	91	13	79	125	204	12	1	12	321
KEIN PKW IM HAUSHALT	168	33	23	54	77	7	3	11	288
BEAMTE	93	19	251	51	302	8	1	9	423
PKW-BESITZER	88	7	291	30	321	3	1	5	420
PKW IM HAUSHALT	44	10	58	228	286	41	-	41	382
KEIN PKW IM HAUSHALT	198	154	-	113	113	26	-	26	491
SELBSTAENDIGE,MITH.FAM	80	8	135	48	183	2	-	2	272
PKW-BESITZER	64	6	172	25	197	0	-	0	268
PKW IM HAUSHALT	103	14	74	103	177	6	-	6	300
KEIN PKW IM HAUSHALT	132	-	29	18	47	-	-	-	180
ARBEITSLOSE	108	33	122	59	181	16	-	16	337
PKW-BESITZER	126	14	327	75	402	-	-	-	542
PKW IM HAUSHALT	69	45	12	81	93	20	-	20	226
KEIN PKW IM HAUSHALT	133	41	-	11	11	32	-	32	218
HAUSFRAUEN	119	23	47	86	133	6	1	7	282
PKW-BESITZER	95	7	204	105	309	3	-	3	413
PKW IM HAUSHALT	106	23	42	106	148	3	0	3	281
KEIN PKW IM HAUSHALT	165	28	4	21	25	16	3	19	237
RENTNER	168	13	31	32	62	9	1	10	253
PKW-BESITZER	146	9	168	15	182	-	-	-	337
PKW IM HAUSHALT	147	12	9	44	53	2	1	3	215
KEIN PKW IM HAUSHALT	184	16	3	30	33	15	1	16	249
BEVOELKERUNG INSGESAMT	116	32	81	55	136	9	1	10	294
PKW-BESITZER	78	9	220	28	248	2	0	2	337
PKW IM HAUSHALT	119	43	27	81	109	11	1	12	283
KEIN PKW IM HAUSHALT	166	37	10	32	42	13	1	14	258

DIW BERLIN 1986
1) WEGE MIT EINER ENTFERNUNG BIS ZU 50 KM 2) VERKEHR MIT PERSONEN- UND KOMBINATIONSKRAFTWAGEN,
KRAFTRAEDERN UND MOPEDS, TAXIS UND MIETWAGEN. 3) U-BAHN, STRASSENBAHN, O-BUS UND KRAFTOMNIBUS.
4) EINSCHLIESSLICH S-BAHN, OHNE MILITAERVERKEHR.
DIE WERTE SIND GERUNDET; ANTEILE UND SUMMEN SIND VON DEN UNGERUNDETEN AUSGANGSWERTEN BERECHNET.

QUELLEN: STATISTISCHES BUNDESAMT, SOCIALDATA MUENCHEN, BERECHNUNGEN DES DIW

TABELLE 3.29

PERSONENNAHVERKEHR 1982 NACH BEVOELKERUNGSGRUPPEN[1)]
VERKEHR IN SONSTIGE GEMEINDEN
FREIZEITVERKEHR

	ZU FUSS	FAHR-RAD	FAHRER	PKW [2)] MIT-FAHRER	PKW INS-GESAMT	OEFFENTLICHE VERKEHRSMITTEL OESPV [3)]	EISEN-BAHN [4)]	INS-GESAMT	INS-GESAMT
	- WEGE JE PERSON -								
KINDER UNTER 6 JAHREN	158	11	-	30	30	11	0	11	210
PKW-BESITZER	-	-	-	-	-	-	-	-	-
PKW IM HAUSHALT	164	11	-	32	32	11	0	12	219
KEIN PKW IM HAUSHALT	114	10		15	15	6	0	6	144
SCHUELER U. STUDENTEN	152	92	51	81	132	19	3	21	397
PKW-BESITZER	70	19	222	50	273	-	1	1	362
PKW IM HAUSHALT	165	100	42	89	131	21	3	24	420
KEIN PKW IM HAUSHALT	110	83	21	44	65	12	2	14	273
AUSZUBILDENDE	71	31	133	66	198	9	2	12	312
PKW-BESITZER	28	16	292	44	336	3	-	3	382
PKW IM HAUSHALT	82	39	99	80	180	9	3	11	312
KEIN PKW IM HAUSHALT	85	20	43	30	74	21	6	28	206
ARBEITER	86	19	119	30	149	2	0	2	257
PKW-BESITZER	81	21	157	15	172	1	0	1	275
PKW IM HAUSHALT	92	19	61	79	141	4	1	5	256
KEIN PKW IM HAUSHALT	105	11	33	16	48	4	-	4	168
ANGESTELLTE	88	22	159	47	206	2	1	3	319
PKW-BESITZER	90	23	189	31	220	1	0	1	334
PKW IM HAUSHALT	89	21	102	105	207	6	2	8	325
KEIN PKW IM HAUSHALT	70	18	43	30	73	-	-	-	161
BEAMTE	107	26	215	44	259	1	-	1	392
PKW-BESITZER	110	26	229	43	271	1	-	1	409
PKW IM HAUSHALT	66	13	104	93	197	-	-	-	276
KEIN PKW IM HAUSHALT	85	23	76	13	88	-	-	-	197
SELBSTAENDIGE,MITH.FAM	53	10	108	34	142	4	1	5	209
PKW-BESITZER	48	10	122	25	147	4	0	5	209
PKW IM HAUSHALT	65	11	91	55	146	-	1	1	223
KEIN PKW IM HAUSHALT	63	7	41	44	85	15	4	18	173
ARBEITSLOSE	101	25	127	50	178	15	1	16	320
PKW-BESITZER	80	6	218	29	247	-	-	-	333
PKW IM HAUSHALT	99	37	57	76	133	30	3	33	302
KEIN PKW IM HAUSHALT	151	41	79	41	120	16	-	16	328
HAUSFRAUEN	136	32	65	75	140	5	1	6	315
PKW-BESITZER	156	25	182	69	252	2	1	3	435
PKW IM HAUSHALT	149	38	54	91	144	2	0	3	333
KEIN PKW IM HAUSHALT	87	22	24	34	58	17	2	19	186
RENTNER	143	15	43	31	74	13	3	16	249
PKW-BESITZER	137	13	137	20	157	1	3	4	311
PKW IM HAUSHALT	131	16	13	48	61	9	1	9	217
KEIN PKW IM HAUSHALT	154	17	3	27	29	24	5	29	229
BEVOELKERUNG INSGESAMT	117	34	88	51	139	8	1	9	300
PKW-BESITZER	90	19	174	29	202	1	1	2	314
PKW IM HAUSHALT	139	47	46	76	122	11	1	13	321
KEIN PKW IM HAUSHALT	115	26	21	29	51	15	2	17	209

DIW BERLIN 1986
1) WEGE MIT EINER ENTFERNUNG BIS ZU 50 KM 2) VERKEHR MIT PERSONEN- UND KOMBINATIONSKRAFTWAGEN,
KRAFTRAEDERN UND MOPEDS, TAXIS UND MIETWAGEN. 3) U-BAHN, STRASSENBAHN, O-BUS UND KRAFTOMNIBUS.
4) EINSCHLIESSLICH S-BAHN, OHNE MILITAERVERKEHR.
DIE WERTE SIND GERUNDET; ANTEILE UND SUMMEN SIND VON DEN UNGERUNDETEN AUSGANGSWERTEN BERECHNET.

QUELLEN: STATISTISCHES BUNDESAMT, SOCIALDATA MUENCHEN, BERECHNUNGEN DES DIW